"十四五"国家重点出版物出版规划项目

教育部长江学者创新团队发展计划

南京大学文科卓越研究计划"十层次"项目

本书得到国家自然科学基金青年项目"影子银行扩张背景下中国货币政策与宏观审慎政策的协调研究"（编号：71803127）资助

高质量发展阶段货币政策研究论丛

Financial Risks, Shadow Banking and
Innovation of Macroeconomic Regulation

金融风险、影子银行
与宏观调控的创新

高洁超 /著

中国财经出版传媒集团
经济科学出版社
Economic Science Press

2013 年，我们团队的研究计划"经济转型期稳定物价的货币政策"入选教育部"长江学者创新团队发展计划"，并于 2014 年正式立项建设。团队以范从来教授为带头人，骨干成员包括陈冬华、王宇伟、周耿、张勇、刘晓辉、高洁超、盛天翔等。立项建设以来，团队延续之前的方向，在货币政策领域开展持续性研究。2017 年，经教育部专家组评估，团队的建设工作被评价为优秀，并获得了滚动支持。到 2020 年底，已完成两个完整的建设周期。期间，团队始终围绕中国的货币政策开展深入研究。也正是在这一时期，中国货币政策制定和实施的内外部环境都发生了较大变化。从内部来看，中国经济步入新常态，增长方式面临转型的同时，金融市场的市场化改革不断深入。从外部来看，虽然和平与发展仍是时代主题，但全球的不稳定性不确定性明显增加，经济全球化遭遇逆流，中国的金融开放面临新的挑战。在这一背景下，如何提高货币政策的有效性成为十分重要的问题，团队围绕这一问题开展了一系列的研究和探索，形成了本套丛书。总体来看，丛书在关注中国的货币政策问题上表现出以下四个方面的特色。

总　序

一、从价格稳定到金融稳定，探索货币政策与宏观审慎双支柱的政策框架

大量文献研究表明，将价格稳定设定为货币政策的最终目标符合社会福利最大化的原则。这成为 20 世纪 80 年代以来各国中央银行逐渐转向通货膨胀目标制的理论基础。团队的研究最初也以"经济转型期稳定物价的货币

政策"为切入点展开研究。2008 年国际金融危机的爆发使人们对单一的价格稳定目标展开了深刻反思。美国虽然在 2008 年之前实现了价格稳定目标，但金融体系却出现了重大风险，并直接引致次贷危机的爆发。兼顾金融稳定目标的"宏观审慎管理框架"成为货币政策发展的新趋势。因此，在研究中团队适时将研究落脚点拓展到金融稳定。

实践表明，稳定价格的货币政策无法确保金融稳定。在通货膨胀目标制的货币政策导向下，物价和产出增长虽然平稳有序，但是金融失衡却快速发展，主要表现在信贷快速扩张、资产价格泡沫膨胀，系统性风险在时间和空间两个维度持续积累。而立足个体金融机构稳健运行的微观审慎政策亦无法有效化解金融不稳定因素。与之不同的是，宏观审慎政策是一种专门针对金融稳定目标设计的跨部门、逆周期制度安排，强调从宏观整体角度抑制金融与实体经济之间的顺周期反馈机制、防止系统性风险的传染和爆发，从而维护经济金融稳定运行。

相比欧美发达国家，中国在宏观审慎政策实践上走在前列。2008 年底，中国银监会就根据银行规模前瞻性地提出了动态资本要求。2012 颁布的《商业银行资本管理办法（试行）》则明确了逆周期资本计提要求。中国人民银行在 2011 年正式引入差别准备金动态调整机制，并于 2016 年将对银行业的差别准备金动态调整机制和合意贷款管理升级为"宏观审慎评估体系"。《中华人民共和国国民经济和社会发展第十三个五年规划纲要》首次明确将"防控风险"纳入宏观调控目标体系，并首次提出要"构建货币政策与审慎管理相协调的金融管理体制"。2017 年成立的国务院金融稳定发展委员会从制度安排层面突出了货币政策、宏观审慎政策等协调的重要性。党的十九大报告则正式提出"健全货币政策和宏观审慎政策双支柱调控框架"。

从协调的必要性来看，货币政策与宏观审慎政策相互间的政策外溢性很强。二者所使用的工具如政策利率、逆周期资本充足率等，虽然各自调节的目标不同，但都会直接作用于金融体系。尤其是中国，在以银行为主体的金融体系和以信贷为主导的间接融资格局下，货币政策和宏观审慎政策的相互影响非常明显，二者的调整会直接作用于传统银行，并影响其与影子银行的信贷行为，进而影响产出、价格等宏观经济变量。因此，必须构建货币政策与宏观审慎政策协调的双支柱框架，以引导信贷资源合理、高效配置，确保宏观经济与金融的双稳定。在中国的宏观审慎政策实践中，人民银行和银保监会是两个关键主体，如何协调不同部门间的宏观审慎政策值得学术界做深入思考。团队基于上述视角，对中国货币政策与宏观审慎双支柱调控的政策框架进行了思考。以金融稳定与经济稳定的分化为起点，探讨了中国货币政策与宏观审慎政策的双支柱协调框架。在分别就货币政策、宏观审慎政策的转型与创新进行详细分析的基础上，从多个角度研究了双支柱框架的协调路径和完善空间，为理解近年来中国宏观调控创新的逻辑和可能方向提供了一定的启示。

二、从总量调控到结构调整，宏微观结合关注金融供给侧结构性改革

随着中国经济从高增长阶段向高质量发展阶段迈进，构建符合高质量发展阶段的货币政策框架成为推进国家治理体系现代化的客观要求。特别是金融层面供给侧结构性改革思路的提出为下一步的货币政策研究提出了新的问题。从货币层面看，当前我国货币运行与实体经济运行出现割裂且日趋明显，表现为M2/GDP 居高不下，金融资源配置效率低下，甚至出现资金空转的现象。与此同时，大量有活力的中小微企业却面临融资难、融资贵的困境。这种割裂使宏观管理当局在制定和实施货币政策时陷入两难。针对上述结构性问题，团队的研究认为，对货币政策的研究必须引入新元素。其中，将宏观层面问题向微观视角研究拓展，从理论和实证两个层面强化宏观研究的微观基础是一个重要的选择。

团队在国内主导发起了"宏观经济政策与微观企业行为"学术研讨会，以此推动团队研究从宏观向微观层面拓展。为此，团队吸收了长期从事微观领域研究的成员，他们在发挥自身优势的同时，将宏观经济政策因素纳入对微观企业的研究，并以公司治理为切入点，深入探讨了宏观环境下的微观企业行为。这一研究为团队其他成员将宏观与微观研究结合提供了重要的基础。

首先，团队成员侧重从商业银行的角度，研究了货币政策的信贷传导渠道。疏通货币政策传导机制、增强服务实体经济的能力是货币政策框架建设的重心。然而，由于受到政策运行外部环境因素的干扰，现有兼具数量型和价格型的混合型特征货币政策框架非但不能有效疏通货币政策传导，反而还造成了货币信贷总量收缩和投向扭曲等一系列问题，由此也导致了金融活水难以支持实体经济的高质量发展。因此，团队成员从微观主体行为决策角度考察了现阶段货币政策传导不畅的梗阻因素及其影响机制。从现实情况来

看，受各类外生冲击的影响，央行注入银行体系的流动性往往会滞留其中，或者在投向实体经济过程中出现行业、期限错配，由此造成了货币政策传导的梗阻。由此，研究团队以银行信贷资金配置行为为切入点，考察了银行贷款渠道的梗阻因素及其影响机制。从期限结构的视角来看，不同期限的银行贷款对宏观经济产生的效应存在差异。中国商业银行特殊的利率定价机制下，货币政策紧缩（宽松）时，银行将减少（增加）中长期信贷资源配置，而由于不同货币政策立场下的金融杠杆变化，导致货币政策的上述影响效应表现出非对称性，进而弱化了货币政策传导的有效性。从信息沟通视角来看，中央银行对宏观经济信息、金融稳定信息的沟通会通过影响微观主体预期的形成，并进一步作用于消费和投资行为，最终影响到宏观经济的稳定运行。为此，研究团队分别从信息沟通对微观主体的宏观经济运行风险预期和金融稳定预期的形成、银行风险承担意愿变化等方面系统考察信息沟通渠道存在的梗阻因素及其影响机制。从防范金融风险目标视角来看，金融风险不仅会引发宏观经济波动，而且还会弱化货币政策传导效率，防范金融风险已构成中央银行制定货币政策的重要约束条件。研究团队以 2008 年国际金融危机爆发以来我国金融风险不断积聚现状为背景，运用金融压力来刻画金融风险，以微观主体非理性行为为切入点，并借鉴行为金融学领域的"情绪加速器机制"，系统考察金融风险的测度、经济效应以及中央银行应对金融风险的操作策略。

其次，团队成员从微观和结构的视角关注了中国的高货币化率（M2/GDP）问题。高货币化现象虽是典型的宏观经济现象，其背后反映的却是微观经济中的各类结构性问题。这一点在 2008 年以后表现得尤为突出。长期以来，人们关注高货币化率问题时，习惯于从分子（M2）的角度分析高货币存量的形成原因，而忽略了对分母（GDP）的关注。导致过多的注意力集中在"货币发行"这一层面，认为 M2/GDP 高企的原因一定是 M2 发行过度，社会上甚至普遍将该现象归咎于所谓的"货币超发"。事实上，若金融资源配置失当，等量的货币投放在推动 GDP 增长中的能力出现下降，也会引致 M2/GDP 的上升。而这恰恰可能是 2008 年以来中国的货币化率指标大幅攀升的主因。众所周知，2009 年的"四万亿"财政刺激和"天量信贷"虽在短期内刺激了经济的增长，但金融资源的配置扭曲加大了经济中的结构性矛盾，给中国宏观经济的持续增长带来隐忧。货币信贷资源流向了 GDP 创造能力较弱的部门，在形成诸如"产能过剩"、"僵尸企业"和"房地产过热"等现象的同时，民营经济、实体制造业等领域获得的金融支持出现下滑。随之出现的货币化率攀升便与此相关。可见，若不结合微观经济主体的行为对上述现象加以分析，很难寻找到问题背后的根源并提出合适的解决方案。因此，有必要基于微观和结构的视角，从中国经济转型中的结构变迁特征和微观经济主体的行为动机出发，以中国的高货币化率成因为切入点，对中国宏观货币金融层面的重要问题进行研究和讨论，提出优化金融资源配置结构，提升货币使用效率的政策建议。

三、从传统技术到互联网技术，关注新技术背景下的货币政策转型问题

近年来，互联网技术的飞速发展给货币政策带来两方面的冲击。

首先，互联网技术带来货币形式的变革。以支付宝和微信支付为代表的数字形态货币逐渐被人们广泛接纳。数字货币不仅通过降低支付成本和提高支付效率给人们带来了便利，还能够助力普惠金融、实现社会公平，其潜在的反洗钱、反逃税功能对政府也有着巨大的吸引力。数字货币发展的根基是互联网，互联网发展推动个体经济模式逐渐转型为群体经济模式，促进大量新业态产生。这些新业态对货币的应用场景提出了新的需求，未来的数字货币不再是一成不变的体系，而是跟随经济发展模式变化而不断升级的生态系统。相对于传统货币，数字货币更值得信任。法定数字货币的实施不仅提高了货币防伪性能、降低全社会的货币防伪成本，而且货币的去匿名化将强化信誉机制，社会信任水平将大幅提高，大大促进人们之间的协作。不仅群体经济模式将朝着更有效率的方向进化，而且协作产生的创新将加速平台经济的发展。相对于传统货币，数字货币所有交易都可以追踪，以往地下经济的税收流失和资源错配的问题可以得到根本性的解决。政府完全可以改变征税的模式，从事后征税转变到交易时征税，经济活动的过程和结果更加确定，市场效率和公平性都得到大幅的提高。相对于传统货币，数字货币最大的优势在于使用过程中产生大量的数据，而法定数字货币本质上是经济发展模式运行的总账本，记录了线上线下所有的经济活动的信息。从这个意义上而言，数字货币有助于加速线上线下的融合，并提高政府的治理水平。团队成员在探讨各类经济新业态发展的基础上，对互联网背景下市场的信息不对称和效率问题进行研究，并沿着互联网经

济的理论框架，对未来货币变革进行分析和展望。

其次，互联网技术带来金融科技的兴起，这对货币政策的传导机制和传导效率都形成了影响。一方面，团队成员在货币政策的银行流动性创造效应中讨论金融科技带来的作用。随着金融科技水平的不断提升，货币政策影响银行流动性创造的效果将被削弱，并且不同类型银行存在异质性情况。货币政策调控银行流动性创造时，要充分关注金融科技的影响，考虑将金融科技纳入宏观审慎监管，健全双支柱体系，同时在微观监管中予以差异化的业务引导。另一方面，团队成员关注了金融科技对商业银行信贷资源配置效率的影响。小微企业在中国经济发展中发挥着重要作用，而小微企业信贷也成为银行信贷配置中的热点问题。着眼于整个银行业体系，金融科技有助于促进银行小微企业信贷供给，并且将改变银行业的最优市场结构，银行类型不再成为小微企业信贷供给的障碍。因此，从宏观层面来看，金融科技的运用有助于银行信贷结构调整，从而有利于提高货币政策的传导效率。未来，要充分发挥金融科技带来的技术升级效应，注重金融科技发挥效用的微观基础，地区银行业金融机构的增减应该与金融科技发展水平、银行业市场结构相结合。

四、从经济开放到金融开放，研究新时期的汇率形成机制问题

20 世纪 90 年代以来，新兴市场爆发的一系列的货币和金融危机以及国际资本市场一体化的迅速推进，引起了学界对汇率制度和货币危机以及汇率制度和资本流动之间的关系等重大理论问题的反思。这种反思使汇率制度的研究在21 世纪后重新成为国际金融领域研究的一条主线。在新的时代背景下，如何利用跨国的数据集实证地分析发展中国家汇率制度选择的决定因素，是我们理解汇率政策制定的重要理论依据和参考。

几乎与此同时，进入 21 世纪以来，人民币是否应该升值迅即成为国际社会关注的热点问题，引起了学界和政策制定者广泛的讨论和争论。这些讨论和争论很快就转变为对人民币汇率制度选择和汇率制度弹性问题的关注。于是，中国应选择什么样的汇率制度以满足中国的政治和经济诉求，成为最近十余年来国内外学界的研究热点。受 2007～2008 年全球金融危机的深刻影响，人民币国际化也成为我国亟待破解的重要现实和理论问题，而人民币国际化的起点和逻辑前提之一，便是人民币汇率形成机制的改革和进一步完善。

以上述问题为背景，团队成员在一般性理论梳理和分析基础上，首先着重

考察了 20 世纪 50 年代以来汇率制度选择的理论发展，然后以跨国面板数据为样本，在考察汇率制度演变的特征事实基础上，深入研究了资本管制、金融结构、出口产品分散化和政治制度等经济和政治因素对汇率制度选择的影响，最后，以中国为案例，考察了人民币最优汇率制度选择、人民币汇率制度弹性测度及人民币汇率制度弹性对通货膨胀和经济增长的影响。

　　总体来说，这套货币政策研究系列丛书紧紧抓住中国货币政策转型这一关键问题，体现了创新团队六年来在相关领域的研究成果。感谢教育部长江学者创新团队发展计划对丛书出版的支持，这将激励团队在这一领域持续研究，为中国特色的货币经济学建设贡献自己的一份力量。

目 录
Contents

第一章

金融风险和经济稳定性

第一节 当前中国金融风险概览

一、金融风险持续上升，宏观调控陷入困境

2010 年以后，我国的经济增长速度持续放缓，而影子银行、杠杆化、房地产投机等高风险的金融活动却逆势上扬。从宏观上判断，实体经济之"冷"难以支撑虚拟经济之"热"，这种明显悖离经济基本面的"孤独的狂欢"不可持续。因此，金融风险的严重性不言而喻。利用银行业、证券业、保险业、房地产业等多部门的相关数据估计我国的金融稳定情况，发现我国的金融稳定性呈现出趋势性下降态势，尤其在 2014 年末出现断崖式下跌，近年来的金融稳定性一直明显低于 21 世纪初的平均水平（见图 1－1）。

要提高金融体系的稳定性，就必须有效遏制高风险和高投机性的金融活动。但当前的症结在于，实体经济面临比较严重的下行风险，给金融稳定调控预留的空间已经很小。从根本上来说，就是"稳增长"和"防风险"在当下存在突出矛盾。货币政策在实践中一直存在两难：在"稳增长"导向下，降息等宽松的货币政策有助于降低实体经济的融资成本，但同时会刺激金融市场的加杠杆行为，有悖于"防风险"目标。而且，我们还看到货币政策传导机制面临严重的梗阻，2018 年货币政策整体偏松，银行间市场的拆借利率明显下降，但同时新增社会融资规模却出现锐减，

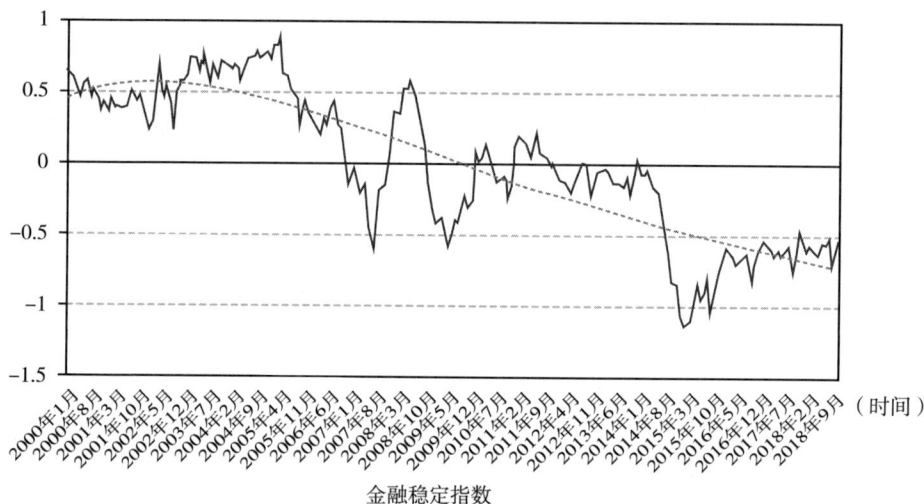

图 1-1　2000 年以来我国的金融稳定情况

资料来源：作者利用因子分析方法提取国家统计局数据库、国际金融统计数据库、Wind 数据库、国泰安数据库、锐思金融数据库和 OECD 数据库的相关数据指标构建而成。

货币政策掉入"宽货币、紧信用"的困境。因此，宏观调控不单在"稳增长"和"防风险"上存在目标冲突问题，而且在具体目标指导下，也存在政策效果的扭曲问题。

二、金融与实体悖离的关键诱因：脱实入虚

资金"脱实入虚"是扭曲金融与实体关系、诱发金融风险和抑制经济增长的关键诱因。参与"脱实入虚"活动的，不仅有银行等金融中介，还包括实体企业。由于我国的信贷市场存在比较严重的所有制歧视和规模歧视，近年来，国有企业等大企业不断利用自身的融资优势做"信贷二传手"，通过再贷款给融资约束企业来获利。经计算，2007～2018 年，我国非金融上市企业的影子银行放贷规模翻了近 29 倍，如此巨幅的增速与实体经济现状极不相称，令人担忧。通过实证检验，发现实体企业的影子银行活动显著增加了经营风险，而且这种风险对民营企业的影响要大于国有企业，对主营业务较好企业的影响要大于主营业务较差企业。因此，在缺乏良好的实体投资机会的情况下，经营不善的企业更有动力去从事影子银行活动，国有企业则利用融资便利优势

早早开启了金融化模式。

银行方面，通过理财产品、银信合作、银基合作、银企合作等方式，大量从事监管套利活动，2015 年以来同业存单的迅猛发展更是提升了资金空转的强度，宏观调控效果不断被削弱乃至扭曲。2018 年资管新规落地后，银行的"影子"活动受到了强监管，但与此同时，也对企业融资和正常的金融脱媒造成了不小的压力。"脱虚"未必"入实"，甚至造成社会信用收紧，使得防控金融风险的代价越来越昂贵。

三、遏制金融风险的短期对策

治理金融风险，有短期和长期之分。短期内，谋求在既定金融基础设施和宏观环境下形成遏制金融风险的有效对策。在长期，则应以改革完善制度政策、促进金融健康发展为主线，形成防控金融风险的隔离网。

首先，应着力降低经济政策制定本身的不确定性。减少政策不确定性可以为微观主体提供一个可预期的平稳经营环境，从而降低企业"脱实入虚"的预防性动机。我们发现，非金融上市企业的影子银行放贷规模与我国的经济政策不确定性走势高度一致（见图 1 - 2）。近年来的经济政策频繁转向事实上助

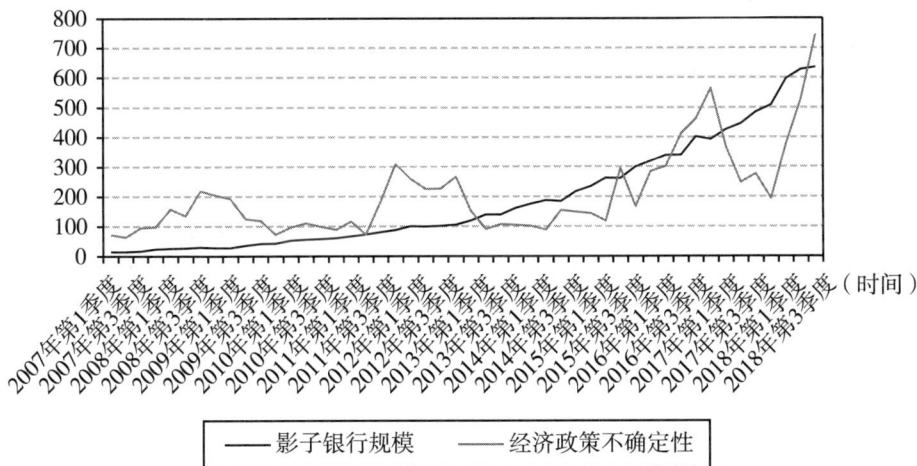

图 1 - 2 企业影子银行规模和经济政策不确定性

资料来源：作者利用贝克（Baker）等 2016 年编制的中国经济政策不确定性指数和国泰安数据库中非金融上市企业的影子银行活动相关数据指标绘制而成。

推了企业的金融化倾向，某种程度上提供了孕育金融风险的温床。比如，2017年中央经济工作会议和2018年政府工作报告明确定下了货币政策的"稳健中性"基调，此后囿于市场流动性趋紧和美国贸易战等因素影响，货币政策事实上再次回到了"稳健"的老路上。实证分析还进一步证实，2008年底"四万亿计划"实施后的政策突然收紧（2010年）是引发我国影子银行迅速扩张的重要原因。因此，宏观调控应适时弱化相机抉择成分，以降低经济政策不确定性对微观主体"脱实入虚"的预防性动机。

其次，当前的宏观调控基调应维持稳健偏宽松，对影子银行应做到"有保有压"。分析发现，整体金融环境对于企业的影子银行活动具有显著调节作用，金融环境越紧，企业的影子银行活动收益就越高，其参与动机也就越强烈。维持稳健偏宽松的信用水平，将有助于降低企业的影子银行动机，遏制"脱实入虚"。此外，企业的影子银行放贷经由"中介渠道"（银企合作）导致的风险效应要明显小于"直接渠道"（民间借贷）。在直接融资体系尚未得到充分发展前，应该允许影子银行合理存在以补充正规信贷的供给不足问题，但要做到"有保有压"，即维持适度规模的"中介渠道"、严控"直接渠道"。

最后，加快推进企业的动产抵押融资业务和坚定推进企业混合所有制改革，通过"造血"缓解实体经济的融资难困境。目前针对实体经济融资难的一系列政策举措大多从信贷供给角度切入，在想方设法为实体经济"输血"的同时，相对忽视了企业自身的"造血"能力。而且作用于金融中介的信贷供给端的政策常常因为宏观调控的侧重目标改变和金融中介的"上有政策、下有对策"而收效甚微。为此，一方面，应充分挖掘企业的可抵押动产价值；另一方面，引导民间资本和国有资本交叉融合以缓解银行的所有制歧视，通过这些市场化手段为企业增信以缓解融资难的问题，不仅可以为宏观调控维持定力释放更多空间，而且可以较大程度上规避金融体系的非合意反应导致的政策效果扭曲。

表1-1显示了2009~2016年我国各规模类型企业的人民币贷款中的抵（质）押贷款比重。可以看到，企业规模越小，就越依赖于以抵（质）押方式获得融资，大型企业和小微企业相差超过20%。因此，充分挖掘企业的动产抵押价值，完善动产抵押融资制度，对于缓解中小微企业的融资难无疑会起到重要作用。而且，以企业增信体系的建设为契机，大力完善全社会信用体系建

设，是未来我国直接融资体系得以充分发展的必要前提。

表1-1　不同类型企业人民币贷款中的抵（质）押贷款比重 单位：%

企业类型	2009 年	2010 年	2011 年	2012 年	2013 年	2014 年	2015 年	2016 年
大型企业	30.03	30.63	30.94	32.52	33.06	32.92	33.52	30.59
中型企业	49.90	50.38	49.99	52.11	53.45	52.96	53.62	49.97
小型企业	51.54	53.37	53.23	54.11	55.60	56.58	57.59	53.94
微型企业	—	—	—	53.68	58.11	60.46	61.52	56.35

资料来源：作者利用 Wind 数据库的相关数据指标绘制而成。

由图1-3可知，近年来，大型企业的人民币贷款余额增速一直非常稳定，没有受到宏观政策收紧和外部环境恶化的负面影响，但中、小、微企业的人民币贷款余额增速呈现趋势性下降态势。这说明，宏观环境的收紧主要影响了中、小、微企业的融资门槛，国有企业等大型企业并未受到实质性影响。当前，在以银行为主导的间接融资市场上，存在较强的规模歧视和所有制歧视问题，推进民间资本和国有资本交叉融合不仅可以改善企业的经营活力，而且有助于缓解广大的民营企业等中、小、微企业的融资门槛。

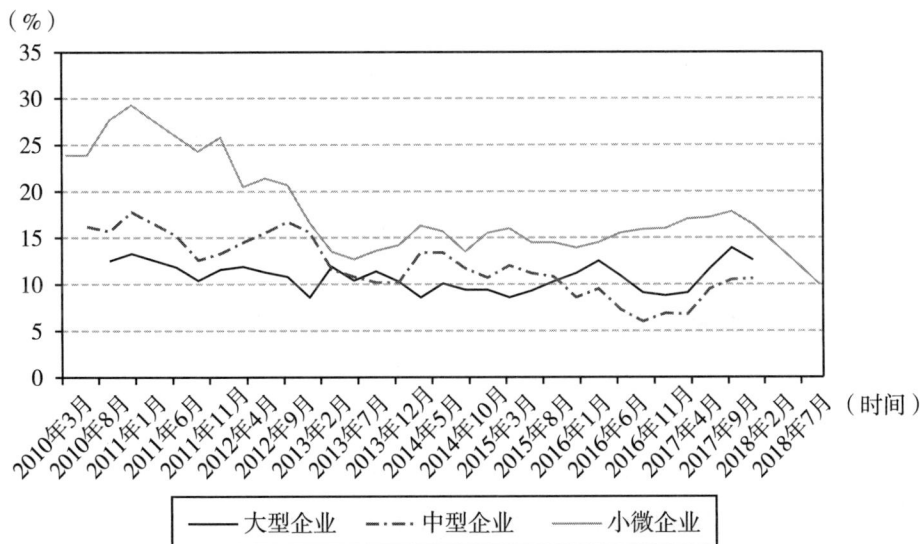

图1-3　各类型企业人民币贷款余额同比增速变化情况

资料来源：作者利用 Wind 数据库的相关数据指标绘制而成。

四、防控金融风险的长期建议

首先，加快培育新兴增长点是防范化解金融风险的基础。当前金融风险中最大的问题在于资金"脱实入虚"，表现为"实体经济不实、虚拟经济太虚"，由此导致金融领域杠杆高企、偿债能力下降、流动性风险提高等一系列问题。2012 年以来，经济增速持续放缓和商业银行的不良贷款率不断上升形成鲜明对照（见图 1-4）。短期宏观调控的适度宽松只能对遏制金融风险起到"托底"作用，要化解、预防金融风险，根本上还需要振兴实体经济，实现结构优化的高质量增长。

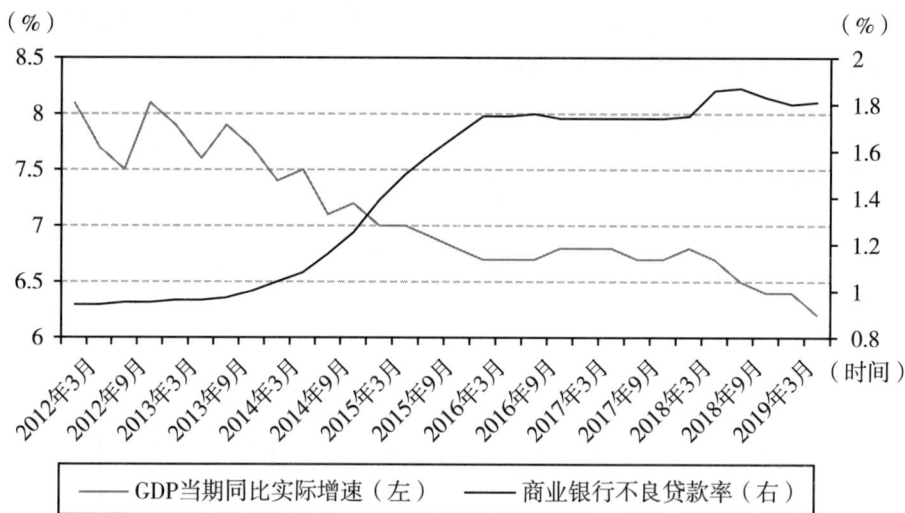

图 1-4　经济增速与不良贷款率

资料来源：作者利用 Wind 数据库的相关数据指标绘制而成。

其次，大力发展直接融资体系是防范化解金融风险的"良药"。良药苦口，但利于治病。大力发展多层次资本市场的号角已吹响多年，但时至今日，我国的直接融资比重仍只占全部社会融资的 13%，甚至近年来还有下滑趋势（见图 1-5）。加快经济增长固然有助于资金"脱虚入实"，但如何有效吸纳相应的储蓄增长和适应结构优化的高质量发展步伐？必须坚定不移地推进以投资银行和资产证券化业务为主线的直接融资大发展。原因有二：其一，商业银行的低风险经营模式无法很好地为轻资产的创新型企业融资，而影子银行由于缺乏有效监管、风险高且与商业银行关联度强，只可作为补充融资缺口的过渡性安排，只有大力发展投资银行才能适应未来的经济发展方式和风险管控要求；其二，间接融资体系无法提供多样性的优质金融资产，导致过剩储蓄过分流向房地产、股市等少数领域，由此导致金融泡沫堆积，大力发展资产证券化业务可以有效解决我国的优质资产短缺难题，使储蓄得到充分分流，风险与收益实现更好的匹配。

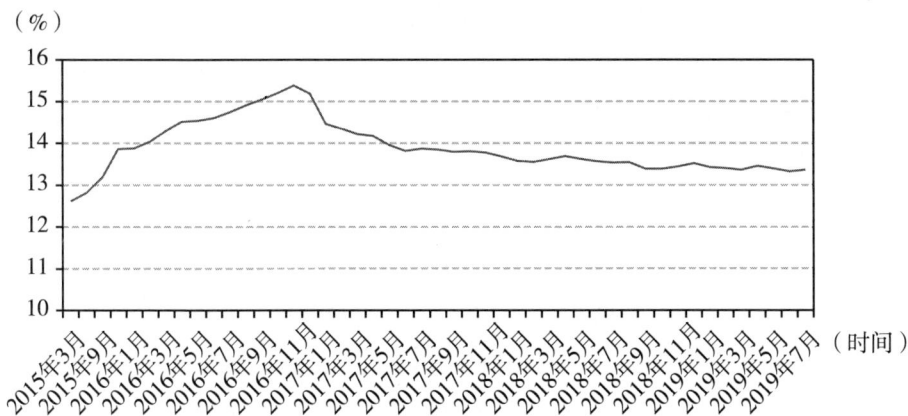

图 1-5　我国直接融资规模在社会融资规模中的比重
资料来源：作者利用 Wind 数据库的相关数据指标绘制而成。

最后，培育真正的市场化参与主体、疏通货币政策传导机制，建立清晰简单的双支柱调控框架。金融主体不能很好地贯彻响应货币政策意图，是现阶段我国货币政策工具不断推陈出新、越发复杂的关键所在。畅通货币政策传导机制从长远看应抱定"宜疏不宜堵"的基本思路，否则市场与政策的循环博弈、货币政策干预精度的提升只会降低资源配置效率。以货币政策调控社会融资条件的松紧，以宏观审慎政策严防风险暗礁，充分发挥市场机制在金融市场资金配置中的决定性作用，应当成为未来我国宏观金融调控的主旋律。

第二节　经济稳定与金融稳定的经典诠释

在国际金融危机前的二十年间，一个普遍共识是货币政策的首要（甚至唯一）目标是维持低水平的稳定通货膨胀。新凯恩斯模型为这一方法提供了智力支持（Woodford，2003）。在这些大型封闭经济模型中，稳定的通货膨胀使产出围绕其有效水平运行，由于低通货膨胀导致低价格离差和低波动，因此，通货膨胀不仅要稳定而且必须低。新凯恩斯模型从理论上剖析出：当不存在成本冲击等扰动因素时，中央银行总能达到零产出缺口目标（即，使产出保持在灵活价格水平上），同时使通货膨胀保持为零。此时，中央银行的产出目标与通货膨胀目标是一致的，不存在权衡取舍关系，布兰查德和加利（Blanchard & Gali，2007）将这一现象称之为"神圣巧合"或"天赐的巧合"。

另外，在 2008 年国际金融危机爆发以前，尽管金融失衡积累了大量风险，但并未引起中央银行的足够重视。其中一个关键原因在于价格稳定可以确保金融稳定的信念深入人心。自 20 世纪 70 年代以来，主流观点认为货币政策的首要最终目标是致力于实现长期价格稳定，货币政策本身并不是一个足以应对资产价格暴涨和暴跌的潜在破坏效应的有效工具，但是，价格稳定与金融稳定之间具有较强的正相关性。施瓦茨（Schwartz，1995）提出了"施瓦茨假设"，认为价格稳定是实现金融稳定的充分条件，保持价格稳定的货币政策同样也可以实现金融稳定。更谨慎的观点如伊辛（Issing，2003）则认为，尽管价格稳定并非实现金融稳定的充分条件，但两者之间的确存在着某种一致性，价格稳定能够促进金融稳定。伯南克和米什金（Bernanke & Mishikin，1997）也认为，价格稳定和金融稳定是高度一致的目标，可以在通货膨胀目标制的货币政策框架下取得。普尔（Poole，2007）指出，在一个具有内在联系的货币政策框架下，通货膨胀、经济增长和金融稳定可以协调，其中价格稳定是关键因素。此外，实证研究表明，从长期来看，金融稳定和币值稳定的确是互为补充的，并且金融危机通常爆发在价格水平不断上升之后（Bordo，2000；Calomiris，1998）。因此，中央银行维护金融稳定和实现币值稳定这两个目标是一致的，不存在所谓的取舍问题。这一关于价格稳定与金融稳定一致性的观点和价格稳定与产出稳定具有一致性的发现如出一辙。

实践中，从 20 世纪 80 年代开始，由于西方经济在保持快速发展的同时也控制住了物价，因此，多数国家的中央银行启用了单一目标制监管，甚至导致"去央行化"趋势风行。1996 年，美联储提出了"杰克逊霍尔共识"，认为货币政策的目标只包含维持物价稳定，这一度成为众多国家宏观政策调控的指导原则。其核心思想是，央行通过设定一项简单的公众能够理解的目标，并对其负责，以此来赢得信誉。这一包含目标体系和工具体系的货币政策框架可以概括为四个方面：（1）中央银行的主要目标是将通货膨胀保持在较低水平和稳定状态，即维护价格稳定的首要性；（2）把通货膨胀目标作为稳定公众未来政策预期的手段，并强调盯住核心通货膨胀率；（3）强调政策的可信性和可预见性对于维持低通货膨胀的重要性；（4）基于政策透明度进行前瞻性利率操作（Greenspan，2004；Goodfriend，2007）。"杰克逊霍尔共识"基于物价稳定与金融稳定的一致性，认为央行不应该以特定的金融市场运行作为盯住目标，只有当资产价格变化包含了未来特定区间内通货膨胀信息的前提下，货币政策才应对其做出反应，而灵活的通货膨胀目标制被认为是应对资产价格波动的最佳选择（万光彩，2014）。在过去20多年的实践中，通货膨胀目标制框架取得了相当的成功并已成为国际金融危机爆发之前的主流货币政策框架，许多发达经济体的通货膨胀得到有效抑制，经济呈现出物价水平稳定、经济持续增长的良好局面，即所谓的"大平稳"时期。但是，信贷、资产价格和投资的"繁荣萧条周期"现象日益明显。2008年国际金融危机爆发前的正统观点仍旧辩解认为现行货币政策框架无需改变，资产价格更大的波动性以及金融不稳定现象仅仅是暂时性问题。

但是，本轮金融危机已经深刻表明价格稳定并不能保证金融稳定。在某些情况下，基于物价稳定的政策目标事实上造成了整个金融体系的不稳定；有些时候，出于金融稳定的考虑，还需要牺牲价格目标。20世纪90年代之前，金融动荡的主要来源是通货膨胀。通货膨胀不仅会导致预期收益的不确定性，扰乱借贷者之间的信息传递，而且高通货膨胀还会导致市场的大幅波动，这会严重地阻碍储蓄向投资的转化，诱发金融不稳定。鉴于此，以往的经济学观点认为，中央银行实施金融稳定和币值稳定的目标是一致的，即两者之间不存在取舍关系（刘胜会，2011）。根据"施瓦茨假设"，维护物价稳定的货币政策不但可以降低金融不稳定发生的概率，同时也会降低金融不稳定的严重程度。理由是以维持物价稳定为目标的货币政策为经济提供了稳定并且可预测的利率环境，因此，有利于保持较低的利率和降低利率不匹配的风险，从而有利于保持金融体系和金融机构的稳健性。并且，通货膨胀使贷款者面临更严重的信息不对称，从而使贷款方的风险暴露加大，因此，维护价格稳定的货币政策可以实现金融稳定。但是，随着经济与金融的关系越发复杂，全球资产规模日益增大，资产价格波动加大，全球金融稳定出现了新情况：通货膨胀得到有效控制的同时资产价格波动明显加大，并成为宏观经济不稳定和总体价格波动的来源。由此，价格稳定与金融稳定的背离使得我们必须重新思考是否应该直接将金融稳定纳入货币政策最终目标，以及在货币政策之外是否应该寻找第二支柱来分担金融稳定职能。

第三节　经济稳定与金融稳定的当代悖离

一、国内外相关研究综述

全球金融危机事实上对货币政策的首要目标是维护价格稳定、其主要工具是经常性的短期政策利率这一观念发起了挑战。在过去 20 年里，这一观念指导了许多发达国家和部分新兴市场国家的货币政策实践。金融危机尤其显示了危险的、与宏观相联系的失衡能够在低通货膨胀和稳定的产出缺口环境下发展（见图 1-6）。

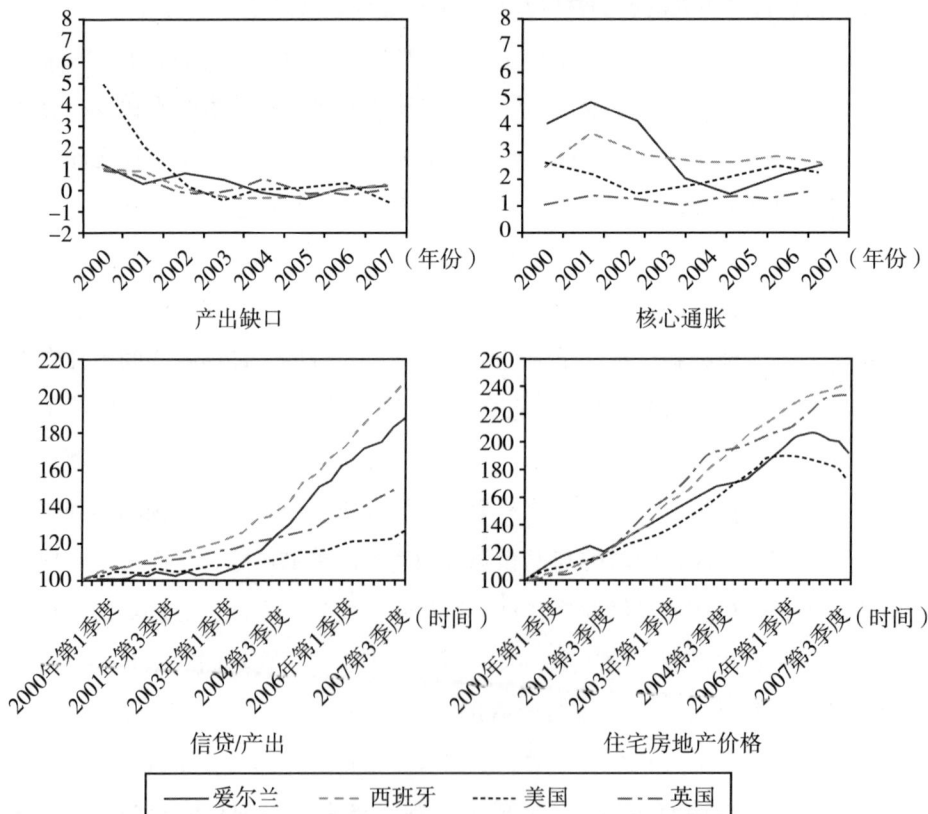

图 1-6　产出缺口、核心通货膨胀与危机前的金融指示器

资料来源：范从来、高洁超：《新常态下的货币政策最新进展：一个文献综述》，载《南开大学评论》2015 年第 2 期。

2008 年国际金融危机以前，西方发达国家的货币政策实践以稳定价格为核心。传统的经济学理论认为，价格稳定有助于实现产出稳定、金融稳定等其他目标，是货币政策的调控核心（Schwartz，1995；Issing，2003）。20 世纪 80 年代以来，西方经济"大稳健"所展现出的"低通胀、高增长、低失业"特征则在实践中印证了通货膨胀目标制货币政策的优越性。但是，随着经济金融关系的不断复杂化，价格稳定与金融稳定间的协同关系越发微弱。2008 年金融危机深刻表明，稳定价格的货币政策事实上已无法保证金融稳定。甚至有观点认为正是由于中央银行局限于稳定价格，导致价格上涨的压力从实体部门转移至虚拟领域，使部分国家的资产价格泡沫在价格相对稳定时发生，特里谢（Trichet，2005）将这一现象称作"央行信誉悖论"。经济稳定与金融稳定间的目标不一致性，反映出的是近年来在全球范围内经济周期与金融周期分化甚至悖离的新常态。

马克思认为，金融波动不仅是实体经济波动的一种表现，其越来越显示出的独立的周期性运动规律可能成为影响经济周期波动的源泉（洪银兴等，2005）。事实证明，这一洞见正在成为现实。金融危机以来，金融周期与经济周期的关系问题便迅速成为宏观经济学的热议话题（Borio，2014）。克莱森斯等（Claessens et al.，2012）通过分析 44 个国家的面板数据，发现经济周期与金融周期在不同阶段都存在显著关联。德雷蒙等（Drehmann et al.，2012）通过对 7 个工业国 1960～2011 年的季度数据进行滤波分解测算出各国的金融周期，发现金融周期波幅普遍大于经济周期，且金融周期波峰过后往往会爆发金融危机。邓创和徐曼（2014）通过构建金融形势指数并结合 TVP-VAR 模型，分析了中国的金融周期对宏观经济的时变影响及其非对称特征。马勇等（2016）综合分析了金融周期、货币周期和信贷周期对经济周期的影响，发现金融周期不仅是驱动经济周期的重要因素，而且对经济周期变化具有良好的预测性。范小云等（2017）运用季度数据测算了中国的金融周期，并分析了其与经济周期间的关联作用，同样发现金融周期比经济周期的波动幅度更大且具有显著的领先放大作用。陈雨露等（2016）对 68 个国家的面板数据分析表明，无论金融周期高涨还是下行，经济增长和金融稳定都会受到明显的负面影响。

二、经济周期与金融周期：趋同到分化

（一）经济周期和金融周期的度量

对于经济周期，学术界通常以产出和价格为基准衡量变量。但对于金融周期的刻画，目前尚未形成统一认识。以往多数文献简单将信贷/GDP 或 M2/GDP 作为金融周期的代理变量（Levine et al.，2000；Schularick & Taylor，2009；陈雨露等，2016）。虽然信贷和广义货币量是宏观金融运行的关键指标，但毕竟无法较为全面地刻画整体金融状况，尤其是无法针对性地反映房地产市场、证券和保险等金融市场的运行态势，而这些领域的极端波动恰恰是引发 2008 年国际金融危机的导火索。博里奥（Borio，2014）提出信贷总量和房地产价格是度量金融周期的基础变量。2017 年第 3 季度《中国货币政策执行报告》也指出，评判金融周期最核心的两个指标是广义信贷和房地产价格，前者代表融资条件，后者反映投资者对风险的认知态度。鉴于此，范小云等（2017）选取信贷、信贷/GDP、房地产价格、股票价格来测算金融周期，邓创和徐曼（2014）利用主成分分析构建了覆盖股市、债市、汇市、房地产、货币市场、银行体系的综合金融状况指数以衡量中国的金融周期。

本节构建综合金融稳定指数（AFSI）度量中国的金融周期。具体做法是：首先，以中国人民银行发布的 2017 年《中国金融稳定报告》涵盖的内容和主要的结构为参考，从银行体系、证券业、保险业、房地产业、国内经济和开放经济六大维度，选取 17 个指标合成表征金融整体运行状况的综合指数①。然后，利用因子分析进行降维处理，合成出对整体金融波动解释能力最强的 5 个公共因子，并依据相应权重构建总因子 AFA②。最后，利用 HP 滤波提取 AFA 的周期性成分即得到 AFSI，该指数用以表示整体金融状况偏离趋势运行的波

---

① 17 个指标是：预算赤字/工业增加值、REER 同比变化率、CPI 同比变化率、存贷款利差、信贷同比增长率、M2/储蓄存款、人民币贷款/储蓄存款、货币当局对其他存款机构的债权/信贷量、股票市值/工业增加值、市场无风险利率、股票指数同比变化率、保费/工业增加值、保险公司投资额/保险公司资产、商品住宅价格同比变化率、OECD - CLI、布伦特原油价格同比变化率、美元实际有效汇率同比变化率。

② 所有原始数据都经过 X12 季节处理，由于指标的量纲各不相同，采用公式 $Y = (X - MIN)/(MAX - MIN)$ 进行标准化处理。

动性特征，结果为正表示金融过热，结果为负表示金融遇冷。

具体地，周期刻画选取 1999 年第 1 季度至 2017 年第 4 季度的季度数据，数据来源于 IFS 数据库、OECD 数据库、WIND 数据库、国泰安数据库、中经网、国家统计局网站和中国人民银行网站。利用 HP 滤波剔除 GDP 同比增速、同比 CPI 中的趋势性成分，分别保留其周期性成分代表增长周期和价格周期。利用 HP 滤波和因子分析合成 AFSI 以表示金融周期，其中，对标准化后的变量先进行 KMO 检验和 Bartlett's 球状检验，得出 KMO 值为 0.64，大于 0.5，Bartlett's 球状检验 P 值为 0.00，小于 0.05，因此，样本数据适用因子分析。以特征值大于 1 为标准，选出 5 个因子，其方差贡献率和特征值因子分析结果如表 1－2 所示，总因子 $AFA = 0.4FA_1 + 0.19FA_2 + 0.16FA_3 + 0.13FA_4 + 0.13FA_5$，累积解释能力达到 78%，表明因子分析效果良好。

表 1－2　　　　　　　　　　因子分析结果

综合因子	特征值	方差贡献率（%）	累计方差贡献率（%）	方差解释比例（%）
FA_1	5.30	0.31	0.31	40
FA_2	2.53	0.15	0.46	19
FA_3	2.10	0.12	0.58	16
FA_4	1.75	0.10	0.68	13
FA_5	1.74	0.10	0.78	13

资料来源：作者计算得出。

（二）经济周期与金融周期的关系

图 1－7 显示了 1999～2017 年中国增长周期、价格周期与金融周期的走势。由图 1－7 可知，2012 年以前，三大周期的波动都非常大，但金融周期与以增长周期和价格周期为代表的经济周期运行趋势基本趋同；而 2012 年以来，经济周期的波动明显减小，但金融周期的波动仍然较大，导致金融周期与经济周期逐渐分化，甚至在某些节点出现明显的方向性悖离。

表 1－3 利用相关系数测算了不同周期间的协同性。增长周期与价格周期的协同性不断提高，表明货币政策越发难以同时实现控价格与促增长两大目标。因此，《中华人民共和国中国人民银行法》规定"稳定货币币值，并以此促进经济增长"的调控愿景已不适应于当前经济，货币政策法定目标亟待由促增长转变为稳增长，从制度上保障增长周期与价格周期的协同运行，执着于

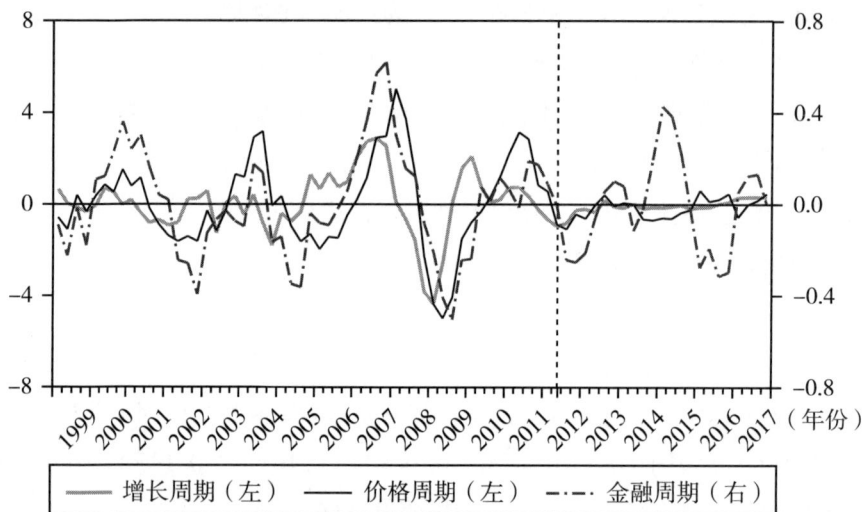

图 1-7　中国的增长周期、价格周期与金融周期

资料来源：作者计算得出。

促增长目标只会破坏经济周期的内在一致性。而金融周期与经济周期逐渐分化甚至悖离，2012 年以来，金融周期与价格周期背道而驰，表明仅仅依靠货币政策已无法同时"熨平"经济周期与金融周期，必须针对两大周期采取针对性调控，做到有的放矢。因此，必须加快构建和完善"货币政策＋宏观审慎政策"的双支柱调控框架，以宏观审慎政策专门"熨平"金融周期，为货币政策稳定经济周期减负、增效。

表 1-3　　　　　　　　　　　不同周期间的协同性

相关系数	增长周期与价格周期	增长周期与金融周期	价格周期与金融周期
全样本	0.3882	0.3461	0.6111
1999 年第 1 季度至 2005 年第 4 季度	0.0933	0.1382	0.6718
2006 年第 1 季度至 2012 年第 1 季度	0.4400	0.4632	0.7933
2012 年第 2 季度至 2017 年第 4 季度	0.6123	0.2050	−0.2797

资料来源：作者计算得出。

表 1-4 显示：增长周期与价格周期相互驱动，而金融周期与价格周期互不为驱动对方的原因，增长周期是驱动金融周期的原因，反之不然。可见货币政策锚定价格周期的同时可以稳定增长周期，但无法稳定金融周期。如

果货币政策过分关注金融周期，则势必弱化对价格周期乃至增长周期的调控，因此，必须引入宏观审慎政策并使之与货币政策相协调。此外，现阶段中国货币政策亟待由促增长转变为稳增长，稳定增长周期可在一定程度上助力价格周期和金融周期稳定，但促增长反而会引起经济周期和金融周期的剧烈波动。

表1-4 识别周期驱动原因的格兰杰因果分析

原假设	观察个数（个）	F检验量	P值	是否为驱动原因
价格周期不是驱动增长周期的原因	74	9.16141	0.0003	是
增长周期不是驱动价格周期的原因	74	8.96579	0.0003	是
金融周期不是驱动增长周期的原因	74	2.27213	0.1108	否
增长周期不是驱动金融周期的原因	74	8.78724	0.0004	是
金融周期不是驱动价格周期的原因	74	0.73243	0.4844	否
价格周期不是驱动金融周期的原因	74	0.87383	0.4219	否

资料来源：作者计算得出。

以往中国的货币政策常常受制于"增长导向"，政策基调名为稳健、实则宽松。2016年底召开的中央经济工作会议首次提出"货币政策要保持稳健中性"，从而进一步约束了货币政策的主动扩张动机，为真正"熨平"经济金融周期营造了稳定的政策环境。当前，迫于美国不断升级的贸易摩擦，货币政策虽然暂时转向稳健，但毋庸置疑，中性货币政策才是最终的进化方向。而促增长的货币政策通常会刺激经济过快增长，表现为GDP增速正向偏离趋势性水平，同时还会带动金融运行过热，当政策利好消失殆尽，过度调整后的反转效应很容易诱发金融不稳定。本节构建了增长周期、价格周期和金融周期在内的三变量VAR模型，分析刺激增长周期扩张背景下，价格周期和金融周期的动态响应路径。图1-8显示了当GDP增速的周期性波动增加1个单位标准差时，价格周期和金融周期动态响应的累积路径。可以看出，经济过快增长会导致价格周期和金融周期同时膨胀，即价格偏高、金融过热。价格偏高不利于经济长期发展，金融过热容易诱发系统性风险，这些都是促增长导向带来的潜在额外成本。破除GDP政绩导向、树立合理适度的稳增长目标是当前"熨平"宏观经济和金融周期的首要前提。

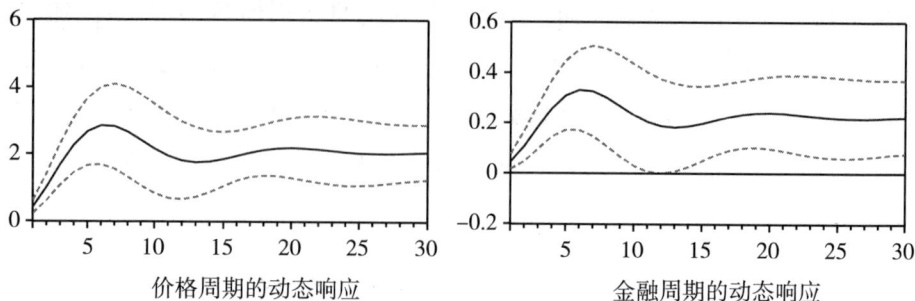

图 1-8 增长周期扩张对价格周期和金融周期的动态效应
资料来源：作者计算得出。

三、货币政策调控：数量型还是价格型

随着金融创新和金融市场快速发展，传统的以 M2 为中介目标的数量型货币政策调控绩效日渐式微，2016 年开始将统计范围更广的社会融资规模作为新的政策目标，但仍然无法准确掌握以非信贷融资为代表的金融市场活动。2018 年开始，中国便不再公布 M2 和社会融资规模的数量目标，这表明货币政策调控框架转型又迈出了重要一步（徐忠，2018）。但是，价格型货币政策调控对市场发育程度和传导机制要求较高，而目前中国的货币市场、债券市场等仍存在明显割裂，存贷款基准利率与 Shibor 等市场化利率并存仍相当于事实上的双轨制（易纲，2018）。对于货币政策的转型困境，郭豫媚等（2016）指出，在货币政策由量到价的转型过程中，信贷渠道和利率渠道均不能充分发挥作用，建议货币政策应强化预期管理，这有助于填补其不断下降的有效性；伍戈和连飞（2016）则认为，采取数量型与价格型相结合的混合货币政策框架是目前较好的选择。

本部分从近年来中国经济周期与金融周期分化的大背景出发，探讨货币政策数量型调控和价格型调控对经济金融周期的影响，从提高货币政策有效性的角度比较数量型调控和价格型调控的利弊，并以"熨平"经济金融周期为准绳，提出进一步完善短期宏观调控的切实建议。选择广义货币供应量（M2）和 7 天期的 Shibor 利率分别作为货币政策数量型中介目标和价格型中介目标的代理变量，样本为 1999 年第 1 季度至 2017 年第 4 季度的季度数据，数据来源于中经网。经 X12 季节调整后，分别与增长周期变量、价格周期变量、金融周期变量构建三组 VAR 模型，以分析不同货币政策调控方式的经济金融波动效应。

通过分析货币冲击和利率冲击对增长周期、价格周期、金融周期的动态影响，可以研判数量型货币政策与价格型货币政策在"熨平"产出波动、价格波动、金融波动上的效果。由图 1-9 可知：（1）正向货币冲击会刺激产出正向波动，对应于增长周期的高涨阶段；期初会稍微导致价格负向波动，但之后会刺激价格明显正向波动，价格周期高涨；对金融波动的影响先负后正，总体上非常中性，金融周期几乎没有明显变化，这一点目前鲜有研究涉及。（2）正向利率冲击期初会稍微引起产出正向波动，但之后会导致产出明显负向波动，增长周期衰退；对价格波动的影响先正后负，总体上会引起价格周期高涨；对金融波动具有明显的正向影响，金融周期高涨。

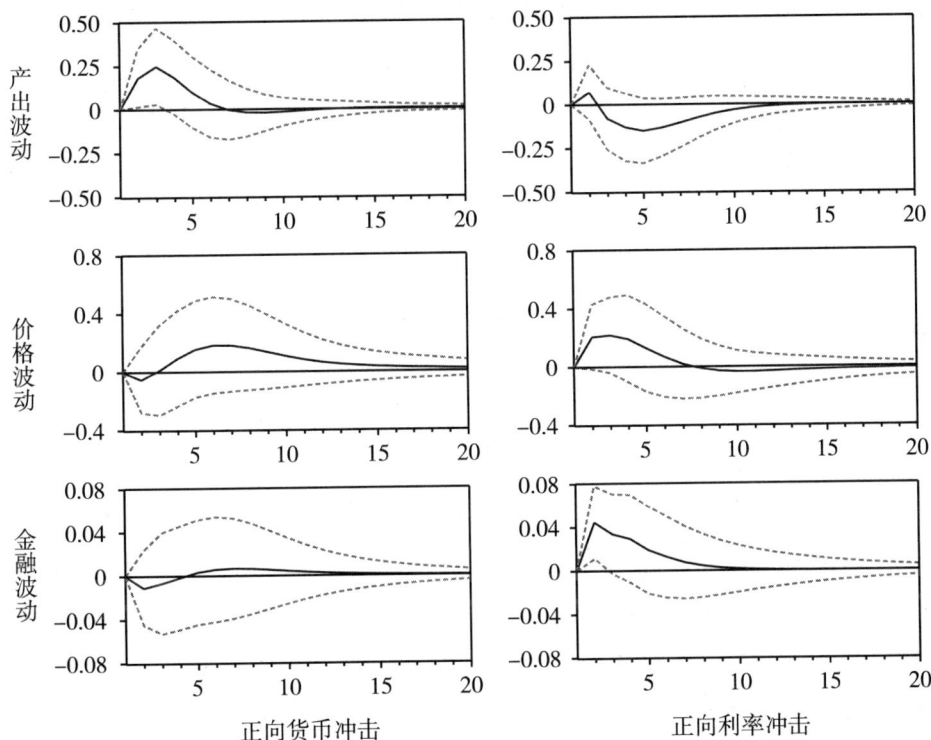

图 1-9　货币冲击和利率冲击对各周期变量波动的动态影响
资料来源：作者计算得出。

总的来看：（1）在数量型调控下，产出波动与价格波动的大方向是一致的，产出波动领先于价格波动，增长周期与价格周期具有较好的协同性，且数量型调控对金融波动的影响较为中性，可使货币政策在"熨平"经济周期时避免对金融周期造成额外扰动；（2）在价格型调控下，货币政策紧缩利率会导致通货膨胀，表明存在显著的成本渠道效应（彭方平、连玉君，2010；蒋海、储著贞，2011），产出波动与价格波动背道而驰，表明货币政策难以同时稳定增长周期和价格周期，且价格型调控对金融波动的影响非常显著，此时还将面临对稳定经济周期还是金融周期的取舍。

因此，在增长周期与价格周期协同性不断提高的背景下，数量型调控对两者的影响趋同有助于实现"熨平"经济周期的目标，且不会对金融周期造成非中性影响，因此，在以数量型货币政策调控实体经济时，既不会破坏经济周期内在协同性，也不会明显干扰金融周期。而价格型调控作用于实体经济时，会面临"按下葫芦浮起瓢"的调控困境，不仅无法消除经济周期的内部冲突，而且会对金融周期造成显著的非中性影响，因此，必须采取宏观审慎政策专门"熨平"金融周期，化解价格型货币政策调控在金融领域留下的负面效应。从这一点也可以看出，当前我国在积极推进货币政策由数量型转向价格型的同时，积极构建"货币政策＋宏观审慎政策"的双支柱调控框架是完全符合当前经济运行规律的。

四、解读中国货币政策改革的内在逻辑

长期以来，中国的宏观政策组合以"积极的财政政策＋稳健的货币政策"为核心，宏观审慎政策缺位，由此导致金融粗放式服务实体经济，潜在金融风险伴随经济发展而逐步积累。进入经济新常态以来，实体经济和虚拟经济均发生了深刻变化和调整，经济增长趋势性放缓的同时，刺激政策的边际效果锐减，金融领域风险不断暴露，这种"增长减速后遗症"迫使货币政策调控在稳定金融和服务实体上举棋不定。本节的研究表明，促增长的政策导向容易引发价格周期和金融周期同时膨胀，不利于经济的长期发展和金融稳定，货币政策应及时将促增长目标调整为稳增长目标；而在增长周期与价格周期的协同性不断提高的背景下，稳增长目标与稳价格是内在一致的，从而可以避免货币政策在经济稳定与刺激之间频繁转换，提高货币政策的可预见性和连贯性。从这一点来看，2016年底召开的中央经济工作会议首次提出"货币政策要保持稳健中性"在一定程度上约束了货币政策的促增长目标，未来应进一步调整

《中华人民共和国中国人民银行法》中有关货币政策与经济增长的关系表述，明确货币政策的经济稳定功能。本节的研究还发现，2012 年至今，中国的金融周期与经济周期表现出明显的分化甚至悖离态势，这表明仅仅依赖货币政策已无法同时"熨平"经济周期与金融周期。根据"丁伯根法则"，一国的经济政策数量至少要等于经济目标数量，而且政策之间必须保持独立性，在经济金融周期分化的大趋势下，单一货币政策无法同时实现稳定经济周期和金融周期两大目标。2017 年党的十九大报告正式提出"健全货币政策和宏观审慎政策双支柱调控框架"，以货币政策"熨平"经济周期、以宏观审慎政策"熨平"金融周期。

此外，本节的实证分析还表明，当前数量型货币政策"熨平"经济周期的有效性仍然优于价格型货币政策，数量型调控对金融周期的影响更加中性，而价格型调控在"熨平"增长周期的同时会加剧价格周期与金融周期的波动，这一点目前鲜有研究涉及。早在 2012 年，《金融业发展和改革"十二五"规划》就提出"推进货币政策从以数量型调控为主，向以价格型调控为主转型"，但囿于价格型调控所需的金融市场良好发育这一约束所限，当前中国的货币政策仍处于数量型和价格型调控搭配使用，甚至数量型调控更加主动的过渡阶段。本节认为，未来较长一段时期内中国货币政策仍需倚重数量型调控，一方面，源于数量型调控对稳定实体经济的有效性仍明显高于价格型调控；另一方面，价格型调控对金融波动具有显著非中性影响，在进行价格型货币政策调控的同时，必须辅以宏观审慎政策以消除额外的金融效应。上述分析也从一个新的视角论证了中国货币政策对内改革（数量型转向价格型）和对外改革（构建双支柱调控框架）齐头并进、相辅相成的必要性。

第二章

影子银行和金融风险

第一节 资产短缺与商业银行转型

随着我国经济的持续快速发展，居民收入迅速增长，储蓄率处于高位，但与此同时，金融体系的建设却相对落后。优质金融资产的短缺难以承接庞大的储蓄资金保值增值的需要，由此引发的过度投机、金融资产泡沫和脱实向虚倾向是理解当前金融领域风险的基础性因素。党的十八大提出了金融改革的方向，其重点是发展多层次资本市场，以市场建设为核心，提高直接融资比重。这一方向与现行的商业银行经营模式、利润获得模式均相向而行。如何在金融改革大方向的前提下，实现商业银行自我生存和自我发展，同时对接国家政策，服务实体经济是每家商业银行都应考虑的问题。

在激烈的市场竞争条件下，如何获得优质的客户资源是企业竞争成功的关键。获得客户的根本在于深挖客户需求，紧跟客户需求，满足客户需求。商业银行要想转型成功，必须深入了解客户需求的转变，从而在业务上实现转型。家庭和企业是商业银行最重要的客户来源，尤其是对家庭而言，其储蓄行为随着收入的增长已然发生了重要变化。如果不了解这种变化，就无法理解家庭储蓄行为模式的改变，就无法提供相应的服务，这必然会导致客户黏性的降低，造成储蓄存款的流失。

卡巴雷罗（Caballero，2006）指出，新兴国家尤其是中国出现了所谓的资产短缺现象，即随着收入的增长，中国家庭储蓄模式发生了变化，人们对于金融资产的数量和质量要求越来越高，优质金融资产的缺乏无法满足人们财富增长所带来的保值增值需求，于是资产泡沫、长期利率走低等现象顽固而持久。承继卡巴雷罗的理论，范从来等（2013）认为，中国已经进入了资产短缺阶段，这一阶段人们的资产配置行为产生了新变化，传统的以银行存款为主的金融工具已经无法满足人们的需求，于是炒房、炒大宗商品的现象屡见不鲜。

家庭储蓄模式的转变，使得家庭在资产配置上产生了相应的变化。对于商业银行而言，要转型就必须抓住这种变化，也必须适应这种变化。这也是银行能够在巨大转型压力下实现自我突破的关键。

一、商业银行转型面临的现实问题

商业银行转型已经提出很多年，但是无论是从强度还是深度上看，现有的改革都没有触及商业银行经营的真正核心。这不仅源于长期以来中国金融体制导致的积重难返，也源于现行宏观经济环境带来的重重压力。特别是进入 21 世纪第二个十年以来，中国经济进入了新常态，宏观经济长期底部运行，商业银行所面临的经营环境出现了不利的变化，粗放式的规模扩张难以为继。加上"金融脱媒"日趋明显，互联网金融快速发展，利率市场化基本实现使得商业银行所面临的竞争环境更加激烈，市场份额、客户资源被第三方支付、网络信贷等大量分流，传统的以存贷利差为主的盈利模式在利率放开的条件下生存空间更加狭小。

面对日益严峻的挑战，通过转型升级实现自我生存和发展是银行业的共识，众多的改革方案也层出不穷，不论是大银行还是小银行，都提出了一揽子非常相似的方案，例如增加中间业务占比，降低利息收入占比等。然而，从市场表现来看，这些措施的效果并不明显，商业银行转型进展缓慢。从负债端、资产端以及盈利端来看，当前中国商业银行转型面临着诸多现实问题。

（一）客户黏性降低，存款流失严重

从负债端来看，进入新阶段以来，银行吸储能力大幅下降，存款流失严重。自 2007 年以来，中国商业银行储蓄存款余额的总规模不断扩大，但是同比增速呈现出阶段性变化。特别是 2009 年以后，储蓄存款的同比增速不断下滑。根据 Wind 数据，2009 年 6 月，储蓄存款同比增加达 30%，而到 2015 年

12 月，同比增加额仅有 12.4%，下降幅度超过一半。储蓄存款增速的大幅降缓根源于客户流失，客户流失的原因是家庭客户资产选择的多样化、企业客户不再"冲时点"等。我们以家庭存款为例来说明客户黏性的降低。

由于居民储蓄存款在总存款中占有较大的比例，因此，总存款的增加额与居民存款增加额的变化基本具有一致性。储蓄存款变化的一个重要特征：在 2010 年以前，不论是居民储蓄存款还是总储蓄存款，其月度增加额基本为正。2010 年以后，两者的波动开始明显，月度增加额正负相互交替，且波动幅度大体相当。根据 Wind 数据，以 2014 年 6 月、7 月为例，6 月居民储蓄存款增加额为 18210 亿元，然而 7 月居民储蓄存款增加额为 -10800 亿元。存款增加额的大幅波动与"存款搬家"现象密不可分，"存款搬家"反映了家庭客户的资产配置在金融市场逐步放开、投资渠道开始拓宽的情况下开始变得更加理性，人们的资产组合里不再仅有银行储蓄存款，而是有更加丰富的资产可供选择，当股市、楼市、理财产品更能满足人们保值增值需求的时候，货币从储蓄存款中"撤离"也就不足为奇了（汪伟，2008）。家庭客户对银行的依赖性大幅下降，替代金融资产的增多使得银行客户不断流失，客户黏性大幅降低。同样地，对于企业客户而言也是如此。储蓄是银行重要的资金来源，吸储压力持续增大，银行生存压力也再持续增大。

（二）贷款持续下滑，信贷质量堪忧

从资产端来看，贷款是商业银行传统业务，也是最重要的利润来源，然而近几年来，银行贷款规模持续下滑，不良贷款总额攀升，传统盈利模式难以为继。

从 2007～2015 年我国贷款余额的同比变化中可以看出，我国贷款同比变化与存款同比变化非常相似，这主要是由于我国商业银行监管的规定。1995 年我国出台了《中华人民共和国商业银行法》，明确规定贷存比的上限为 75%，因此，当存款发生变动的时候，贷款也会相应地变动。自 2009 年以来，商业银行贷款增速不断下滑，2009 年 6 月，贷款余额同比增长 34.44%，到了 2015 年 12 月，贷款余额同比增长只有 14.30%。贷款增速的下滑，一方面是由于存款增速的下滑；另一方面是由于经济下行，实体经济不景气，企业收缩投资，对贷款的需求也相应减少。

贷款萎缩使得商业银行传统的盈利点失去动力，不仅如此，贷款质量的下降，加大了商业银行的经营风险。2011 年以来，从商业银行不良贷款变动较

大。从不良贷款率来看，不良贷款率呈现出微弱的上升趋势，2011 年 3 月，不良贷款率 1.1%，2015 年 12 月，不良贷款率为 1.67%。从不良贷款的总量上来看，不良贷款余额呈现出不断增加的趋势，尤其是 2013 年以后，上升幅度开始加大。从不良贷款同比增速上来看，中国不良贷款日趋严重，2011 年 3 月为 −8.5%，而 2015 年 12 月高达 33.88%。不良贷款增速的不断提升，使得商业银行经营风险持续增大。[①]

（三）盈利能力持续下滑，盈利模式难以转变

在资产端和负债端都出现下滑的情况下，商业银行盈利能力的下滑也在所难免（曹国华等，2016）。商业银行盈利能力的变化，不论是资产利润率、资本利润率还是利润同比增速，都呈现出下滑趋势。利润同比增速的变化最为明显，2011 年 12 月商业银行利润同比增速高达 36%，到了 2015 年 12 月，利润同比增速只有 2.4%，下降幅度巨大。资产利润率是利润总额与资产平均占用额的比重，反映了银行单位资产的获利能力，是商业银行盈利能力的重要指标。该指标自 2011 年以来也呈现出不断下滑的趋势，反映了商业银行盈利能力的不断下降。[②]

传统的盈利模式难以为继，但新的盈利增长点尚未成长起来。向中间业务转型，以非利差收入为主的盈利模式发展缓慢。从非利息收入占营业收入的比重中可看出，非利息收入占比有微弱的上升趋势，从 2010 年第 4 季度的 17.5% 上升到 2015 年第 4 季度的 23.73%，上涨幅度不大。与利息收入占比相比，非利息收入所占比重比较低，维持在 20% 左右。从不同类型的银行来看，非利息收入占比只有微弱的高低之分，并未有太大的差异。2016 年第 2 季度不同类型的几家银行利息收入的占比中，不论是国有商业银行、股份制商业银行，还是城市商业银行，利息收入占比都在 60% 以上。[③] 可见，向中间业务为主转型还处在开始阶段，还有较长的一段路要走，现有的盈利模式短期内难以改变。

二、资产短缺：家庭储蓄行为变化

（一）资产短缺假说

资产短缺假说最早由卡巴雷罗教授于 2006 年提出。他使用资产短缺（asset

---

①②③　资料来源：作者根据 Wind 数据库相关数据计算得到。

shortage）一词描述了新兴市场国家由于金融市场自由化程度低、金融管制严格、政府预算管理存在缺陷等诸多原因带来的金融市场上优质（high quality）金融资产过少与这些国家经济快速增长所带来的持续增长的保值增值需求和抵押需求之间的矛盾。他指出，过多的储蓄追逐少量的优质资产会带来资产价格的上涨，同时在优质金融资产无法获得时，资产替代机制发挥作用，泡沫将在其他次优资产上蔓延。卡巴雷罗利用资产短缺假说为全球经济失衡、长期利率走低、资产泡沫等现象提供了新的解释。

该假说应用到中国经济现实时，也有很强的说服力。范从来等（2013）认为我国的经济发展可以分为两个重要阶段："商品短缺阶段"和"资产短缺阶段"。自 1994 年左右，我国就已经由"商品短缺阶段"进入"资产短缺阶段"。在"资产短缺阶段"，由于人们的储蓄大幅增加，保值增值需求也大幅增加，从而引致了对能够实现保值增值功能的金融工具的需求，但是我国的资本市场建立较晚，发展不完善，很难创造出优质的可用于保值增值的金融资产，于是资产短缺逐渐成为经济生活中的常态，并因此带来一系列的经济问题。他们在陈等（Chen et al.，2011）的基础之上，根据 C-I 指数核算了中国的资产短缺状况。C-I 指数的核算公式如下：

$$AS = 1 - \frac{(B + E + L + \Delta S.\,D. + NPFV)}{S} \tag{2.1}$$

式中，S 代表一国储蓄，表示一国对金融资产的需求，B 代表本国发行的债券规模，E 代表本国股票发行规模，L 代表本国贷款规模，$\Delta S.\,D.$ 代表短期存款变化，$NPFV$ 代表本国投资者对国外金融资产的净购买。$B + E + L + \Delta S.\,D. + NPFV$ 代表一国金融资产的总供给。本节按照他们的核算方法，对数据进行了更新和修正。其中，国内国民储蓄 = GDP + 收益净流入 + 经常转移净流入 - 最终消费，$NPFV$ 等于国际收支平衡表中"证券投资""其他投资""错误与遗漏"三项的借方累积余额之和，$\Delta S.\,D.$ 等于企业和居民短期存款变化量，L 用国内贷款度量，债券发行规模等于政府债券和企业债券发行净额之和，股票发行规模用 A 股市场的股票筹资额近似替代。本节采用季度数据衡量，数据来源于历年《中国统计年鉴》、中经网数据库、国家外汇管理局、中国债券信息网、中国人民银行。最终，得出的中国资产短缺状况如图 2 - 1 所示。

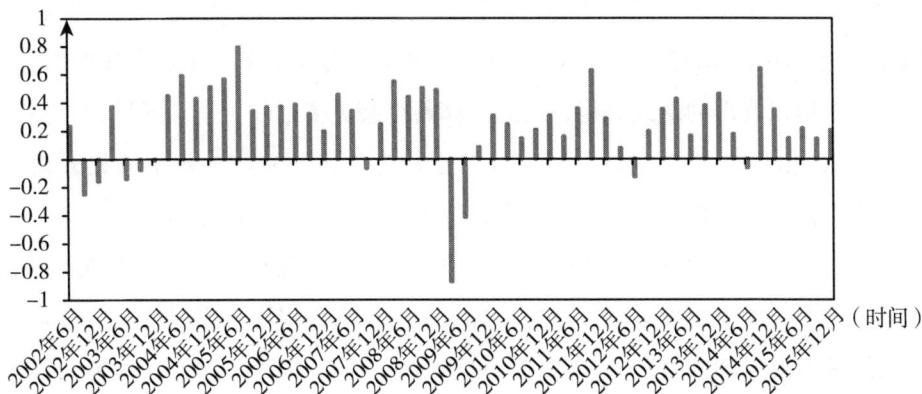

图 2-1　中国金融资产短缺季度状况

资料来源：历年《中国统计年鉴》、中经网数据库、国家外汇管理局、中国债券信息网、中国人民银行。

如图 2-1 所示，当指数为正时代表存在金融资产短缺，且数值越大代表资产短缺越严重，反之则反是。从图 2-1 中可看出，除了少数几个年份的季度外，大部分季度都呈现出资产短缺状态。这也印证了范从来等（2013）、刘志彪（2015）等学者的判断，即中国已经进入了金融资产短缺时代，中国当前许多宏观经济问题都可以归结为金融资产短缺，大力增加优质金融资产的供给是解决当前中国经济问题的关键。

（二）家庭储蓄行为变化的理论分析

"资产短缺假说"强调对金融资产的需求和金融资产供给能力之间的不匹配，并由此引致了一系列经济问题。但是该假说并没有就金融资产需求进行更深入的说明。该假说强调随着财富水平的增加，人们对金融工具的需求也在增加，但有两个问题没有阐述清楚：第一，为何财富水平的变化会带来对金融工具需求的变化；第二，随着财富水平的增加，家庭更需要什么样的金融工具。

对于第一个问题，从国民收入的核算原理和货币需求理论可以说明，根据国民收入的核算原理：

$$Y - C = S \qquad (2.2)$$

式（2.2）表示了最简单的国民核算原理，收入等于消费加储蓄。当收入水平达到一定阶段，人们在消费之后，就有了一定的剩余。这部分剩余用储蓄来表示，用来满足人们的未来消费。储蓄不论是用于预防性目的还是用于投机性目的，根本上来说都是用于保值增值，这就需要相应的金融工具作为载体。因此，随着储蓄的增多，人们对金融资产的需求也在增多。在货币化的时代，收入更多地以货币的形式获得，因此，储蓄也会更多地以货币形式留存。借鉴货币需求理论，能够更好地解释家庭储蓄行为为何随着收入水平的提升而变化。货币需求理论最早由凯恩斯提出，他将货币需求的动机分为三个层次：交易性动机、预防性动机和投机性动机。他认为，交易性动机和预防性动机带来的货币需求取决于收入水平，随着收入水平的提高而提高；投机性动机带来的货币需求取决于利率水平，随着利率水平的提高而下降。凯恩斯的货币需求理论在鲍莫尔、惠伦以及托宾等的努力下得到了进一步的完善。但是，这些理论忽略了收入水平在决定货币需求上具有阶段性作用。很显然，在收入水平比较低的时候，人们的第一目的是满足温饱，其获得的收入全部用于消费，此时没有预防性和投机性的需求（杨小勇等，2002）。当收入水平越过基本温饱线之后，预防性货币需求才开始产生，当收入水平进一步提高时，投机性货币需求开始产生。这种思路与式（2.2）具有相通之处，即保值增值的需求是在满足消费（交易需求）之后开始产生。

首先我们需要得出的是人们会将多少收入用于满足投机需求，为了测算这种收入安排，我们借鉴货币需求理论，先分别得出安排在预防性和交易性动机上的收入，然后从总收入中减掉这部分即可获得人们在投机需求上安排的收入。

借鉴鲍莫尔模型、惠伦模型、杨小勇等（2002）、杨小勇等（2007）的研究，对货币需求函数进行相应的改造。假定存在一个货币化收入的最低线 y^*，当 $y \leq y^*$ 时，人们对货币的需求全部属于交易性动机；当 $y > y^*$ 时，人们才开始具有预防性动机和投机性动机。鲍莫尔模型的交易性货币需求可以表示如下：

$$M/P = \frac{1}{2}\sqrt{\frac{2by}{r}} \qquad (2.3)$$

式中，M 代表名义货币需求，P 代表实际物价水平，b 为将生息资产变现的手续费，r 为利率水平。在存在最低生存线 y^* 的条件下，只有 $y - y^*$ 的部分才被人们决策最优的现金持有，因此，根据最小化货币持有成本的原则，交易货币需求函数可以被改造为：

$$M/P = \frac{1}{2}\left[y^* + \sqrt{\frac{2b(y-y^*)}{r}} \right] \tag{2.4}$$

根据式（2.4），人们为了满足交易动机而安排的收入为 $y^* + \sqrt{\frac{2b(y-y^*)}{r}}$，人们剩余的收入将会在预防性需求和投机性需求上安排，假定预防性动机会先于投机性动机产生，因此，个体首先将收入在预防性需求上进行安排。根据最小化货币持有成本的原则，预防性货币需求函数可以表示为：

$$M_2/P = \sqrt{\frac{b_p}{r}\sqrt{y-y^*}\left(\sqrt{y-y^*} - \sqrt{\frac{2b}{r}} \right)} \tag{2.5}$$

式（2.5）满足 $y - y^* - \frac{2b}{r} > 0$。其中，$b_p$ 表示将生息资产转换为现金时的手续费，注意的是 b_p 与交易性动机中将生息资产变现的手续费 b 不相等，因为筹措交易性货币而出售的生息资产的数量与为筹措预防性货币而出售的生息资产的数量不相等（杨小勇等，2002）。由式（2.5）可知，人们安排在预防性动机上的收入为：

$$y^p = 2\sqrt{\frac{b_p}{r}\sqrt{y-y^*}\left(\sqrt{y-y^*} - \sqrt{\frac{2b}{r}} \right)} \tag{2.6}$$

结合安排在交易需求上的收入，可获得人们安排在投机需求上的收入为：

$$y^o = y - y^* - \sqrt{\frac{2b(y-y^*)}{r}} - 2\sqrt{\frac{b_p}{r}\sqrt{y-y^*}\left(\sqrt{y-y^*} - \sqrt{\frac{2b}{r}} \right)} \tag{2.7}$$

记 $y - y^*$ 为 Δ，式（2.7）可以改造为：

$$y^o = \Delta - \sqrt{\frac{2b\Delta}{r}} - 2\sqrt{\frac{b_p}{r}\sqrt{\Delta}\left(\sqrt{\Delta} - \sqrt{\frac{2b}{r}} \right)} \tag{2.8}$$

安排到投机需求上的收入显然大于或等于 0，于是该式满足：

$$\Delta - \sqrt{\frac{2b\Delta}{r}} - 2\sqrt{\frac{b_p}{r}\sqrt{\Delta}\left(\sqrt{\Delta} - \sqrt{\frac{2b}{r}} \right)} \geqslant 0 \tag{2.9}$$

于是有：

$$2\sqrt{\frac{b_p}{r}} \leqslant \sqrt{\Delta - \sqrt{\frac{2b\Delta}{r}}} \tag{2.10}$$

式（2.8）对 Δ 求偏导，可得：

$$\frac{\partial y^o}{\partial \Delta} = 1 - \frac{1}{2}\sqrt{\frac{2b}{r}}\frac{1}{\sqrt{\Delta}} - 2\sqrt{\frac{b_p}{r}} \times \frac{1}{2}\frac{1}{\sqrt{\Delta - \sqrt{\frac{2b\Delta}{r}}}}\left(1 - \frac{1}{2}\sqrt{\frac{2b}{r}}\frac{1}{\sqrt{\Delta}}\right) \qquad (2.11)$$

结合 $y - y^* - \frac{2b}{r} > 0$ 和式（2.10）有 $\frac{\partial y^o}{\partial \Delta} > 0$，于是我们可以知道，随着收入水平距离最低的生存水平越远，那么人们安排在投机性动机上的收入越多。安排在投机性动机上的收入依然会在现金和生息资产上进行选择，如果利息率足够高，人们会将这部分收入全部转换为生息资产。可见，随着人们收入水平的稳步提高，人们投机性的动机越大，越需要金融资产进行投资。

为了回答第二个问题，我们对安排在预防性动机上的收入与安排在投机性动机上的收入进一步进行比较。预防性收入 y^p 对 Δ 求偏导，可得：

$$\frac{\partial y^p}{\partial \Delta} = 2\sqrt{\frac{b_p}{r}} \times \frac{1}{2}\frac{1}{\sqrt{\Delta - \sqrt{\frac{2b\Delta}{r}}}}\left(1 - \frac{1}{2}\sqrt{\frac{2b}{r}}\frac{1}{\sqrt{\Delta}}\right) \qquad (2.12)$$

经简单的计算比较可知：

$$\frac{\partial y^o}{\partial \Delta} \geq \frac{\partial y^p}{\partial \Delta} \qquad (2.13)$$

式（2.13）表明，随着收入的提高，人们安排在投机动机上的收入增长会快于人们安排在预防动机上的收入增长。这可以解释第二个问题，即随着收入的增加人们会倾向选择什么样的金融工具。

虽然凯恩斯的流动性偏好理论中只假定存在债券一种资产，并没有探讨不同的需求对应何种金融资产。但是，交易性需求、预防性需求和投机性需求为资产选择理论奠定了基础。资产选择理论认为人们资产选择与风险厌恶程度有关，预防性动机表明人们厌恶风险，因此会选择低风险较安全的资产，而投机性动机追求的是收益，风险规避程度低于预防性动机，因此会选择收益较高、风险较大的资产。希顿和卢卡斯（Heaton & Lucas, 2000）在他们关于资产选择研究中指出，当面对不确定性时，人们就会进行预防性储蓄，将资产以低风险、高流动性证券的形式持有，减少对风险性资产例如股票等的持有比例。国内学者在研究资产选择时，也认为预防性动机使得人们偏好安全资产，更注重安全性而不是收益性，因此会选择流动性强、风险低的金融资产（胡进，

2004；赵晓英、曾令华，2007）。

基于资产选择理论，本节认为预防性动机使得人们更倾向于采用风险低、收益低、流动性高的金融资产，如保险、货币基金、储蓄存款、债券等，而投机性动机使人们更倾向于采用风险高、收益高、流动性低的资产，例如股票、基金等。

综上所述，在金融资产短缺阶段，人们的储蓄安排发生了深刻的变化，体现为两个特点：一是在越过最低生存线之后，随着收入的增长，人们会在预防性需求和投机性需求上安排更多的货币收入，对各种类型的金融资产的需求都在提升；二是对金融资产的需求结构方面，由于安排在投机需求上的收入增长更快，因此，对于收益高、风险高的金融资产的需求也更多。

中国经济的快速增长，使得家庭财富水平也快速增加，在满足了交易需求和预防需求之后，人们会更多地追求高回报的资产，人们的储蓄行为已经从过去单纯地为了安全便捷以及预防转变成了追求高回报、高收益。这也恰恰能解释 21 世纪以来"储蓄搬家"与股价、房价的高度相关性。

（三）家庭资产配置的经验分析

资产短缺理论从金融资产供求的角度讨论了人们随着收入增长而日益增长的金融资产需求与金融资产供给之间的矛盾。但是该理论并没有说明随着收入增长人们需要什么样的金融资产，本节通过理论模型得出了，随着收入的提高，人们对各类金融资产的需求增加的内在动因和具体方向。

从现实来看，这种需求变化会反映在家庭金融资产配置的变化上，杜春越等（2013）的研究表明，随着收入水平的提高，居民资产配置更加合理，偏好也向高风险型转变。但是中国家庭收入水平迅速提高的同时，金融资产配置仍然以银行储蓄存款为主（吴卫星等，2013）。这种矛盾的形成是由于现有的研究忽略了中国存在资产短缺这一现实，资产短缺的存在使得家庭金融资产配置不能完全反映人们需求的变动。因此，本节将通过对家庭金融资产配置的国别分析和时序分析，来佐证人们储蓄行为的变化。

从不同国家的资产配置状况来看，随着收入水平的变化，家庭在非货币类金融资产上的配置比例不同。一般来说，高收入国家在非货币类金融资产上配置的比例更高，如表 2-1 所示。

表 2 - 1　　　　　2014 年不同国家家庭两类金融资产比例　　　　单位：%

国家	货币性金融资产比重	非货币性金融资产比重
美国	13.2	86.8
英国	24.0	76.0
澳大利亚	22.2	77.8
加拿大	23.3	76.7
法国	28.7	71.3
德国	39.3	60.7
日本	52.9	47.1
韩国	42.0	58.0
波兰	46.7	53.3
斯洛伐克	61.8	38.2
瑞士	31.8	68.2
土耳其	79.8	20.2

注：家庭金融资产包括存款和现金，除股票之外的有价证券、股票以及其他权益、共同基金、人寿保险、养老基金。本表中的非货币性金融资产等于除存款和现金之外其他类型金融资产的总和。因为家庭持有的债券、股票反映的是对有价证券的直接需求，而各类基金和保险反映的是对有价证券的间接需求。

资料来源：Wind 数据库全球宏观 OECD 子库。

如表 2 - 1 所示，总体上来看，一国经济越发达，其持有的非货币性金融资产的比重就越高。美国货币性金融资产的比重为 13.2%，非货币性金融资产的比重达到 86.8%。英国货币性金融资产的比重为 24.0%。非货币性金融资产的比重为 76.0%。而经济相对不发达的土耳其和斯洛伐克，在金融市场的参与程度就显然不如发达国家。斯洛伐克在货币性金融资产的比重达到 61.8%，而土耳其更是高达 79.8%，货币性金融资产的比重太高，那么非货币性金融资产的比重就相对较少，两国的非货币性金融资产比重仅为 38.2% 和 20.2%。

从国别比较来看，随着收入水平的提高，人们对非货币类的金融资产需求越高。家庭会将更多地收入配置到预防性动机和投机性动机上。从具体的金融资产需求结构上看，收入越高、资本市场发展越完善的国家越倾向于将收入配置到具有高风险、高收益的金融资产，例如股票、股票型基金上。表 2 - 2 反映了中美两国家庭金融资产结构的差异。

表2-2　　　　　　　中美两国家庭金融资产的差异　　　　单位：%

国家	年份	金融资产	现金和存款	债券和理财	基金股票和股权	保险	其他
中国	2005	100	81.7	3.1	4.9	8.8	1.5
	2007	100	61.7	2.0	24.2	8.1	4.0
	2009	100	73.2	0.6	13.6	11.5	1.1
	2012	100	61.4	9.4	9.5	9.5	10.2
美国	2005	100	14.2	7.7	46.5	27	4.6
	2007	100	14.6	8.1	45.4	29	2.9
	2009	100	17.4	8.9	40.7	29.6	3.4
	2012	100	16.7	11.2	44.0	27.1	1.0

资料来源：根据 Wind 数据库和美联储的数据整理。

由表2-2所知，中国家庭更多地将货币资金配置到现金和存款上，在基金、股票方面配置的比例比较低。美国家庭更多地将资金配置到具有高收益、高风险的股票和基金上，2005年美国家庭在基金和股票上的配置高达46.5%，同期中国家庭仅为4.9%。即使经历了金融危机，证券市场遭受了重大打击之后，美国家庭在股票上的配置仍然高达40%以上，这表明高收入带来了更高的抗风险能力。

尽管中国家庭与美国家庭相比在非货币金融资产上配置比较低，但是一个明显的趋势是随着收入的增长，中国家庭寻找更加多元化的投资方式，在资产配置上也更加多元化。表2-3反映了2004~2014年中国居民部门在各类金融资产上的配置比例。

表2-3　　　　　2004~2014年中国居民住户部门金融资产配置比例

年份	现金	存款	债券	股票	证券投资基金份额	保险准备金	金融机构理财产品
2004	9.88	71.84	3.49	4.93	1.06	7.82	
2005	9.54	72.01	3.13	3.76	1.17	8.76	
2006	8.93	68.26	2.76	6.76	2.23	9.01	
2007	7.51	54.20	2.00	15.38	8.86	8.08	
2008	8.35	66.64	1.45	5.88	4.96	11.03	
2009	7.78	65.39	0.64	11.53	2.04	11.25	
2010	7.62	63.79	0.54	11.41	1.48	10.64	3.65

续表

年份	现金	存款	债券	股票	证券投资基金份额	保险准备金	金融机构理财产品
2011	7.38	62.86	0.33	10.34	1.38	10.22	7.05
2012	6.02	55.42	0.59	8.09	1.45	9.54	8.79
2013	6.01	51.63	0.57	6.47	1.13	10.31	11.02
2014	5.65	49.13	0.54	7.66	0.89	10.22	13.37

注：空白处表示数据缺失，此外，表格中未列示全部金融产品。

资料来源：Wind 数据库，根据社科院的数据整理。

从表2-3可以看出，随着中国经济的增长，居民在现金和存款上配置资产越来越少，在非货币金融资产上的配置越来越高。在现金配置上的比例由2004年的9.88%下降到2014年5.65%，存款比例由2004年的71.84%下降到2014年的49.13%。而在理财产品的配置上，有明显的上升趋势，由2010年的3.65%上升到2014年的13.37%。在股票和债券的配置上呈现出起伏变化，这主要源于我国资本市场发展不完善，合理的价格机制尚未形成。但是，不论如何，家庭部门对银行存款这种金融工具需求随着收入的增加不断减少。

家庭配置的经验分析表明，随着收入的提高，人们需要更多的能够满足预防性和投机性需求的金融资产。但是由于中国存在金融资产短缺，使得储蓄被迫更多地以存款的形式存在，一旦有其他投资途径，存款必然大量流失。商业银行要想实现转型，就要深刻把握住资产短缺时代人们储蓄行为的变化趋势。

三、综合化经营：以金融产品创新为核心的转型方向

从理论分析和经验分析我们可以得出，在资产短缺时代，人们的储蓄行为发生了重要变化。低收入阶段对银行存款的依赖已经被对高回报、高风险资产的需求所取代。这种变化对于以存贷利差为主要盈利模式的商业银行极为不利。尽管受限于资产短缺时代带来的投资渠道的缺乏，使得虽有需求但无供给，表现为人们储蓄存款总额不断增加，存款在全部金融资产中比重依然很高，但是随着金融脱媒不断深化、利率市场化的放开、直接融资比重的持续提高以及多层次资本市场的建立，存贷款业务都会被分流，银行业的利润空间必然会被不断压缩，如果不创新出满足客户需求的金融产品，仍然停留在传统的低风险、低收益产品为主的阶段，那么商业银行转型也就无从谈起。在资产短

缺时代，商业银行应着力于提供更加丰富的金融产品，满足家庭资产配置需求的同时，实现自身的转型发展。

（一）以金融产品创新带动商业银行转型

党的十八届三中全会对金融改革提出三个方面的要求：第一，健全多层次资本市场体系，提高直接融资比重；第二，鼓励金融创新，丰富金融市场层次和产品；第三，完善人民币汇率市场化形成机制，加快推进利率市场化。如前所述，第一点和第三点均不利于商业银行的发展，但是第二点为商业银行提供了发展机遇，也命中了商业银行转型的核心和工作抓手。一方面，政策鼓励金融创新，良好的外部环境为商业银行创新金融产品提供了良好的条件；另一方面，资产短缺时代，其核心是金融资产的供给无法满足金融资产的需求，以金融产品创新为核心也契合银行发展的内在要求。

以金融产品创新为核心能够带动银行发展模式的转型。业务和客户是商业银行赖以生存的基础，而两者的背后正是一系列的金融产品。金融产品的创新是从产品研发到产品销售的完整过程，其涉及了商业银行经营管理的各个方面，对商业银行的经营理念、管理模式都将产生深刻的影响。

从经营理念上看，金融产品的创新带来的是"客户至上"观念。以客户为中心的营销模式，通过不断提高服务和产品质量，能够有力地提高客户黏性。从盈利模式来看，金融产品创新能够促进商业银行中间业务的发展，提高非利息收入的比重。通过创造具有不同流动性、收益性和风险性的金融产品能够满足投资者的需求，从而降低利率市场化、金融脱媒带来的不利影响。从市场定位来看，金融产品创新有利于商业银行明确自身定位。对于大型国有商业银行而言，可以更多地针对大客户设计产品；对于中小商业银行而言，更要坚持产品的本土化、小微化、专业化。从组织架构上看，金融产品创新有利于商业银行组织结构的整合和完善。以金融产品创新为核心有利于提升商业银行跨条线、跨部门的分工合作和协调管理，有利于优化顶层设计和资源的集中调配，有利于实现扁平化、专业化、系统化、平台化的管理体系。

可见，在金融资产短缺时代，把握住人们储蓄行为的变化，通过金融产品创新满足人们需求的同时，能够推动商业银行转型。

（二）以综合化经营促进金融产品创新

商业银行金融产品创新可以分为五类，包括存款类、贷款类、债券类、资产管理类以及表外创新类。从国际经验来看，金融产品创新的趋势是从资产端、负债端转向表外业务。特别是 20 世纪 90 年代以来，国际大银行纷纷在表外业务进行产品创新，各种新的业务、新的产品层出不穷，尤其是深度参与衍生品市场和证券化产品。从国内的形式来看，根据前文的理论分析，在资产短缺阶段，人们的预防性需求和投机性需求都在上升，且投机性需求上升更快。为了满足人们的需求，商业银行应该创造不同类型的金融产品，尤其是要与股票、债券等资本市场工具相结合。

可见，如果不进行综合化经营，就不能跨市场的设计产品，产品创新必然会受到极大的限制。受到法律规定的限制，我国商业银行还处于分业经营阶段。但从国际经验来看，商业银行综合化、混业化的趋势在所难免，1999 年美国《现代金融服务法案》的出台标志着全球银行业混业经营时代的开始。我国也在不断推进商业银行混业经营的步伐，在目前的法律监管条件下，商业银行通过并购走集团化经营、以金融控股公司为主要依托的道路是实现综合化经营的最优路径。

当前并购政策开始放宽，法律法规逐步完善。国务院先后出台了《关于进一步优化企业兼并重组市场环境的意见》《关于进一步促进资本市场健康发展的若干意见》，放宽审批标准，鼓励并购重组。目前，除了证券之外，保险、信托等牌照已经向银行开放，并购标的和并购形式更加丰富。商业银行应当抓住良好的政策环境，通过并购重组实现综合化经营，以金融产品创新为核心和工作抓手，深度参与资本市场，设计出更多优质的金融产品，从而成功实现自身的转型升级。

四、结论

随着宏观经济形势的改变，商业银行的改革已经进入了深水区。资产质量持续下降、盈利能力不断下滑使得商业银行面临的生存压力不断增大。客户是商业银行的生命线，把握住客户需求是商业银行业务经营的根本原则。在资产短缺时代，随着家庭收入水平的提高，人们抗风险能力也得到增强，对风险资产、高收益资产的需求不断增强。商业银行应该把握住公众储蓄行为的变化趋势，设计和创新出能够满足人们需求的种类丰富的产品，从而获得新的业务增长点。金融产品的创新能够从经营理念和管理理念上带动商业银行的转型，商业银行应该以金融产品创新为核心，以产品设计、研发和销售为工作抓手，通过并购重组走综合化集团化经营的道路，深度参与资本市场，从单一的货币市场产品为主转向资本市场产品为主，从而实现经营模式的转变。

当前，我国商业银行金融产品创新存在诸多问题。金融产品创新的种类和规模都比较小，与国际银行相比，我国金融产品创新的种类只有国外的1%；金融产品同质化严重，各银行相互模仿，在金融产品创新模式、营销模式、服务对象等方面严重趋同；金融产品创新的结构失衡，负债类为主，资产类和中间业务类较少，与资本市场工具的融合度较低。本节认为商业银行在以产品创新为核心的转型发展中应该把握住以下两点。

第一，以综合化经营为战略。没有综合化经营，就无法有效地实现产品创新，人们对金融工具需求的层次越来越高，以传统的负债和资产业务进行产品创新显然不足。通过横向并购和纵向并购，向金融产品的上下游拓展业务链，是实现产品创新的有力保证。

第二，以客户需求为导向。从总体上看，我国居民对高收益、高风险的产品需求越来越高。但是由于我国还存在较大的收入差距，包括地区之间、城乡之间等，不同类型商业银行的金融产品的创新要具有灵活性。这其中的关键在于将银行客户群体进行细分，深挖客户需求。有些商业银行，例如欠发达地区的城市商业银行，可以优先发展保守型金融产品，其综合化经营的方向可以以同业、保险业为主。而对于发达地区的商业银行，在保守型金融产品的基础之上，大力发展高收益、风险相对较高的金融产品，其综合化经营的方向要更多地以证券、基金业为主。

第二节　中国式影子银行的扩张：政策不确定性视角

为应对2008年国际金融危机引发的总需求衰退冲击，中国政府于当年底推出一揽子刺激内需、扩大投资的保增长计划（简称"四万亿计划"）。从2009年第2季度开始，经济明显企稳、回暖，至2010年第1季度达到高点。为防止经济过热，2010年宏观经济政策全面收紧，其中货币政策6次上调存款准备金率、2次加息，中央财政支出增速从2009年的14.3%骤降至4.8%，信贷政策、房地产和地方政府融资平台监管等也同时收紧。[①] 通过一系列广泛的逆周期调节，经济过热势头受到明显遏制，但此后成为宏观金融调控之殇的影子银行却因势崛起。

在一个完整投资周期内，企业通常需要经过多轮融资并平稳销售以回收资金，如果追加融资不力或是销售不畅，就很有可能产生债务违约风险。随着2010 年宏观和监管政策的收紧，企业融资条件急剧恶化，Wind 数据显示，中国小微企业人民币贷款余额同比增速从 2009 年第 4 季度的 41.4% 跌至 2010 年第 4 季度的 29.3%，加之通货膨胀高企和房地产限购政策的推出，经济总需求也受到了一定程度上的抑制。为避免因经济政策转向可能带来的信贷违约"恶果"，以理财产品、银信合作、委托贷款等为代表的影子银行业务迅速扩张，通过规避贷存比、资本充足率、贷款额度等约束以达到继续为企业提供融资便利、防止发生贷款违约的目的。

值得注意的是，影子银行早已有之，但在本轮金融危机以前发展十分缓慢。从分项社会融资规模存量来看，以委托贷款、信托贷款和未贴现银行承兑汇票三项合计的影子银行规模在 2008 年 9 月金融危机爆发时，只占全部社会融资规模的 8%，之后迅速扩张，最高时比重达到 18%。[②] 我们认为，催生影子银行快速扩张的一个重要诱因就是上面提及的 2010 年经济政策突然转向，由此倒逼银行和企业借由影子银行通道维系正常运行。经济政策的突然转向对微观主体来说即意味着政策的不确定性，因此导致他们无法合理地平滑借贷、投资等经济决策，由此必然造成经济或金融的过度波动。

在西方发达经济体中，影子银行体系主要基于衍生品、证券化及再证券化工具（袁增霆，2011）。其业务更倾向于批发化、更偏重于场外交易，以及对杠杆更为偏好，典型的美国式影子银行具有复杂衍生、场外交易、杠杆高、批发化的特点。与西方发达国家相比，中国的影子银行在业务的复杂性、关联性以及资产证券化方面相对简单，但有两点特殊之处。第一，国外的影子银行以资产证券化为主，随着不确定性的上升，资金出于避险需要会选择从影子银行中抽离，因为其缺乏足够的抵押价值以抵抗风险（Moreira & Savov，2017）。相反，中国的影子银行近年来却随着政策不确定性的趋势性上升而扩张，两者

---

① 资料来源：首席经济学家论坛和 Wind 数据库。
② 资料来源：作者根据 Wind 数据库相关数据计算得到。

的相关度高达 0.75。第二，长期以来，中国主要是依靠银行的资产扩张，即放贷的方式来完成资金的供求配比，支撑资金配比的均衡。由于中国企业间存在着明显的二元结构，即国企或大企业在信贷市场上具有较强的融资优势，非国企或中小企业则会面临显著的融资约束（Song et al., 2011；高海红、高蓓，2014），所以当银行难以满足企业的资金需求时，不同企业之间就会出现类似金融中介功能的信贷二次转移活动，以此完成更高效的资金配置。其中一部分仍然会借助金融体系进行间接转移，如委托贷款和委托理财；另一部分则由企业间的直接转移来完成，如过桥贷款等民间借贷。

一、国内外相关研究综述

金融危机发生以来，各国宏观当局一改过去的规则型调控范式，竞相实施一揽子复苏计划并推出各种非传统政策工具，宏观调控表现出越来越明显的相机抉择倾向，由此引发的对经济政策不确定性的担忧受到了学术界的广泛关注。根据贝克等（Baker et al., 2016）利用中国香港《南华早报》编制的经济政策不确定性指数（简称"EPU"）分析指出，中国的经济政策不确定性在近年来显著提高，2008 年以前中国的 EPU 基本维持在 100 左右，鲜有超过 200，而危机以来，这一数值明显扩大，基本都在 100 以上，最高已接近 1000。[①]

基于经济政策不确定性视角的研究可以分为宏观和微观两类。宏观方面，一些文献利用 VAR、GARCH 等模型，分析了经济政策不确定性对经济增长、消费、投资和股市波动等的影响（Bloom，2009；张玉鹏、王茜，2016；雷立坤等，2018）；另一些文献借助动态随机一般均衡模型考察了财政政策不确定性、货币政策不确定性等对经济活动的影响（Fernández-Villaverde et al., 2015；王博等，2019）。在宏观经济政策与微观主体行为的融合研究不断深化以及数据可得性不断提高的背景下，更多的研究青睐于从微观层面理解经济政策不确定性如何影响微观企业。其中，一些文献主要讨论政策不确定性如何影响企业的生产性投资、研发活动等实际面（王义中、宋敏，2014；Gulen & Ion，2015；孟庆斌、师倩，2017；谭小芬、张文婧，2017）；另一些文献则将政策不确定的影响分析延伸到企业的金融面，探讨了对企业的股利分配、商业

---

① 资料来源：斯坦福大学网站。

信用供给、金融化等的影响（Huang et al.，2015；陈胜蓝、刘晓玲，2018；彭俞超等，2018）。

一般来说，非金融企业在实体投资之外通常都会持有一定的金融资产，可以起到节约利息成本、规避资产专用性风险和提升股东利益等作用（Demir，2009；Baud & Durand，2012），甚至在理想状态下，这种财务性收益还可以强化企业的主营业务能力。但是，多数研究显示，企业金融化对实体投资更多的是"挤出效应"（Orhangazi，2008；张成思、张步昙，2016；Tori & Onaran，2018），其结果是企业投资效率的下降和金融市场过度波动。这种"脱实向虚"倾向会对经济和金融造成双重伤害，也是导致当前中国经济运行出现诸多弊病的一大关键症结。

需要注意的是，非金融企业的过度金融化虽然并不可取，但其中一部分活动仍是合法、合规的，如股权投资、房地产投资和购买一般金融资产等，所需要的是有效引导这部分金融活动回归合理水平。但企业的有些金融活动如过桥贷款、委托贷款等，则处于监管的灰色地带，要么无法监管，要么利用银企关系进行监管套利，即企业的影子银行化。影子银行是指实际上起到了银行信用中介职能，但受监管不足且风险较大的活动（Gorton et al.，2010；阎庆民、李建华，2014）。不同于一般的金融投资行为，企业的影子银行活动由于处于监管的灰色甚至真空地带，且有信息不对称、高杠杆、高风险、传染性强等特点（Li & Han，2016），因此危害更大、更需要高度重视。2017 年的政府工作报告就明确将影子银行列入需高度警惕的"四大金融风险"。

目前，针对中国非金融企业金融化现象的研究已经较为丰富，这些文献分别从金融化的动因、特征和影响三个维度进行了广泛讨论（宋军、陆旸，2015；杜勇等，2017；张成思、郑宁，2018）。但是，进一步聚焦于企业影子银行化的研究仍非常欠缺。在比较有代表性的文献中，刘珺等（2014）构建了一个企业二元结构模型，通过数据和理论分析证实企业的影子银行活动抬高了融资成本并引起社会福利的损失。王永钦等（2015）基于融资优序理论，利用多种识别策略详尽分析了中国非金融上市企业的影子银行活动特征，他们和蒋（Jiang，2010）一样使用其他应收款作为衡量企业影子银行规模的代理变量以识别企业间的直接借贷，没有考虑借助银行中介的委托贷款、委托理财等其他形式的影子银行。韩珣等（2017）进一步纳入了企业借助银行中介的影子银行活动（委托贷款和委托理财），比较全面地考察了企业的影子银行化程度。本节使用他们的测算方法，不同的是他们研究融资结构对企业影子银行的影响，而本节着重从经济政策不确定性的角度探究近年来中国影子银行迅速扩张的原因。

最近的研究表明，不确定性上升会显著抑制商业银行的信贷供给（辛兵海等，2015；Valencia，2017；Bordo et al.，2017；沈悦、马续涛，2017），为避免过度承担风险，商业银行会减少信贷供给而增持流动性资产。但对于商业银行的影子信贷供给以及对企业的影子银行活动的影响却鲜有涉及。莫雷拉和塞沃（Moreira & Savov，2017）认为，影子银行缺乏足够的抵押价值以抵抗风险，因此随着不确定性的上升，资金出于避险需要会选择从影子银行中抽离。但是，前文的特征事实表明，近年来，中国的影子银行却随着政策不确定性的上升而扩张，这似乎有悖于趋利避害的理性动机。如何理解这一特殊现象？已有文献仍着墨甚少。张成思和郑宁（2018）提出一个较有启发的观点，即中国非金融企业参与金融活动的主要动机是规避固定资产与金融资产的投资风险缺口，而非固定资产与金融资产的收益率缺口。本节的研究表明，经济政策不确定性上升在通常情况下的确会抑制企业的影子银行规模，这与传统的避险观得出的结论是一致的，但在正规信贷浪潮非预期收紧的情况下，融资缺口导致资金链条断裂、信贷违约风险的大规模暴露，此时扩张影子银行反而是遏制风险、追逐利润的理想选择。这一研究可以为更好地理解中国式影子银行的扩张与治理提供一定的参考价值。

二、理论模型和研究设计

（一）理论模型

由于中国的影子银行主要表现为"银行的影子"，企业的影子银行投资绝大部分都与商业银行有关。为理解政策不确定性对影子银行的促进机制，我们设计一个以"银行的影子"为背景的数学模型。我们在吕思聪和赵栋（2019）的基础上进行简化，将多个银行的拆借模型转化为单个银行在面临不确定性时的情况，影子银行投资决策更加直观。此外，我们考虑银行的资金来源渠道包括普通存款和基于证券化形成的影子银行资金。具体模型如下：

假设市场上有一家代表性银行：M 代表负债（存款和央行借款），B 代表具有影子银行特征的类存款，利率为 r，这类存款通过表外渠道流向贷款者，企业的影子银行投资通过这一渠道实现，P 代表预防性流动性。外部冲击将导致流动性负债变为 M^*，且其在 $[M+\mu-\delta, M+\mu+\delta]$ 上服从均匀分布，其中，μ 代表预期的流动性冲击，$\mu \geq 0$ 代表正向冲击，流动性将增加。δ 代表预期冲击的波动性，受政策不确定性影响，值越大，代表政策越紧缩。

第一种情况下，当发生正向冲击时 $M^* > M$，流动性将增加，此时预期收益为 $\mathrm{E}\left[r_e(M^* - M)\right] = \dfrac{r_e(\mu+\delta)^2}{4\delta}$，$r_e$ 为存款准备金的利率。

第二种情况下，当发生很小的负向冲击时，预防性流动性足以抵消。

第三种情况下，当发生很大的负向冲击时，将形成资金缺口，资金缺口 $G = -B - M^*$，需向央行借款来抵消，成本为 $(r - r_e) G^3$（取三次方是为了求解利润最大化问题时得以保留 B），预期成本为 $\mathrm{E}\left[(r - r_e) G^3\right] = \dfrac{(r - r_e)(-B - M - \mu + \delta)^4}{8\delta}$，银行有两种业务，以下仅考虑影子银行业务，银行将以 $\beta(M + B)$ 进行资产配置，其最大化的目标为：

$$\max_{B} \pi = R_s \beta(M + B) + r_e(1 - \beta)(M + B) +$$
$$\frac{r_e(\mu+\delta)^2}{4\delta} - rB - \frac{(r - r_e)(-B - M - \mu + \delta)^4}{8\delta} \quad (2.14)$$

式中，R_s 为投资影子银行的平均净收益。可解得：

$$B = \left[\frac{2\delta(R_s \beta + r_e(1 - \beta) - r)}{r - r_e}\right]^{\frac{1}{3}} - M - \mu + \delta \quad (2.15)$$

由式（2.15）可知，当政策不确定增加时，即 δ 增加时，银行有激励增加类存款，进而增加影子银行投资，同时，当影子银行的平均盈利增加时，将会促进影子银行投资。

（二）研究假设

非金融企业可以通过多种方式参与影子银行活动，主要包括与金融中介合作和直接参与两类。与金融中介合作进行的影子银行活动主要包括委托贷款和委托理财，直接参与的影子银行活动主要包括传统的商业信用、过桥贷款和创新股权投资等（韩珣等，2017）。其中，近年来增长迅猛的委托贷款是中国特有的影子银行形式（余琰、李怡宗，2016），由企业委托银行代为发放、监督使用并协助收回，最终实现资金在企业间的再配置，而过桥贷款由于利率极高且难以监管，因此，风险很大。

有关经济政策不确定性对非金融企业影子银行化的影响主要涉及以下理论：第一，实物期权理论，认为经济政策不确定性扩大了非金融企业的经营风险，在面对不确定性时，企业的等待期权价值上升，这会让企业降低对固定投资的投入（Rodrik，1991；Bloom，2009）；第二，宏观环境的不确定性会扩大金融投资和实体投资的风险缺口，导致金融资产经过风险调整后有更高的实际收益率，这会激励非金融企业将资金更多投入金融投资上（张成思、郑宁，2018）；第三，当经济政策不确定性上升，银行会降低对中小企业的放贷额度，而更倾向于给国企或大企业贷款，使得这些企业有更多资金闲置，从而参与委托贷款等影子银行活动（Huang et al.，2008）。鉴于此，我们提出第一个假设：

H2.1：经济政策不确定性提高会促进中国非金融企业的影子银行化。

经济政策不确定性上升会提高宏观经济风险，抑制了企业在实体投资上的投入（李凤羽、杨墨竹，2015），另外会影响金融资产的结构配置，使得企业资金从投机性、短期的金融资产流向保值性、长期的金融资产，进而抑制了影子银行活动（彭俞超，2018；Moreira & Savov，2017）。但前文的特征事实却发现，近年来中国企业的影子银行活动随着经济政策不确定性的上升而增加，而且是在"四万亿计划"推出后获得了高速发展。原因主要是扩张计划实施后交织着宏观政策的突然转向，导致融资约束企业迫切需要通过非正规渠道获得融资，从而让影子银行获得极高的利润率，同时使得固定投资相对风险大幅上升，最终促进了企业的金融活动投入（张成思、郑宁，2018）。由此，我们提出第二个假设：

H2.2："四万亿计划"实施后，经济政策不确定性显著推动了企业的影子银行化，而该计划实施前，经济政策不确定性没有显著推动甚至可能削弱了企业的影子银行化。

中国企业具有典型的二元结构。首先，国有企业拥有政府的隐性担保，是银行放贷的优先考虑对象，债务融资优势明显，有更多的闲置资金可投入影子银行业务。其次，国有企业与政府关系更为密切，相对于民营企业，国有企业在应对经济政策变动上有信息优势，从而降低了其面临的风险（许天启，2017），鉴于影子银行业务的高收益、高风险特征，上述优势可能会激励国有企业参与更多的影子银行活动。由此，我们提出第三个假设：

H2.3：当经济政策不确定性上升，相对于民营企业，国有企业会参与更多的影子银行业务。

除了资金可得性造成的差异外，资金使用的机会成本也可能会对企业参与影子银行的规模产生影响。宋军和陆旸（2015）认为，低业绩的企业会基于替代效应持有更多的金融资产，我们认为主营业务利润率可能是影响企业影子银行活动的另一个重要因素。具体来说，营运良好的企业可能会将更多的资金投入主营业务以及固定资产投资，而主营业务利润低的企业可能会将资金更多地投入影子银行以获得高额利润。由此，我们提出第四个假设：

H2.4：对于低主营业务利润率的企业，经济政策不确定性对其影子银行活动的影响更显著。

（三）变量设定

1. 被解释变量

本节回归模型中的被解释变量是非金融上市企业影子银行活动的代理变量（*SB*）。非金融上市企业的影子银行业务主要由过桥贷款、委托贷款和委托理财组成，根据我们对非金融企业参与影子银行活动的途径分析以及相关法律的规定（22 号金融工具准则），我们在企业的财务报表中提取出相应的会计科目。过桥贷款等民间借贷形式，在资产负债表上反映在其他应收款科目中（王永钦等，2015）。而根据金融工具的相关规定，委托贷款应根据其贷款期限，分别在"其他流动资产""一年内到期的非流动资产""其他非流动资产"项目中列示，我们用这三类科目的加总作为企业委托贷款的代理变量，而委托理财数据则从企业公告中获得。需要说明的是，上述三类科目包括但不完全是委托贷款，同时其他应收款科目也包含了一部分不属于民间借贷的影子银行活动，但是囿于数据的细分可得性，我们参考主流文献的普遍做法，将这些科目作为委托贷款和民间借贷的近似替代，实际上，王永钦等（2015）对企业资产负债表的分析指出，将其他应收款作为影子银行的代理变量并不会降低最终估计结果的可信程度。在此基础上，为了剔除企业规模的影响，我们对影子银行规模除以企业销售额并且进行对数化处理。[1]

---

[1] 为确保研究结论的稳健性，我们参考彭俞超、韩珣、李建军：《经济政策不确定性与企业金融化》（载《中国工业经济》2018 年第 1 期），以企业的金融活动作为广义口径下企业参与影子银行活动的代理变量，发现主要结论依然稳健。

2. 解释变量

本节的核心解释变量是经济政策不确定性，我们选用了贝克等编制的经济政策不确定性指数（EPU）作为代理变量。EPU 指数是由斯坦福大学和芝加哥大学贝克等学者，根据中国香港的《南华早报》，筛选统计带有相关关键词的文章，将 1995 年 1 月的数据标准化为 100 以后得出的不确定性指标。EPU 指数是月度数据，本节计算月度数据的算数均值，将月度数据转化为季度数据。控制变量上，我们选取对数企业规模、盈利能力、财务杠杆率、成长性和托宾 q 值控制企业微观层面的特征对影子银行活动的影响。根据我们的推断，在同等条件下，国企和大型企业可以凭借融资优势获得更多资金参与影子银行活动，而主营业务利润率更低的企业可能会有更高的激励减少对主营业务的资金投入，转而参与影子银行活动。此外，我们将总样本分为国企和非国企样本，并用企业性质虚拟变量加以标识，以区分企业性质的影响。在宏观层面，选取了 GDP 增速季度数据控制经济增长对企业影子银行活动的影响。变量的具体含义和说明如表 2-4 所示。

表 2-4　　　　　　　　　　　变量说明

名称	变量	含义
影子银行规模	$lnsb$	（其他应收款＋其他流动资产＋一年内到期的非流动资产＋其他非流动资产＋委托理财）除以企业销售额，并做对数化处理
经济政策不确定性	$lnepu$	经济政策不确定性指数的对数
企业规模	$lnsize$	企业总资产的对数
资产收益率	roa	净利润/总资产
资产负债率	lev	总负债/总资产
成长性	$growth$	本期主营业务收入/上期主营业务收入 -1
托宾 q 值	$tobinq$	企业市值/总资产
经济增长	$gdpg$	本期国内生产总值/上期国内生产总值 -1
企业性质	$property$	国企为 1，非国企为 0

（四）回归方程和样本

本节的核心问题是厘清经济政策不确定性对非金融企业影子银行活动的影响，为此构建如下回归方程：

$$\ln sb = \alpha_1 + \alpha_2 \times \ln epu + \alpha_3 \times \ln size + \alpha_4 \times roa + \alpha_5 \times lev + \alpha_6 \times growth +$$

$$\alpha_7 \times tobinq + \alpha_8 \times gdpg + u_i + \varepsilon_{i,t} \qquad (2.16)$$

式中，α_1 是模型的截距项，u_i 衡量个体间的异质性，$\varepsilon_{i,t}$ 是反映个体随时间变化的扰动项。由于 2007 年推出新会计准则，基于可比性考虑，本节的样本区间为 2007 年第 1 季度至 2018 年第 4 季度，对象为中国所有 A 股非 ST 上市企业，其中剔除金融企业样本，并去除数据缺失和错误样本，共计 3415 家企业，91466 个非平衡面板观测值。企业的微观数据来源于国泰安数据库，宏观数据来源于国家统计局，EPU 指数来源于斯坦福大学数据库。为了避免异常值影响结果，对所有企业层面的连续变量做 1% 水平下的缩尾处理，数据处理和实证分析均使用 Stata15 软件。

三、实证分析

（一）实证结果分析

1. 经济政策不确定性对非金融企业影子银行的影响

模型（2.16）得出的回归结果如表 2 – 5 所示。其中，第（1）列是使用 OLS 方法的基准估计，第（2）列进一步控制了宏观经济环境的影响。为了防止存在未纳入控制的企业层面不随时间变化的个体特征影响结果有效性，在第（3）、第（4）列使用了固定效应模型并采用稳健标准误，F 检验显示固定效应严格优于随机效应。结果表明确实存在未控制的潜在个体效应，核心变量 EPU 的系数变小，但是依旧在 1% 水平上显著。这表明经济政策不确定性确实会对非金融企业影子银行活动产生显著的推动作用，从而验证了 H2.1。因此，样本期内 EPU 的提高确实推动了影子银行的发展，这与莫雷拉和塞沃（Moreira & Savov, 2017）基于欧美经济体特征的研究结论是相反的，后面我们将进一步确认这一影响在不同样本期内是否存在异质性，并结合中国的特殊国情予以解释。

表 2-5　　　　　　　　　　　基本回归

变量	(1) lnsb	(2) lnsb	(3) lnsb	(4) lnsb
lnepu	0.2457 *** (0.0074)	0.2806 *** (0.0073)	0.1552 *** (0.0161)	0.1942 *** (0.0160)
lnsize	0.6160 *** (0.0073)	0.6171 *** (0.0072)	0.7396 *** (0.0301)	0.7382 *** (0.0304)
roa	-11.8911 *** (0.1382)	-10.2047 *** (0.1379)	-11.9510 *** (0.3460)	-10.2755 *** (0.3383)
lev	-0.5017 *** (0.0335)	-0.4979 *** (0.0336)	-0.2777 * (0.1460)	-0.2775 * (0.1462)
growth	-0.3269 *** (0.0051)	0.0875 *** (0.0079)	-0.3366 *** (0.0050)	0.0678 *** (0.0088)
tobinq	0.1626 *** (0.0031)	0.1645 *** (0.0030)	0.1541 *** (0.0081)	0.1572 *** (0.0080)
gdpg		-4.2435 *** (0.0649)		-4.1237 *** (0.0736)
Constant	-16.7036 *** (0.1489)	-17.0435 *** (0.1478)	-19.2351 *** (0.6107)	-19.5301 *** (0.6174)
回归方法	OLS	OLS	FE	FE
稳健标准误			是	是
观测值	99974	99974	99974	99974
R^2	0.488	0.490	0.223	0.260
样本量	3415	3415	3415	3415

注：*** 表示 p<0.01，* 表示 p<0.1，括号内为稳健标准误。

　　在控制变量层面，可以发现企业规模对影子银行有促进作用，这源于大企业在信贷市场的融资优势便利了其参与影子银行活动。企业的总体盈利能力对影子银行活动有相当显著的负面影响，后面我们会进一步看主营业务盈利能力对影子银行的影响，结果是相似的，说明企业参与影子银行的一个重要动机是寻找可替代的利润增长点。而在控制固定效应后，负债率变量系数显著性下降。成长性变量对企业参与影子银行的影响并不稳定，我们认为主营业务利润率低的企业有更大的激励去参与影子银行业务，这一结果的出现很可能是因为影子银行代理变量存在计量偏差，将一部分和主营业务相关的非影子银行业务纳入了计算①，我们将在后面的稳健性检验中用滞后项进行求证。托宾 q 变量对企业参与影子银行有显著的正效应，表明市场对企业的预期越高，企业越有可能从事影子银行业务。此外，经济增速对影子银行活动有显著的负效应，这表明企业参与影子银行的一个重要原因是缺乏良好的投资机会，影子银行仍然起到的是投资替代的作用。

2. "四万亿计划"的影响

为验证 H2.2，我们分别采取分样本回归和 DID 估计。分样本回归中，将样本以 2009 年为界，分为"四万亿计划"实施后（包括 2009 年）和实施前两部分样本，并分别进行回归②。DID 估计中，我们认为不同企业虽然同时受到政策冲击，但是由于企业规模和业务能力不同，最终政策对于每个企业影子银行活动的影响力度并不相同，故我们使用企业规模和资产收益率作为敏感性指标进行广义 DID 检验。③ 结果如表 2 - 6 所示，2009 年后，经济政策不确定性对非金融企业的影子银行产生了显著的正向影响，而在 2009 年前，系数方向相反，并且同样在 1% 的水平上显著。这证实了我们之前的推测：在"四万亿计划"实施以前，中国非金融部门的影子银行化对经济政策不确定性的反应和西方国家类似，随着不确定性上升，流动性风险提高，高风险资产价值下降，资金会被抽离而投入低风险的金融活动中；在此之后，由于宏观政策收紧导致信贷突然性地大幅度紧缩，中小型企业信贷需求缺口大幅上升，导致融资约束较松的企业反而更有激励去参与更多的影子银行业务，以获得超额利润，从而表现出非金融上市企业的影子银行规模随经济政策不确定性增加而扩张。而广义 DID 的检验结果表明，"四万亿计划"政策确实对企业的影子银行活动存在正向影响，与分样本检验结果一致。

---

① 例如其他应收款中包括为员工垫付的水电费、保险公司理赔等，而其他流动资产、其他非流动资产包括待认证进项税额等难以归类为一般流动资产和非流动资产的项目。由此可能导致出现成长性变量对影子银行代理变量的影响为正。

② 我们还对 2005 ~ 2018 年的数据样本进行了检验，结果依旧稳健。

③ 由于"四万亿计划"同时对所有企业造成了影响，难以区分实验组和对照组，所以使用广义 DID 方法。

表 2 – 6 分时间样本检验

变量	"四万亿计划"前 lnsb	"四万亿计划"后 lnsb	变量	广义 DID 检验	
				DID_size	DID_roa
lnepu	– 0.7969 *** (0.0372)	0.1935 *** (0.0163)	$diff$	0.3005 *** (0.0158)	4.7317 *** (0.4924)
控制变量	是	是	控制变量	是	是
固定效应	是	是			
稳健标准误	是	是			
观测值	8493	91481	观测值	104768	104768
R^2	0.345	0.266	R^2	0.168	0.165
样本量	1447	3412			

注: *** 表示 p < 0.01,括号内为稳健标准误。

3. 企业性质因素的影响

我们在表 2 – 7 中将 2009 年后的样本分成国企和非国企两部分进行回归,分别在第(1)列和第(2)列表示,回归结果显示国企影子银行活动对于经济政策不确定性的敏感性系数更显著。为确定国企和非国企之间是否存在显著差异,我们在第(3)列的回归中加入了代表企业性质因素的虚拟变量 $property$ 以及和经济政策不确定性变量的交乘项 $property \times \ln epu$。考虑到国企和非国企其他特征向量系数差异过大而不满足系数差异检验的情形,我们分别为每个变量设定了交乘项。结果显示,相对于非国企,国企的影子银行化对于经济政策不确定性确有更大的敏感度。[①] 这意味着当经济政策不确定性上升时,国有企业由于具有先天的融资便利优势,因此更有动力去增加影子银行活动,即验证了 H2.3。

4. 主营业务盈利能力的影响

前文的结果已经显示,企业参与影子银行活动主要起到的是投资替代、追逐利润的功能,当自身主营业务盈利能力较强时,影子银行的替代性就会下降,企业反而更加注重其风险性。我们认为虽然国企具有更显著的融资便利优势,但其中主营业务能力强的国企未必会更多地投入影子银行业务。具体的,主营业务利润高的国企可能会把资金投入固定资产投资和日常经营活

---

① 篇幅限制,此处未报告具体结果,如需要,可联系作者索取。下同。

动，盈利能力差的民企也可能会通过参与影子银行活动获得短期的高额利润。

表 2 - 7 企业所有制检验

变量	（1）国企 lnsb	（2）非国企 lnsb	（3）总体 lnsb
lnepu	0.2185 *** (0.0224)	0.1248 *** (0.0227)	0.1378 *** (0.0224)
property			−0.7233 *** (0.2327)
property × lnepu			0.1067 *** (0.0306)
控制变量	是	是	是
固定效应	是	是	是
稳健标准误	是	是	是
观测值	32412	48328	77575
R²	0.272	0.265	0.263
样本量	1103	2269	3232

注：*** 表示 p < 0.01，括号内为稳健标准误。

所以，我们将国企和非国企样本分别按照主营业务利润率分成四组，并分别取主营业务利润率最高组和最低组进行回归。在表 2 - 8 中，第（1）、第（2）列分别给出了国企样本中低利润率和高利润率组别的回归结果，第（3）、第（4）列则是非国企样本。结果显示，有更高主营业务利润率的企业在面对经济政策不确定性时会更少地参与影子银行活动，这一结果无论在国企或非国企中都成立，而且相同主营业务利润率组别中，国企的影子银行活动对经济政策不确定性都比非国企更加敏感，保持了前面的结论。同样的，我们加入了代表利润率高低的虚拟变量 profit（profit 等于 1 表示高利润率）以及交乘项，检验不同收益率的企业系数差异是否显著。结果显示，不同利润率组别的企业影子银行活动对经济政策不确定性的敏感程度确实存在显著差异，而且不同利润率组别的非国企之间差异更大一些。

表 2 - 8   主营业务盈利能力检验

	（1） 国企	（2） 国企	（3） 非国企	（4） 非国企
主营业务利润率	低	高	低	高
变量	lnsb	lnsb	lnsb	lnsb
lnepu	0.2833 *** （0.0393）	0.1607 *** （0.0580）	0.2139 *** （0.0455）	0.1092 ** （0.0527）
控制变量	是	是	是	是
固定效应	是	是	是	是
稳健标准误	是	是	是	是
观测值	10992	6235	8751	12689
R^2	0.338	0.405	0.409	0.431
样本量	376	226	710	383

注：*** 表示 $p < 0.01$，** 表示 $p < 0.05$，括号内为稳健标准误。

（二）稳健性检验

1. EPU 指数的滞后项检验

考虑到无论是委托贷款、委托理财还是民间借贷形式，借贷合同的确立都需要一定的决策和拟定时间，所以企业做出的影子银行决策更多的应该是对过去经济政策不确定性的反应。于是我们构造了 EPU 指数的滞后项 epu_lag，并做对数化处理。基于此，构建回归方程（2.17）：

$$\ln sb = \gamma_1 + \gamma_2 \times \ln epu\_lag + \gamma_3 \times \ln size + \gamma_4 \times roa + \gamma_5 \times lev + \gamma_6 \times growth +$$
$$\gamma_7 \times tobinq + \gamma_8 \times gdpg + u_i + \varepsilon_{i,t} \qquad (2.17)$$

为了和之前的分析保持一致，我们同样分别对国企样本和非国企样本进行回归。回归结果显示，使用 EPU 指数的滞后期进行回归后，结论仍然十分稳健，在控制变量层面，结果也同样稳健。值得注意的是，和我们之前的猜测一样，在使用 EPU 指数的滞后项进行检验后，成长性指标的系数不再显著，这说明我们使用的影子银行代理变量确实存在一定的口径偏差。总体上，滞后项检验证明前文结果依旧是稳健的，经济政策不确定性的确会对中国非金融企业的影子银行活动产生显著的正向影响。

2. 替换 EPU 指数

前文使用的 EPU 指数的数据来源是香港的《南华早报》，但是实证检验数据使用的企业主要是内地企业，所以实证分析可能存在一定的地理偏差影响。史蒂文等（Steven et al. , 2019）仿照贝克的做法，以《人民日报》和《光明日报》为数据来源，建立了基于中国官方报刊数据的经济政策不确定性指数，我们用这个指数替换贝克的 EPU 指数，对主要回归进行检验。从结果来看，系数显著性和方向都与前文保持了一致，这表明基于香港报刊的 EPU 指数并不会导致实证结果出现方向性的偏误。

3. 时间趋势检验

为了检验经济政策不确定性与影子银行之间的正向关系是否只是一种时间趋势上的重合，我们选取了"四万亿计划"实施前后四年的截面数据，即 2007～2010 年的数据进行检验，表 2-9 的结果依旧与前文结论基本一致。

表 2-9　　　　　　　2007～2010 年时间趋势检验

变量	2007 年	2008 年	2009 年	2010 年
	lnsb	lnsb	lnsb	lnsb
lnepu	-1.7018 *** (0.2089)	-1.3374 *** (0.1208)	1.4343 *** (0.1156)	2.9314 *** (0.3139)
控制变量	是	是	是	是
稳健标准误	是	是	是	是
观测值	3295	5168	5364	6659
R^2	0.179	0.197	0.203	0.193

注：*** 表示 $p < 0.01$，括号内为稳健标准误。

四、结论与政策建议

2008 年国际金融危机发生以来，西方发达国家的影子银行体系迅速崩塌，而中国的影子银行却迅速崛起并愈演愈烈，现已成为当前金融体系的重要组成部分。那么，是什么原因导致了这种分化现象的出现？本节试图从经济政策不确定性这一角度出发，并结合中国的具体实际，尝试予以解释并拓展分析。

利用中国非金融上市企业从 2007 年第 1 季度至 2018 年第 4 季度的样本，计算非金融上市企业参与影子银行的规模，并使用斯坦福大学数据库关于中国经济政策不确定性的指数，构建分析经济政策不确定性影响企业影子银行化的计量回归模型。研究发现：（1）在控制了企业固定效应后，经济政策不确定性每上升 1%，企业的影子银行规模大约会增加 0.2%，企业参与影子银行活动的主要动机是投资替代、追逐利润；（2）在"四万亿计划"实施前，经济政策不确定性上升会抑制影子银行规模，这与针对欧美发达经济体的研究一致，但扩张计划实施后，不确定性上升反而显著推动了影子银行发展，因为宏观政策突然由松到紧所引起的不确定性威胁到企业的融资需求和银行的贷款安全，遂借由影子银行通道规避政策风险；（3）面对同等程度的经济政策不确定性，国有企业参与影子银行的动机更加强烈，而无论是国企还是非国企，自身主营业务能力越强，在面对经济政策不确定性时则会更少地参与影子银行活动。

据此，本节提出以下三点政策建议：第一，随着金融危机余波的减退和经济向高质量发展的迈进，宏观调控应适时弱化相机抉择成分，提高政策透明度，以减少经济政策不确定性对微观主体决策造成的非合意影响；第二，深入推进国有企业的混合所有制改革，引导社会资本和国有资本的合理交叉融合，以有效地降低信贷市场的所有制歧视，弱化企业借助影子银行做"信贷二传手"的动机，激励其将更多的精力、资源投入主营业务发展；第三，强化影子银行监管的穿透力度，紧密监控企业的"脱实向虚"行为，尤其要及时遏制其中风险更高、传染性更强的影子银行活动，为经济行稳致远保驾护航。

第三节　影子银行活动的风险效应

经济新常态以来，实体投资增速放缓与金融活动方兴未艾并立，引发了理论界和政策部门对于金融与实体关系问题的广泛热议。2017 年第五次全国金融工作会议明确指出，金融要把为实体经济服务作为出发点和落脚点，全面提升服务效率和水平，要促进融资便利化、降低实体经济成本、提高资源配置效率。以商业银行为主的传统金融中介在服务中小企业方面存在动力不足和一系列体制机制障碍，而且由于实体经济低迷，许多企业的实体业务利润率持续下滑，导致越来越多的非金融企业将资金从固定资产投资转入金融市场以获取高额利润。这种企业间的资金错配，最终催生了非金融企业的影子银行活动。客观来讲，非金融企业通过影子信贷市场缓解了企业间资金错配，提高了资源配置效率，但是同时也加剧了"脱实向虚"的趋势，扩大了经济的金融风险。

我国非金融企业影子银行的迅速扩张始于 2010 年宏观政策的突然转向。当时，为应对 2008 年国际金融危机，政府于当年底推出一揽子刺激内需的"四万亿计划"，为防止经济过热，2010 年宏观经济政策旋即全面收紧，受到存贷比、资本金和合意贷款规模的限制，传统表内信贷业务难以满足超额的贷款需求，此后以理财产品、银信合作、委托贷款等为代表的企业影子银行业务应运而生。基于国有企业和大型企业的融资优势，使得他们很容易从银行获得低息贷款或是从金融市场上获得额外资金，一旦实体业务陷入低迷，就将资金投入影子银行业务以谋得远高于实体经营的利润回报。

根据我们的计算，从 2007 年至 2018 年，我国非金融上市企业的影子银行规模翻了近 29 倍，如此巨幅的增速与实体经济现状极不相称，难免引人忧虑。这种担心体现在企业影子银行化可能导致的双重效应上：一方面，一定时期内企业的融资规模是相对固定的，对影子银行投资的迅速增加就意味着实体主业投资的萎缩，即"虹吸效应"，由此导致实体经济的下滑风险；另一方面，企业的影子银行投资缺乏必要的监管，投资风险较大，由此可能将局部风险传染至整个企业，甚至与之关联的金融中介，即"扩散效应"。毋庸置疑，实体企业的影子银行化是扭曲金融与实体关系的重要诱因。

一、国内外相关研究综述

在我国的影子银行体系中，实体企业的影子银行化是一个十分尖锐的问题。根据 Wind 数据，以委托贷款为例，2008 年 9 月其存量约为 1550 亿元，仅占当月社会融资规模的 0.5%，此后狂飙突进，到 2016 年底已达 13.2 万亿元，占社会融资规模的 8.46%。在原银监会下发《商业银行委托贷款管理办法》严控委贷资金来源和用途后，委托贷款增速明显回落，但目前规模仍有12 万亿元之多。委托贷款是中国特有的现象（余琰、李怡宗，2016），在以银行主导的间接融资体系下，中小民营企业囿于抵押价值不足、财务管理体系不健全以及信息不对称等因素，难以从银行获得足够的正规信贷（Hodgman，1961；Stiglitz，1981），银行贷款往往更倾向于国有企业或大企业（Dewatripont & Maskin，1995），由此导致信贷资源在不同融资约束的企业间产生二次分配。

麦金农（McKinnon，1973）提出长期的金融抑制必然导致金融市场的二元结构，即非正规金融市场作为正规金融市场的补充，填补市场的资金需求缺口。主流观点认为，实体投资收益率的下降与金融市场巨大的投资回报之间的差异是造成企业金融化的主要原因（Amin，2003；Demir，2007）。张成思和郑宁（2018）则提出一个新观点，认为我国非金融企业参与金融活动的主要动机是规避固定资产与金融资产的投资风险缺口，而非出于固定资产与金融资产的收益率缺口。企业在主营业务之外持有一定的金融资产通常有两类动机：预防性储备和追逐利润。研究发现，企业对交易性金融资产和现金的配置主要出于预防储备目的，对其他金融资产的配置主要出于逐利动机（杨筝等，2017；胡奕明等，2017），而绝大部分实体企业持有金融资产主要是出于逐利动机，并非资金管理动机（Orhangazi，2008；Seo et al.，2012；杜勇等，2017）。

从对宏观经济影响的角度看，影子信贷在直接融资不够发达的情况下，的确起到了补充正规信贷的作用，但同时必须关注实体企业金融化可能对经济发展带来的系统性风险（黄群慧，2017）。对于企业的影子银行等金融活动，学术界有不同看法。一部分学者认为，企业的金融化会对实体投资产生"挤出效应"（Dumenil & Levy，2004；Orhangari，2006），从而加剧企业的财务风险（黄贤环等，2018）。另一部分学者则认为，金融化可以降低企业财务困境、改善资产负债表，能够为实体企业增加必要的财务缓冲器（Smit & Stulz，1985；Stulz，1996；Demir，2009；许罡、朱卫东，2017；吴军、陈丽萍，2018）。

目前对于影子银行的实证研究主要是对以银行为主体的银行影子进行分析，对于非金融企业的影子银行活动，目前主要有两类研究。第一类研究偏重从微观实证角度考察企业影子银行活动。如李建军和胡凤云（2013）基于我国 15 个省的调研发现，有 40.6% 的企业借助影子信贷融资，平均融资成本高达 18.28%。由此可见，影子银行拉长的信用链条本质上是以"融资贵"替代了"融资难"，融资风险并未消除甚至可能只是延缓发生而已。李建军和马思超（2017）研究了我国中小板非金融上市企业的过桥贷款投融资活动的财务效应，认为企业参与过桥贷款这种过度的金融化选择，会恶化财务绩效。李建军和韩珣（2019）的研究进一步明确，无论企业借由"实质性信用中介"还是"间接参与影子信贷市场"的方式开展影子银行业务，都会显著增加经营风险。另一类研究则基于 DSGE 框架进行分析。裘翔和周强龙（2014）、林琳等（2016）、高然等（2018）基于 DSGE 框架的研究都得出，影子银行会积累金融风险、弱化货币政策传导效果。卢盛荣等（2019）运用 DSGE 模型研究发现，影子银行尽管缓解了民营企业的融资难问题，但同时加剧了宏观经济不稳定性。

从主要研究看，已有研究对非金融企业影子银行业务参与的理论分析和实证分析还比较匮乏。本节作为对非金融企业影子活动的研究补充，拟从三方面进一步推进：首先，通过构建理论模型，在企业的二元结构环境下，勾勒企业的影子银行活动与风险效应的逻辑关联；其次，在细化探究影子银行对不同微观特征企业的风险影响基础上，进一步考虑宏观金融环境松紧的作用，通过构建可有效衡量宏观融资环境松紧程度的变量，深入分析其在企业影子银行活动中的风险调节效应；最后，尝试从风险—收益权衡的新视角，分析影子银行活动对各类型企业风险承担的综合利弊。这些工作对于更加深入地理解企业从事影子银行活动的动机与后果提供了更多的微观证据。

二、理论模型

我们从中国广泛存在的企业二元结构这一基本特征事实出发，借鉴刘珺等（2014）的成本函数设定形式，构建了一个关于异质性企业的影子银行活动的理论模型。模型中，假设国企可以利用自身的优势地位获取低成本资金，民营企业则没有这种融资优势，从而嵌入影子银行的信贷再分配和风险特征，勾勒出企业影子银行活动与风险的关联与传导的可能性。为实证研究从所有制特征、盈利能力特征等角度进一步细化企业的微观特征对影子银行活动风险效应的影响提供理论基础。

假设市场上有两个代表性企业，一个是融资优势企业 s，一个是融资劣势企业 p，以 AK 模型作为其生产函数。$y_i = A_i k_i (i = s, p)$，A_i 代表产出效率，k_i 代表投入资本，假设企业初始资本为零，投入资本均来自借贷。劣势企业需要抵押 m 比例的融资给银行，$0 \leqslant m \leqslant 1$。假定银行的总可借出资本为 $\bar{k}$，$\bar{k} \leqslant \sum \dfrac{A_i - r}{\theta_i}$，其中，$\dfrac{A_i - r}{\theta_i}$ 为企业不进行任何影子银行活动仅进行生产活动时需要的借贷量。假设企业的借款成本由两部分组成，第一部分是社会融资成本为 $r k_i$，第二部分为企业承担的融资成本，其与借贷难易程度有关，定义 θ_i 为融资的难易程度，且 $\theta_p > \theta_s$，令 $c_i = \dfrac{1}{2}\theta_i k_i^2$。

（一）融资优势企业

假设融资优势企业为风险中性企业，且因为其独特的地位，不会有违约行为。生产函数为 $y_s = A_s k_s$，融资成本为 $C_s = rk_s + \dfrac{1}{2}\theta_s k_s^2$，其中，$r$ 为一般利率。当企业参与金融类业务时，假设其参与金融类业务的比例为 δ，$0 < \delta < 1$，其收益为 r^*，$r^* > r$。则其利润最大化问题为：

$$\max_{k_s}\pi_s = A_s(1-\delta)k_s + (1-\Re(e))r^*\delta k_s - rk_s - \frac{1}{2}\theta_s k_s^2 \qquad (2.18)$$

式中，e 为融资劣势企业面临的风险，$\Re(e)$ 为其违约的概率，且有：

$$\frac{\partial\Re(e)}{e}\geqslant 0 \qquad (2.19)$$

最大化问题求解可得：

$$k_s = \frac{A_s(1-\delta) + (1-\Re(e))r^*\delta - r}{\theta_s} \qquad (2.20)$$

由此可见，当银子银行业务的利率 r^* 越高，融资优势企业有激励从银行融到更多的资金，将提高开展影子银行业务的比例。从而压缩融资劣势企业的融资额度，造成劣势企业融资难的现象。

（二）融资劣势企业

融资劣势企业的生产函数为 $y_p = A_p k_p$。融资来自两方面，一部分是来自银行的低利率资金；另一部分是来自融资优势企业的银子银行业务，其融资成本为 $C_p = rk_p + \dfrac{1}{2}\theta_p k_p^2 + r^*\delta k_s$，假设融资劣势企业面临的风险为 e，且需要抵押 m 比例的融资额度，所以其利润最大化问题为：

$$\max_{k_p}\pi_p = A_p(1-e)((1-m)k_p + \delta k_s) - (1-em)rk_p - \frac{1}{2}\theta_p k_p^2 - r^*\delta k_s$$

$$(2.21)$$

由一阶条件可得：

$$k_p = \frac{A_p(1-e)(1-m) - (1-em)r}{\theta_p} \qquad (2.22)$$

由于，

$$\frac{\partial k_p}{\partial m} = \frac{-A_p(1-e) + er}{\theta_p} \leq 0 \qquad (2.23)$$

故当优势企业融资额度增加时，由于银行的可借出资金有上限，银行通过增加劣势企业的融资抵押比例来缩减劣势企业的融资额度，劣势企业的贷款额度缩减。且：

$$\frac{\partial \pi_p}{\partial \delta k_s} = A_p(1-e) - r^* \qquad (2.24)$$

当影子资金的利息 $r^* \leq A_p(1-e)$ 时，

$$\frac{\partial \pi_p}{\partial \delta k_s} \geq 0 \qquad (2.25)$$

故当银行提高融资抵押比例时，劣势企业会更多地增加影子资金的需求。当 $\frac{\partial \pi_p}{\partial \delta k_s} \leq 0$，即 $r^* \geq A_p(1-e)$ 时，劣势企业对影子资金的需求才会降低。

另外，由于：

$$\max_{k_p} \pi_p = A_p(1-e)((1-m)k_p + \delta k_s) - (1-em)rk_p - \frac{1}{2}\theta_p k_p^2 - r^* \delta k_s$$

$$= A_p(1-e)((1-m)k_p + \delta k_s) - (1-em)rk_p - \frac{1}{2}\theta_p k_p^2 - r^* \delta(\bar{k} - k_p)$$

$$(2.26)$$

可知：

$$e = \frac{A_p(1-m) - r - \theta_p k_p + r^* \delta}{A_p(1-m) - mr} \qquad (2.27)$$

且：

$$\frac{\partial e}{\partial \delta} \geq 0 \qquad (2.28)$$

由此，当 δ 增大时，即当融资优势企业加大影子银行业务时，会挤出融资劣势企业在银行可以得到的融资额，融资劣势企业面临的风险也将加大。由于民企相对国企来说规模更小，更缺乏抵押品，当更多的资金来自影子银行业务时，风险随之加大。由于风险增加，劣势企业的违约率也将会增高，由此导致从事影子银行活动的融资优势企业面临的风险也将增加。

综上所述，企业的影子银行活动无疑会导致风险，而这一风险可以由异质

性企业在信贷市场上的竞争关系所引致，因此，本节提出以下两点可能的假设
以备通过实证分析论证：

H2.5：企业的影子银行活动提高了风险效应，而且不同所有制、不同盈
利能力的企业的影子银行活动可能具有显著不同的风险效应。

H2.6：企业的影子银行活动导致的风险效应不仅与自身微观特征有关，
而且可能与外部条件密切相关，不同经济发展阶段、不同的影子银行活动渠道
以及不同的宏观金融环境均可能导致不同的影响效果。

三、研究设计

（一）变量设定

1. 被解释变量

本节回归模型中的被解释变量是企业的风险承担水平，我们采用阿特曼
（Altman，2002）提出的修正的 $Z\text{-}score$ 指标来度量财务风险，具体公式为
$Z\text{-}score = (0.717 \times$ 营运资金 $+ 0.847 \times$ 留存收益 $+ 3.107 \times$ 息税前利润 $+ 0.998 \times$
销售收入$)/$资产总额 $+ 0.42 \times$ 股票总市值$/$总负债。需要注意的是，$Z\text{-}score$ 的
值越大，表明企业的风险越小。该指标可较好地刻画企业影子银行活动对个体
破产风险的影响效应。

2. 解释变量

本节的核心解释变量是企业的影子银行投资规模。企业的影子银行投资活
动主要通过过桥贷款、委托贷款和委托理财三项进行（韩珣等，2017），我们
通过对企业参与影子银行活动的机制分析和相关法律规定，在财务报表中提取
出了相应的会计科目。过桥贷款等民间借贷形式，在资产负债表上反映在
"其他应收款"科目中（王永钦等，2015）。根据国家对金融工具的相关规定，
委托贷款应根据其贷款期限，分别在"其他流动资产""一年内到期的非流动
资产""其他非流动资产"科目中列示，我们用这三类科目的加总作为企业委
托贷款的代理变量。委托理财数据则从企业公告中获得。需要说明的是，其他
应收款中还包括为员工垫付的水电费、保险公司理赔等，以及一部分不属于民
间借贷的影子银行业务，而其他流动资产、其他非流动资产还包括待认证进项
税额等难以归类为一般流动资产和非流动资产的项目。但是囿于数据的细分可

得性，我们参考目前的普遍做法，将这些科目作为委托贷款和民间借贷的近似替代，并在此基础上对影子银行规模代理变量进行对数化处理。

控制变量方面，我们选取了对数企业规模（lnsize）、财务杠杆率（lev）、成长性（growth）资产回报率（roa）、托宾 q（tobinq）、企业股权集中度（sharehold）、权益乘数（equity）和流动比率（ratio_liq）来控制企业微观层面的特征对企业风险承担的影响。同时，我们选取了 GDP 增长率（gdpg）以控制宏观经济增速对企业风险承担的影响。变量的具体含义和说明如表 2 - 10 所示。

表 2 - 10　　　　　　　　　变量说明

名称	变量	含义
企业风险承担	$Z\text{-}score$	$(0.717 \times$营运资金$+0.847 \times$留存收益$+3.107 \times$息税前利润$+0.998 \times$销售收入$)/$资产总额$+0.42 \times$股票总市值$/$总负债
影子银行规模	lnsb	（其他应收款＋其他流动资产＋一年内到期的非流动资产＋其他非流动资产＋委托理财）的对数
企业规模	lnsize	企业总资产的对数
资产负债率	lev	总负债/总资产
成长性	growth	本期主营业务收入/上期主营业务收入－1
股权集中度	sharehold	企业第一大股东季末的持股比例
托宾 q	tobinq	企业市值/总资产
资产回报率	roa	税后净利润/总资产
权益乘数	equity	总资产/所有者权益
流动比率	ratio_liq	流动资产/流动负债
经济增长	gdpg	本期国内生产总值/上期国内生产总值－1

（二）模型表达

本节的核心研究目的是分析企业的影子银行活动对风险承担的影响，故构建以下回归方程（2.29）：

$$Z\text{-}score_{it} = \alpha_1 + \alpha_2 \times lnsb_{it} + \alpha_3 \times lnsize_{it} + \alpha_4 \times lev_{it} + \alpha_5 \times growth_{it} +$$
$$\alpha_6 \times roa_{it} + \alpha_7 \times tobinq_{it} + \alpha_8 \times sharehold_{it} + \alpha_9 \times equity_{it} +$$
$$\alpha_{10} \times ratio\_liq_{it} + \alpha_{11} \times gdpg_{it} + u_i + \varepsilon_{i,t} \tag{2.29}$$

式中，α_1 是模型的截距项，u_i 衡量个体间的异质性，$\varepsilon_{i,t}$ 是反映个体随时间变化的扰动项。如果 α_2 的系数显著为负，则可以判定企业增加影子银行活动将提高其风险承担水平。在后文的分析中，我们还将引入刻画社会融资条件松紧的调节变量，以进一步分析在不同的宏观金融环境下，影子银行对风险承担的影响会如何变化。

（三）样本和数据

由于 2007 年推出新会计准则，基于可比性考虑，本节的样本从 2007 年第 1 季度至 2018 年第 4 季度，对象为我国所有 A 股非 ST 上市企业，其中剔除金融企业样本，并去除数据缺失和错误样本，共计 3412 家企业，96648 个非平衡面板观测值。企业的微观数据来源于国泰安数据库，宏观数据来源于国家统计局。为了避免异常值影响结果，对所有企业层面的连续变量做 1% 水平下的缩尾处理，数据处理和实证分析均使用 Stata 15 软件。

四、实证分析

结合研究目的，本节的实证分析分为两部分：第一，基于全样本数据，分析企业的影子银行活动对风险承担的总体影响，然后在分样本数据下，区分不同的发展阶段、企业所有制性质、主营业务状态和影子银行渠道在影子银行对风险承担影响中的作用；第二，构建可反映宏观金融整体松紧程度的金融条件指数，将其作为调节变量纳入基准回归模型，分析社会融资环境如何作用于企业影子银行对自身风险承担的影响，此外本节还进一步基于风险—收益权衡视角，综合判断企业从事影子银行活动的利弊。由此，全面、系统地对理论模型中提出的两个假设进行深入、细致的研判。

（一）基准分析

1. 全样本回归

首先采用普通最小二乘法和固定效应模型估计方程，并考虑是否采取稳健标准误，回归结果如表 2－11 所示。由表 2－11 可知，各组回归都显示企业的影子银行化程度提高会显著增加风险承担水平。豪斯曼检验结果显示，强烈拒绝个体效应与解释变量无关的原假设，故我们以固定效应模型为基准。以考虑了稳健标准误的固定效应模型第（4）列来看，影子银行增加 1% 会使企业的风险放大 0.1998%，且在 1% 的统计水平下显著。就控制变量来看，企业规模越大、托宾 Q 值越高、股权越集中则越有利于控制风险，而杠杆率越高、成长越快速则更容易积聚风险，宏观上经济增速放缓也是导致企业风险增加的重要诱因。

表 2-11 企业影子银行化对风险承担的影响：全样本回归

变量	(1)	(2)	(3)	(4)
	Z-score	Z-score	Z-score	Z-score
lnsb	-0.0854***	-0.1998***	-0.0854***	-0.1998***
	(0.0102)	(0.0106)	(0.0138)	(0.0338)
lnsize	0.6662***	0.2894***	0.6662***	0.2894***
	(0.0198)	(0.0288)	(0.0244)	(0.1004)
lev	-13.6804***	-13.6103***	-13.6804***	-13.6103***
	(0.0840)	(0.1070)	(0.5191)	(0.6027)
growth	-0.1379***	-0.1645***	-0.1379***	-0.1645***
	(0.0303)	(0.0233)	(0.0367)	(0.0251)
Sharehold	0.0008	0.0133***	0.0008	0.0133***
	(0.0010)	(0.0012)	(0.0009)	(0.0023)
tobinq	2.1350***	1.9173***	2.1350***	1.9173***
	(0.0094)	(0.0094)	(0.0225)	(0.0448)
roa	-1.4970***	-0.7727**	-1.4970***	-0.7727
	(0.3752)	(0.3130)	(0.5620)	(0.7333)
equity	0.0088***	0.0024***	0.0088**	0.0024*
	(0.0012)	(0.0009)	(0.0034)	(0.0013)
ratio_liq	0.1001***	0.0511***	0.1001*	0.0511*
	(0.0012)	(0.0009)	(0.0534)	(0.0306)
gdpg	2.1913***	2.2460***	2.1913***	2.2460***
	(0.2523)	(0.1918)	(0.2822)	(0.2038)
Constant	-7.0141***	3.5736***	-7.0141***	3.5736*
	(0.3449)	(0.5252)	(0.4966)	(1.9485)
固定效应	否	是	否	是
稳健标准误	否	否	是	是
观测值	96648	96648	96648	96648
R^2	0.620	0.460	0.620	0.460

注：*** 表示 $p < 0.01$，** 表示 $p < 0.05$，* 表示 $p < 0.1$，括号内为稳健标准误。

2. 分样本回归

2008 年国际金融危机发生后，我国于当年底开始实施"四万亿计划"以遏制经济颓势，此后从 2010 年开始，在多轮政策转向和重点领域整治的作用下，正规信贷浪潮逐渐减弱并借助银行理财、银信合作、委托贷款等多种影子银行渠道规避监管，影子银行由此得到迅速发展。为此，我们首先以 2010 年为界，将样本划分为 2010 年以前、2010 年及其后两部分，观察影子银行在兴起前后对于企业风险承担的影响效果。表 2－12 显示，2010 年以来，企业的影子银行规模增加会显著提高自身风险承担水平（系数 －0.2149），且在 1% 的统计水平下显著，而 2010 年以前，这一影响明显减小（系数 －0.1068），且显著性较低。这一结果表明企业影子银行活动的风险效应在后危机时代得到了显著增强。为了减少模型的估计偏差，我们进一步采用 DID 方法进行检验。由于"四万亿计划"政策同时对所有企业造成了影响，所以难以区分实验组和对照组，所以我们在此使用广义 DID 的方法。我们认为不同企业虽然同时受到政策冲击，但是由于企业规模和业务能力不同，最终政策对于每个企业影子银行活动的影响力度并不相同，故我们使用企业规模和负债率作为敏感性指标进行广义 DID 检验。表 2－13 的结果显示"四万亿计划"之后，企业影子银行的风险效应确实出现了显著增强。

表 2－12　　　　　企业影子银行化对风险承担的影响：分时段检验

变量	"四万亿计划"前	"四万亿计划"后
	Z-score	Z-score
lnsb	－0.1068 *	－0.2149 ***
	(0.0567)	(0.0354)
ln$size$	0.5676 ***	0.3868 ***
	(0.1889)	(0.1186)
lev	－6.2113 ***	－16.4251 ***
	(0.6761)	(0.6646)
$growth$	－0.1710 ***	－0.1422 ***
	(0.0358)	(0.0276)
$Sharehold$	－0.0040 ***	0.0274 ***
	(0.0014)	(0.0064)

续表

变量	"四万亿计划"前	"四万亿计划"后
	Z-score	Z-score
tobinq	1.3499 ***	1.9720 ***
	(0.0476)	(0.0471)
roa	1.5956 ***	−1.0288
	(0.5699)	(1.0997)
equity	−0.0003	0.0068 **
	(0.0005)	(0.0030)
ratio_liq	0.8025 ***	0.0473 *
	(0.1361)	(0.0285)
gdpg	2.0857 ***	2.2131 ***
	(0.3796)	(0.2309)
Constant	−7.8151 **	2.2933
	(3.9674)	(2.4324)
固定效应	是	是
稳健标准误	是	是
观测值	10667	85981
R²	0.542	0.470

注：*** 表示 $p < 0.01$，** 表示 $p < 0.05$，* 表示 $p < 0.1$，括号内为稳健标准误。

表 2 − 13　　　　　企业影子银行化对风险承担的影响：DID 检验

变量	(1)	(2)
	DID_size	DID_lev
diff	−1.7220 ***	−12.1323 ***
	(0.0439)	(0.3493)
观测值	103527	103527
R²	0.171	0.376

注：*** 表示 $p < 0.01$，括号内为稳健标准误。

既然整体上过多地从事影子银行活动会加剧企业的风险承担水平，那么这种负面影响是否在不同的企业中又会存在显著差别呢？一个自然的想法是，从资金可得性来看，国有企业拥有政府的隐性担保，是银行放贷的优先对象，债务融资优势明显，有更多的低廉资金可投入影子银行业务，即使面临相同的投资损失，由于其成本更低，因此，风险承担水平仍旧低于民营企业。表2－14的结果佐证了上述猜想，影子银行对民企风险的影响（系数－0.2358）明显大于对国企风险的影响（系数－0.0806），且显著程度更高。而从业务替代的角度来看，影子银行作为一种高风险、高收益的投资活动，非金融企业开展影子银行业务的动机当然是追逐利润，但因此也会在一定程度上导致对主营业务资金的侵占。我们认为企业的主营业务经营得越好，其从事影子银行活动的意愿就会相对降低，因为影子银行对主营业务的替代可能导致更高的机会成本。反过来说，即影子银行规模的边际增加对高主营业务收益率企业的风险影响更大。表2－14的结果同样验证了上述猜测，当影子银行规模增加1%，高主营业务收益率企业的风险会提高0.3031%，且在1%的统计水平上显著，而低主营业务收益率企业的风险只会提高0.0349%，且统计不显著[①]。此外，在表2－15中，我们用交互项对样本间差异进行了检验，结果显示存在显著差异，出于篇幅考虑，只给出交互项系数。

表2－14　　企业影子银行化对风险承担的影响：分所有制和主营业务收益率检验

变量	国有企业	民营企业	高收益率	低收益率
	Z-score	Z-score	Z-score	Z-score
lnsb	－0.0806** (0.0350)	－0.2358*** (0.0481)	－0.3031*** (0.0714)	－0.0349 (0.0597)
ln$size$	0.3761*** (0.0870)	0.0676 (0.1472)	0.1011 (0.2660)	0.6967*** (0.1684)
lev	－7.4959*** (0.6605)	－17.4264*** (1.0663)	－29.4679*** (3.3390)	－10.7888*** (0.8539)
$growth$	－0.0910*** (0.0206)	－0.2121*** (0.0399)	－0.4032*** (0.0700)	－0.0151 (0.0407)
$Sharehold$	－0.0008 (0.0016)	0.0144*** (0.0048)	0.0326*** (0.0077)	0.0051 (0.0034)

[①]　将样本按照主营业务利润率分成四组，并分别取主营业务利润率最高组和最低组进行回归。在这里，我们并不像大多数文献那样使用资产收益率表示，资产收益率中有很大一部分是企业的金融资产收益，不利于厘清企业主业与影子银行业务的关系。

续表

变量	国有企业	民营企业	高收益率	低收益率
	Z-score	Z-score	Z-score	Z-score
tobinq	1.4558 ***	1.9279 ***	2.4424 ***	1.6401 ***
	(0.0746)	(0.0558)	(0.0684)	(0.1012)
roa	3.4040 ***	-0.4674	-4.6924 *	-1.8140
	(1.2766)	(1.4074)	(2.4373)	(1.1965)
equity	0.0018	0.0009	0.9905	0.0009
	(0.0013)	(0.0010)	(0.8013)	(0.0012)
ratio_liq	0.0240 **	0.0500	0.0391	0.0287
	(0.0122)	(0.0385)	(0.0288)	(0.0185)
gdpg	1.7794 ***	2.2975 ***	3.7627 ***	1.5355 ***
	(0.1725)	(0.3496)	(0.7000)	(0.3261)
Constant	-2.5909	10.4834 ***	11.7795 **	-8.8353 ***
	(1.6377)	(2.8641)	(5.0656)	(3.2445)
固定效应	是	是	是	是
稳健标准误	是	是	是	是
观测值	35725	47014	24294	23855
R^2	0.454	0.445	0.520	0.452

注：*** 表示 $p < 0.01$，** 表示 $p < 0.05$，* 表示 $p < 0.1$，括号内为稳健标准误。

表 2-15　　　　　　　　　　样本差异检验

变量	企业性质	收益率
	Z-score	Z-score
lnsb_property	0.3223 ***	
	(0.0501)	
lnsb_ratio_pro		-0.6962 ***
		(0.0865)
固定效应	是	是
稳健标准误	是	是
观测值	82739	48149
R^2	0.426	0.458

注：*** 表示 $p < 0.01$，括号内为稳健标准误。

　　进一步来看，企业开展影子银行业务可以通过委托贷款、委托理财、民间借贷等多种方式进行，那么不同渠道的影子银行活动对企业的风险承担水平是否具有异质性影响呢？这一点是现有研究鲜有关注的，代表性研究如李建军和韩珣（2019），从企业是否直接参与放贷这一角度将影子银行区分为"实质性信用中介"和"影子信贷链条"。但是我们认为其中存在两点问题：第一，将委托贷款纳入"实质性信用中介"的做法存疑，因为在我国很多时候委托贷款实际上也可被银行用于作为变相突破信贷额度限制的途径，①当其用于"企—银合作"时，企业确实充当了"实质性信用中介"的角色，而用于"银—企合作"时，企业则类似于一个中转站，起到的是帮助银行突破信贷额度限制的服务角色；第二，"影子信贷链条"中的许多科目掺杂着一般性的金融投资活动，难以分离干净，因此导致企业的影子银行化与企业的金融化界限进一步模糊。

　　考虑到影子银行活动具有隐蔽性、关联性、链条长等特点，目前还没有公认的普适方法来测算微观企业的真实影子银行规模，但委托贷款、委托理财、民间借贷三种方式是比较公认的、也是研究较多的渠道（王永钦等，2015；韩珣等，2017）。基于上述传统渠道，我们将企业借由委托贷款和委托理财渠道进行的影子银行活动归为"金融中介渠道"，在这一渠道下，企业的影子银行资金由银行等金融中介进行周转、投放。虽然金融中介扮演的是中间服务商角色，但其肯定会利用专业能力和信息优势来保障企业的影子银行活动，毕竟如果投资失败将影响其声誉，我们猜想其中存在的"隐性声誉担保"可以降低企业的影子银行投资风险。将过桥贷款等民间借贷归为"直接渠道"，在这一渠道下，影子银行的放贷企业直接与融资需求企业达成协定，由于这类活动多数处在法律的灰色地带，通常利率很高，资金短缺企业不到万不得已不会使用，因此，存在严重的逆向选择问题。我们猜测相比较"金融中介渠道"，"直接渠道"下的影子银行既缺乏金融中介的声誉担保和识别能力，又存在逆向选择等诸多问题，因此其投资风险应该明显更

---

　　① 例如当银行在对某家企业的授信额度用完后，可以借助于授信额度有余缺的企业，约定将新增贷款转换为委托贷款，用于对信用额度受限的企业融资，这一操作不仅可以规避信用额度控制，还可以做大银行的中间业务。这一做法在很长一段时间内成为委托贷款迅猛增长的主要来源，后于2015年被银监会《商业银行委托贷款管理办法（征求意见稿）》所禁止，2018年《商业银行委托贷款管理办法》正式出台。

大。表 2 – 16 的检验结果很好地支持了上述猜想，我们发现影子银行对企业风险的影响系数在中介渠道下为 – 0. 0435，而在直接渠道下则高达 – 0. 2254，两者相差近 4 倍，且均在 1% 的统计水平下显著。由此可见，同样是企业的影子银行活动，由于是否借助了金融中介渠道的差异，其带来的风险效应大小是截然不同的。

表 2 – 16 　　　　　　　企业影子银行化对风险承担的影响：

分影子银行渠道检验

变量	中介渠道	直接渠道
	Z-score	Z-score
$\ln sb_1$	– 0. 0435 *** (0. 0064)	
$\ln sb_2$		0. 2254 *** (0. 0401)
$\ln size$	0. 2867 *** (0. 0942)	0. 1457 * (0. 0867)
lev	– 13. 6652 *** (0. 8450)	– 13. 3539 *** (0. 5910)
$growth$	– 0. 1715 *** (0. 0288)	– 0. 1619 *** (0. 0250)
$Sharehold$	0. 0142 *** (0. 0027)	0. 0136 *** (0. 0023)
$tobinq$	1. 9628 *** (0. 0445)	1. 8938 *** (0. 0448)
roa	– 1. 4587 (0. 9091)	– 0. 4809 (0. 7143)
$equity$	0. 0033 * (0. 0018)	0. 0024 * (0. 0013)
$ratio\_liq$	0. 1005 (0. 0632)	0. 0514 * (0. 0307)
$gdpg$	2. 3717 *** (0. 2225)	2. 2204 *** (0. 2040)

续表

变量	中介渠道	直接渠道
	Z-score	Z-score
Constant	0.3268 (2.1481)	6.8453 *** (1.8651)
固定效应	是	是
稳健标准误	是	是
观测值	81942	96648
R^2	0.494	0.460

注：*** 表示 p < 0.01，* 表示 p < 0.1，括号内为稳健标准误。

（二）进一步分析

1. 金融环境的调节作用检验

企业从事影子银行活动本质上是对信贷资金的二次分配，在长期的金融压抑环境下，可以在一定程度上起到优化信贷配置、缓解融资歧视的作用。具体来看，如果金融环境较为宽松，则企业从事影子银行业务的可替代性就会提高，风险—收益关系趋于恶化；反之，当金融环境紧张时，企业的影子银行业务可替代性会降低，即重要性上升，风险—收益关系则趋于优化。因此，在影子银行对企业风险的影响中，整体金融环境的松紧状态可能起到重要的调节作用。

遗憾的是，已有关于实体企业与金融活动的微观实证研究鲜有对于整体金融环境的刻画，因而无法分析其在企业金融活动的影响中的调节效应。李建军和韩珣（2019）通过多种方法刻画了上市企业的个体融资约束指标，以此衡量企业所处融资环境的好坏。这类方式在计算时可能无法排除影子银行资金占用的影响，而且融资约束越强、主业经营越困难的企业有可能更多地寻求影子银行这种替代投资方案，由此导致测算结果出现较大误差或内生性。更重要的是，上市公司基本上都是影子银行信贷的净供给者，其影子信贷业务的可替代程度主要取决于资金的净需求方，即广大的中小企业，因此，基于上市公司计算的个体融资约束指标并不能考察整体金融环境的松紧状态和调节作用。而刘贯春等（2018）以经济增长和 M2 指标作为宏观环境变量分析其在企业金融资产配置中的调节效应，同样无法考察整体金融环境的具体作用。

本节参考范从来和高洁超（2019）的指数合成方法以及第一财经研究院对于中国金融条件指数的测算方式，运用主成分分析构建衡量中国金融环境松紧波动的时间序列指标（金融条件指数，*FCI*）。为尽可能全面地涵盖整个金融体系，指标体系包含了7个方面：货币市场、债券市场、股票市场、信贷市场、影子银行、房地产市场、整体金融指标；并分别在这7个方面中选取其中具有代表性的、涵盖市场交易规模量大的指标，共计44个。[①] 具体合成结果如图2-2所示。

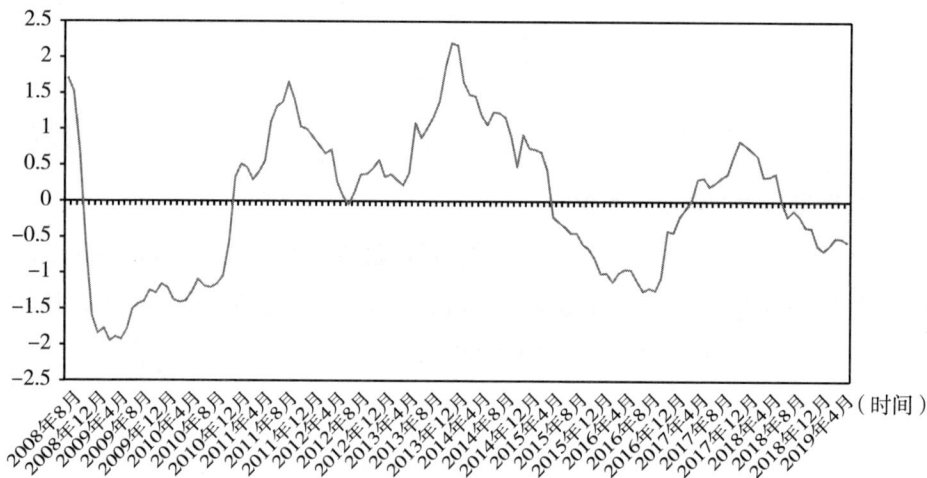

图2-2　金融条件指数（*FCI*）

注：金融条件指数（*FCI*）是为衡量融资条件、融资可得性，以及宏观金融综合松紧程度而创建的指标，0代表指数运行均值，指数越高代表金融环境越紧缩，指数越低代表金融环境越宽松。

资料来源：作者计算得出。

由图2-2可知，我国的整体金融环境自金融危机以来一直在松紧之间持续切换，例如2008年底推出的"四万亿计划"使得金融环境显著改善，社会融资条件明显变宽松，之后在宏观政策转向和监管趋严的作用下，金融环境再次收紧。总体来看，这一指数对于我国金融环境波动的刻画是比较良好的，我们将其以交乘项的形式引入回归模型（2.30），以考察其调节效应：

---

① 限于篇幅，具体指标和因子分析过程详见附录。

$$Z\text{-}score_{it} = \beta_1 + \beta_2 \times \ln sb_{it} + \beta_3 \times FCI_{it} + \beta_4 \times FCI_{it} \times \ln sb_{it} + \beta_5 \times \ln size_{it} +$$

$$\beta_6 \times lev_{it} + \beta_7 \times growth_{it} + \beta_8 \times sharehold_{it} + \beta_9 \times tobinq_{it} +$$

$$\beta_{10} \times roa_{it} + \beta_{11} \times equity_{it} + \beta_{12} \times ratio\_liq_{it} + \beta_{13} \times gdpg_{it} +$$

$$u_i + \varepsilon_{i,t} \tag{2.30}$$

在模型（2.30）中，在控制了 FCI 对于企业风险的独立影响后，我们重点关注的是交乘项系数 β_4 的方向和显著性。我们在表 2 – 17 中分别基于全样本、分所有制、分主营业务收益率、分影子银行渠道进行了回归。从中可知，FCI 对于企业风险的影响系数基本都是显著为负，表明整体金融环境越紧张，企业的风险也越高，这是符合直觉的，因为不管企业的具体微观特征如何，宏观的融资条件越紧，则对企业的正常运行势必会造成负面影响。就我们关注的交乘项系数 β_4 来看，大部分回归结果都是显著为正，表明金融环境的调节作用确实存在，而且 FCI 提高将显著抑制影子银行对企业风险的影响程度，这是因为金融环境越紧张，融资约束企业的影子信贷资金需求就越旺盛，从而资金富余企业从事影子银行放贷业务的可替代性下降，在相同的投资风险下可以获取更高的利息率，进而可以改善影子银行活动对自身风险状况的负面影响。

细分来看，调节效应 β_4 在民营企业、低主营业务收益率的企业和影子银行直接渠道的组别中表现得更突出，这反映出金融环境的反向调节作用对融资优势相对较低、主营业务相对较弱、影子银行投资缺乏专业机构保障的企业更大。在全社会融资条件趋紧时，这些企业正常的经营活动相对受到的影响更大，因此也更容易倾向于选择影子银行这一替代投资方案，因此，这种调整带来的边际作用也就更加明显。

表 2 – 17　　　　　　　　　金融环境的调节作用检验

变量	全样本	国有企业	民营企业	高主营收益率	低主营收益率	中介渠道	直接渠道
	Z-score	Z-score	Z-score	Z-score	Z-score	Z-score	Z-score
$\ln sb$	−0.2221 *** (0.0364)	−0.0930 *** (0.0343)	−0.2592 *** (0.0520)	−0.3128 *** (0.0746)	−0.0714 (0.0612)		
$\ln sb_1$						−0.0462 *** (0.0072)	
$\ln sb_2$							−0.2463 *** (0.0447)

续表

变量	全样本	国有企业	民营企业	高主营收益率	低主营收益率	中介渠道	直接渠道
	Z-score	Z-score	Z-score	Z-score	Z-score	Z-score	Z-score
FCI	-0.6750** (0.2843)	-0.2487 (0.2141)	-1.8659*** (0.4641)	-0.7020 (0.6837)	-1.3643** (0.5595)	0.0681 (0.0682)	-1.7945*** (0.2919)
$FCI \times \ln sb$	0.0432*** (0.0146)	0.0176* (0.0107)	0.1050*** (0.0243)	0.0382 (0.0352)	0.0829*** (0.0293)		
$FCI \times \ln sb_1$						0.0061 (0.0038)	
$FCI \times \ln sb_2$							0.1111*** (0.0159)
$Constant$	1.5760 (2.4327)	-2.4966 (2.2234)	7.5895** (3.4403)	12.1569* (6.4352)	-10.9895*** (4.1646)	-1.7477 (2.5627)	5.5447** (2.3489)
控制变量	是	是	是	是	是	是	是
固定效应	是	是	是	是	是	是	是
稳健标准误	是	是	是	是	是	是	是
观测值	85981	29159	42965	22337	20356	76274	85981
R^2	0.470	0.430	0.465	0.554	0.458	0.497	0.470

注: *** 表示 $p < 0.01$, ** 表示 $p < 0.05$, * 表示 $p < 0.1$, 括号内为稳健标准误。

2. 基于风险与收益权衡视角的检验

前面的研究表明, 尽管影子银行对企业风险承担水平的影响效应在不同特征的企业或环境下会表现出异质性, 但其影响基本上都是负面的, 即非金融企业从事的影子银行业务越多将增加自身风险。相比于一般的金融投资, 影子银行是一种高风险、高收益的金融活动, 如果以增加风险为代价可以换取更高的收益, 那么从某种程度上讲, 就没有理由禁锢或抑制这样的企业行为。

为考察上述猜想是否属实, 需要将原来的被解释变量 Z-score 替换为经风险与收益权衡后的新指标。我们借鉴夏普比率 (对任意资产与无风险资产组合的报酬—波动性比率) 的构造思路, 以资产收益率与 Z 值的乘积即 $ROA \times Z\text{-}score$ 作为经风险与收益权衡后的被解释变量。由于 Z-score 值越高, 企业风险越低, 两者成反向变化, 故以 Z-score 的倒数作为风险度量放于分母, 以企业的总资产收益率作为收益度量放于分子，即 $ROA \times Z\text{-}score$。前文的回归结果表明影子银行增加会降低 $Z\text{-}score$，因此，排除表 2 – 18 中的 case1、case2，case4 表明影子银行增加会同时恶化收益与风险，不符合理性原则，可能的case3 表明影子银行增加会提高 ROA，降低 $Z\text{-}score$，则企业从事影子银行将面临风险—收益权衡。如果回归结果显示影子银行系数显著为正，说明影子银行增加导致了 $ROA \times Z\text{-}score$ 提高，其中要么是使 ROA 提高的比例大于 $Z\text{-}score$ 降低的比例，要么是使 ROA 降低的比例小于 $Z\text{-}score$ 增加的比例，而后一种情况已被前述回归结果所否定，因此，如果影子银行系数显著为正，说明企业从事影子银行是符合风险与收益权衡后的"合理"行为。反之，如果影子银行系数显著为负，则表明影子银行增加使 ROA 提高的比例小于 $Z\text{-}score$ 降低的比例，从事影子银行将是一种非理性行为。

表 2 – 18　　　　　　　　　　风险—收益的可能情形

	ROA 提高	ROA 降低
$Z\text{-}score$ 提高	完美（case1）	权衡（case2）
$Z\text{-}score$ 降低	权衡（case3）	放弃（case4）

表 2 – 19 给出了基于风险与收益权衡视角的检验结果。我们发现，无论是基于全样本、分所有制样本、分主营业务收益样本还是分影子银行渠道样本，其结果都显示影子银行的扩张将对 $ROA \times Z\text{-}score$ 变量产生显著的负面影响。此外，我们进行了敏感性检验，分别用 $ROE \times Z\text{-}score$ 和投入资本收益率与 Z 值的乘积即 $ROC \times Z\text{-}score$ 替换了 $ROA \times Z\text{-}score$，结果仍然十分稳健。这表明，企业参与影子银行活动对自身盈利能力的边际促进作用小于风险的边际增加，即影子银行的高收益无法支撑其高风险代价，企业的影子银行化从根本上来说仍是弊大于利。

3. 内生性检验

考虑到企业的风险承担和企业影子银行活动可能存在互为因果的问题，我们以滞后一期影子银行活动作为工具变量，表 2 – 20 给出了 IV 的基准回归结果，表 2 – 21 给出了交互项下的检验结果，结果显示内生性问题并没有显著影响结论的可靠性。

表 2 – 19　　　　　　　　基于风险与收益权衡视角的检验

变量	总样本	国有企业	民营企业	高主营收益率	低主营收益率	中介渠道	直接渠道
	$ROA \times$ $Z\text{-}score$	$ROA \times$ $Z\text{-}score$	$ROA \times$ $Z\text{-}score$	$ROA \times$ $Z\text{-}score$	$ROA \times$ $Z\text{-}score$	$ROA \times$ $Z\text{-}score$	$ROA \times$ $Z\text{-}score$
$\ln sb$	– 0. 0200 *** (0. 0039)	– 0. 0106 *** (0. 0041)	– 0. 0268 *** (0. 0080)	– 0. 0181 *** (0. 0052)	– 0. 0100 ** (0. 0042)		
$\ln sb_1$						– 0. 0038 *** (0. 0009)	
$\ln sb_2$							– 0. 0161 *** (0. 0042)
控制变量	是	是	是	是	是	是	是
固定效应	是	是	是	是	是	是	是
稳健标准误	是	是	是	是	是	是	是
观测值	96648	35725	47014	24294	23855	81942	96648
R^2	0. 184	0. 140	0. 256	0. 504	0. 020	0. 217	0. 183

注：*** 表示 $p < 0.01$，** 表示 $p < 0.05$，括号内为稳健标准误。

表 2 – 20　　　　　　　　　　内生性检验

变量	总样本	国有企业	民营企业	高主营收益率	低主营收益率
	$Z\text{-}score$	$Z\text{-}score$	$Z\text{-}score$	$Z\text{-}score$	$Z\text{-}score$
$\ln sb$	– 0. 2421 *** (0. 0220)	– 0. 1725 *** (0. 0199)	– 0. 2337 *** (0. 0325)	– 0. 2788 *** (0. 0484)	– 0. 1375 *** (0. 0373)
控制变量	是	是	是	是	是
固定效应	是	是	是	是	是
稳健标准误	是	是	是	是	是
观测值	85354	29096	42366	22102	20295
R^2	0. 468	0. 430	0. 462	0. 551	0. 457

注：*** 表示 $p < 0.01$，括号内为稳健标准误。

表 2 –21　　　　　　　　缓解内生性下的交互项检验

变量	企业性质	收益率
	Z-score	Z-score
ln*sb_property*	0.0958 *** (0.0274)	
ln*sb_ratio_pro*		– 0.0909 *** (0.0238)
固定效应	是	是
稳健标准误	是	是
观测值	71463	42397
R^2	0.431	0.463

注：*** 表示 p < 0.01，括号内为稳健标准误。

五、结论与政策启示

本节利用 2007 年第 1 季度至 2018 年第 4 季度我国 A 股非金融上市企业的数据，实证检验了企业的影子银行活动对其风险承担水平的影响，考察了在影子银行兴起前后、企业的所有制差异、主营业务差异及影子银行投资渠道差异对上述风险效应的异质性影响；进一步运用主成分分析方法构建了可衡量中国金融环境松紧变化的宏观时间序列指标，研究了金融环境在影子银行对风险承担影响中的调节效应，并基于风险—收益权衡视角，明确了企业影子银行行为的利弊。实证结果表明：第一，在整个样本期内，企业的影子银行化显著增加了风险承担水平，这种影响在 2010 年我国影子银行兴起以来尤其显著，而之前则并不明显；第二，影子银行对民营企业的风险影响大于国有企业，因为民企的资金成本更高，在高主营业务收益的企业中，影子银行对风险的影响大于低主营业务收益企业，因为投资影子银行的资金机会成本更高，受益于金融中介的专业能力和声誉担保，企业的影子银行投资经由"中介渠道"导致的风险效应要明显小于"直接渠道"；第三，整体金融环境对于企业影子银行化的风险效应具有显著的调节作用，金融环境越紧，企业投资影子银行的收益就越高，从而有利于改善其风险承担状况，在考虑了风险与收益的权衡后，影子银行的边际收益无法支撑其风险变化，因此从根本上看，企业的影子银行化仍是弊大于利。

根据本节相关研究结论，总结出以下几点政策启示：首先，在直接融资体系尚未得到充分发展前，应该允许影子银行合理存在以补充正规信贷的供给不足问题，但是要做到"有保有压"，即维持一定规模的"中介渠道"影子银行业务，严控"直接渠道"的影子银行投资，因为后者可能给企业带来较大风险，这就要求进一步完善企业财务管理和监督制度，加强顶层设计和严控机制；其次，应坚持推进国有企业和民营企业的混合所有制改革，引导社会资本和国有资本合理交叉融合，以有效缓解正规信贷市场的所有制歧视，引导资金从影子银行通道回流正规体系；再次，在当前经济转型进入攻坚克难时期，宏观调控应格外注重稳增长和防风险的托底作用，维持稳健偏宽松的信用水平，将有助于降低企业影子银行化的动机，引导资金"脱虚入实"；最后，从长远看，培育出新兴增长点、建立高质量的经济发展体系和直接融资体系是防治实体企业影子银行化和经济"脱实向虚"的根本之道。

附录

附表 2–1　　　　　　　　构建 *FCI* 的指标体系

货币市场	A_1	Shibor-1D
	A_2	Shibor-7D
	A_3	债券质押回购利率-1D
	A_4	债券质押回购利率-7D
债券市场	B_1	中债国债到期收益率：3 个月
	B_2	中债国债到期收益率：6 个月
	B_3	中债国债到期收益率：1 年
	B_4	中债国债到期收益率：5 年
	B_5	中债国债到期收益率：10 年
	B_6	中债企业债到期收益率（AAA）：3 个月
	B_7	中债企业债到期收益率（AAA）：6 个月
	B_8	中债企业债到期收益率（AAA）：1 年
	B_9	中债企业债到期收益率（AAA）：5 年
	B_{10}	中债企业债到期收益率（AAA）：10 年

债券市场	B_{11}	政策性金融债（进出口和农发行）到期收益率：6 个月
	B_{12}	政策性金融债（进出口和农发行）到期收益率：1 年
	B_{13}	政策性金融债（进出口和农发行）到期收益率：5 年
	B_{14}	政策性金融债（进出口和农发行）到期收益率：10 年
	B_{15}	中债城投债到期收益率（AAA）：6 个月
	B_{16}	中债城投债到期收益率（AAA）：1 年
	B_{17}	中债城投债到期收益率（AAA）：3 年
	B_{18}	中债城投债到期收益率（AAA）：5 年
	B_{19}	中债城投债到期收益率（AAA）：10 年
股票市场	C_1	上证指数同比变化率
	C_2	深圳指数同比变化率
信贷市场	D_1	银行基准利率 – 短期贷款利率：6 个月（含）（月）
	D_2	银行基准利率 – 短期贷款利率：6 个月至 1 年（含）（月）
	D_3	银行基准利率 – 中长期贷款利率：1～3 年（含）（月）
	D_4	银行基准利率 – 中长期贷款利率：3～5 年（含）（月）
	D_5	银行基准利率 – 中长期贷款利率：5 年以上（月）
	D_6	人民银行对金融机构贷款利率：20 天以内（月）
	D_7	人民银行对金融机构贷款利率：3 个月以内（月）
	D_8	人民银行对金融机构贷款利率：6 个月以内（月）
	D_9	人民银行对金融机构贷款利率：1 年（月）
影子银行	E_1	理财产品预期年收益率：人民币：全市场：1 个月
	E_2	理财产品预期年收益率：人民币：全市场：3 个月
	E_3	理财产品预期年收益率：人民币：全市场：6 个月
	E_4	理财产品预期年收益率：人民币：全市场：1 年
	E_5	信托产品预期年收益率：贷款类信托：1 年以下（含 1 年）
	E_6	信托产品预期年收益率：贷款类信托：1～2 年（含）
房地产	F_1	全国住宅房价格同比变化率
	F_2	全国商业用房价格同比变化率
宏观金融整体状况	G_1	社会融资规模存量同比增速
	G_2	M2 增速

根据数据的最长可得性和最高频率原则，指标选取的时间范围为 2008 年 8 月至 2019 年 6 月，为月度数据。为匹配正文的实证样本，我们在得到金融条件指数后，将月度数据取平均得到季度数据，再截取 2009 年第 1 季度至 2018 年第 4 季度的样本进行分析。为了去除各指标间的量纲不同的影响，本节将指标进行标准化处理，具体操作方式为减去各指标的均值再除以其标准差，进行标准化后指标均值为 0，方差为 1。在进行因子分析前，先对标准化数据进行检验其是否适合因子分析，44 个指标的 KMO 检验值为 0.6，大于 0.5，Bartlett's 检验的 P 值为 0，说明该指标数据集适合进行因子分析。本节进行了进一步的因子分析，并选定因子个数为 3 个，3 个因子的累计方差贡献率能达到 82%，说明因子分析效果良好，因子分析结果具体如附表 2 - 2、附表 2 - 3 所示。通过分析其因子载荷矩阵我们发现，因子 1 主要代表债券市场、股票市场和银行理财，因子 2 主要代表人民银行对金融机构贷款、房地产市场、社融规模增速和 M2 增速，因子 3 主要代表银行人民币贷款和信托市场，而银行间拆借利率则对这 3 个因子都有较为显著的影响。

附表 2 - 2　　　　　　　　　**因子载荷矩阵**

	FA_1	FA_2	FA_3
A_1	0.35	0.38	0.25
A_2	0.4	0.31	0.31
A_3	0.39	0.48	0.15
A_4	0.49	0.45	0.14
B_1	0.69	0.46	− 0.08
B_2	0.71	0.45	− 0.12
B_3	0.72	0.44	− 0.12
B_4	0.98	0.02	− 0.1
B_5	0.98	− 0.29	0.12
B_6	0.73	0.4	− 0.07
B_7	0.74	0.37	0.03
B_8	0.79	0.3	0.03
B_9	0.96	− 0.14	0.16
B_{10}	0.88	− 0.28	0.31
B_{11}	0.75	0.38	− 0.03

续表

	FA_1	FA_2	FA_3
B_{12}	0.84	0.31	-0.08
B_{13}	1.01	0.03	-0.15
B_{14}	1.01	-0.19	0
B_{15}	0.73	0.34	0.08
B_{16}	0.79	0.25	0.09
B_{17}	0.89	-0.02	0.19
B_{18}	0.9	-0.22	0.29
B_{19}	0.79	-0.35	0.43
C_1	0.62	-0.5	-0.46
C_2	0.56	-0.65	-0.39
D_1	0.09	0.05	0.92
D_2	0.03	-0.05	0.98
D_3	0.05	0.04	0.95
D_4	0.03	-0.08	0.98
D_5	0.03	-0.09	0.98
D_6	-0.08	0.91	0.14
D_7	-0.06	0.91	0.11
D_8	-0.04	0.92	0.1
D_9	-0.04	0.92	0.09
E_1	0.52	0.62	-0.3
E_2	0.53	0.6	-0.18
E_3	0.48	0.57	0
E_4	0.56	0.05	0.41
E_5	0.14	0.15	0.54
E_6	0.23	-0.02	0.55
F_1	0.06	-0.57	-0.28
F_2	0.07	-0.55	0.15
G_1	-0.03	-0.82	0.52
G_2	-0.21	-0.76	0.57

附表 2 - 3   **因子分析结果**

综合因子	方差贡献率（%）	累计方差贡献率（%）	方差解释比例
FA_1	0.40	0.40	0.49
FA_2	0.24	0.64	0.29
FA_3	0.18	0.82	0.22

我们在得到这 3 个因子的得分后，以其方差解释比例为权重，合成了综合指数 FCI，其具体公式：$FCI = 0.49 \times FA_1 + 0.29 \times FA_2 + 0.22 \times FA_3$

第三章

货币政策框架转型

第一节　适应性学习预期与最优货币政策框架

建立在理性预期、名义价格黏性等基础上的新凯恩斯模型从一般均衡理论出发，通过最优化方法推导出各经济主体的跨期最优条件，所得最优行为方程拥有较强微观基础且表现出前瞻性特点，逐步成为近年来货币政策分析的重要框架（Orphanides & Williams，2004）。在新凯恩斯模型中，总需求一般用 IS 曲线表示，总供给通常采用菲利普斯曲线表示，在描述中央银行政策行为时，依据具体研究需要，可通过设定中央银行目标函数，求出相应约束下的最优一阶条件作为央行的政策方程，也可直接给定表示央行行为的货币政策反应函数。

为较好地克服卢卡斯批判，新凯恩斯主义经济学吸收了理性预期假设，该假设认为公众对现实经济具有完全的认知能力，平均来说，公众能够准确预期到除随机冲击以外的宏观变量基本走势。虽然理性预期假设为货币政策分析提供了一个理想框架，但其一系列严格假设条件难以在现实中得到有效贯彻，因而脱离了分析现实经济的需要。更关键的是，理性预期学说并没有对公众的预期形成机制进行具体描述，而只注重对预期结果的一系列规定。

20 世纪 80 年代后，适应性学习理论开始受到学术界广泛关注。作为有限理性的代表，适应性学习理论被逐步运用于经济动态分析。适应性学习放松了理性预期假设暗含的一系列严格条件，认为现实中的预期不可能具有完全理性性质，公众会基于自身对实际经济的不完全认知，在每期不断获取并更新决策所需的信息，通过运用某种计量手段不断更新自身预期。如果假设公众通过适应性学习形成宏观经济预期，那么便可通过其中关键参数的设定将公众预期的理性程度定量化。从某种意义上讲，理性预期是适应性学习的极端情形。相对于理性预期假设，适应性学习理论在诸多方面进行了有益改进，从而使公众的预期形成机制更加贴近现实。

一、国内外相关研究综述

货币政策规则在兼顾相机抉择灵活性的同时又避免了动态非一致性，成为近年来国内外学者进行最优货币政策分析的主要工具。如果中央银行对外宣布未来将按某一规则行事，那么规则同时也将成为一种约束，这一约束不仅避免了央行的机会主义行为，同时也建立了一种承诺机制，如果规则得到良好贯彻，就能提高货币政策的可信度和有效性。但是，如果中央银行宣布按规则行事，就必然面临最优货币政策规则的选择问题。刘斌（2003）在混合新凯恩斯模型框架内，比较了不同货币政策规则对社会福利的影响，研究发现，最优简单规则在福利损失上能够接近完全承诺的最优规则，他认为货币政策操作不应偏重产出稳定，而应该同时兼顾产出和通货膨胀，过分重视产出将导致通货膨胀偏差和稳定偏差。由于最优货币政策规则往往是在一系列假设条件下得到的，据此推导出的最优规则势必难以吸收现实中的其他重要信息。因此，在执行最优规则时，现实中的众多扰动会对政策效果产生不确定影响，此时通过优化方法得到的最优政策往往并非最佳（郭晔，2007）。

因此，越来越多的学者转而寻求一种简单、可行的货币政策规则使经济尽可能在次优水平上运行。以泰勒规则及其改进形式为代表的简单规则包含了主要的产出和通货膨胀信息，成为当前货币政策规则领域的重要研究方向。克拉里达等（Clarida et al.，1998）对美国、日本、德国三国的经验研究证实，中央银行在货币政策操作中普遍存在前瞻性特点。张屹山和张代强（2007）也发现前瞻性货币政策反应函数能够较好地描述我国利率走势，我国央行的货币政策实践也体现出一定的前瞻性特征。据此，本节将参照克拉里达等（1999）、伊文斯和洪卡波西亚（Evans & Honkapohja，2003a）等的研究，采用一个前瞻的利率规则描述中央银行政策行为。

　　传统最优货币政策是在一定约束条件下通过最优化中央银行目标函数得到的。但正如伊文斯和洪卡波西亚（2003c）所指出，忽略对均衡确定性和稳定性影响的政策行为是令人担忧的，在引入适应性学习后，经济能否收敛于理性预期均衡将成为评判货币政策是否最优的重要标准。伊文斯和洪卡波西亚（2003a，2003b）指出，中央银行的最优利率规则可能导致经济无法向合意的理性预期均衡收敛，但如果前瞻性利率规则得到良好设计，就能避免不确定性和不稳定性问题。在适应性学习下，由相机抉择或承诺行为得到的最优规则往往表现不佳（Orphanides & Williams，2004），且有可能导致模型出现不确定性或不稳定性问题。究其根源，主要是由于中央银行的传统最优货币政策规则是基于理性预期假设得到的，而现实中公众的预期则更多体现出不完全理性的特点。布拉德和米彻（Bullard & Mitra，2002）考虑了当使用泰勒型规则作为货币政策执行方案时均衡的确定性和稳定性问题，他们发现利率对滞后、当期和前瞻性变量进行反应所得到的确定性和稳定性条件均不相同。此外，伯南克和伍德福德（Bernanke & Woodford，1997）、伍德福德（1999）、斯文森和伍德福德（Svensson & Woodford，2003）、伊文斯和洪卡波西亚（2006）等也对利率规则导致的不确定性和不稳定性问题进行了深入研究。因此，在适应性学习假设下，基于简单利率规则寻求能够"对症下药"的最优规则正逐渐成为货币经济学研究的重要方面。

　　目前，国内关于最优货币政策的研究主要集中在探讨理性预期假设下的货币政策最优设计问题，这类研究可参考刘斌（2003）、许冰和叶娅芬（2009）、王晓芳和毛彦军（2011）等，而对适应性学习下最优货币政策选择问题的系统研究则较为缺乏。由于基于理性预期假设所推导出的最优货币政策并未考虑预期本身的形成问题，而在公众不完美认知视角下，通过引入适应性学习可将公众的预期形成机制内生于经济系统本身，因此，基于适应性学习探讨最优货币政策具有更高的实际应用价值。徐亚平（2006、2009）较早研究了公众学习与预期形成机制对货币政策有效性的影响，他认为由于公众对宏观经济运行认知有限，人们会通过适应性学习或相互间的信息传递等方式来更新预期，如果相关经济信息不透明或透明度不高，就会延缓公众的学习过程，并加大公众的预测误差。陈平和李凯（2010）将适应性学习引入人民币汇率的货币模型后，发现经修正的货币模型能很好模拟汇率的实际波动，他们认为可以将适应性学习拓展到其他众多研究领域，尤其是转型期间参数不稳定的模型。本节在已有研究基础上，进一步将适应性学习引入新凯恩斯模型，由于通过适应性学习产生的公众预期将内生于经济系统本身，从而能克服理性预期假设外生给定的缺陷。同时，通过其中关键参数的设定，可实现对预期理性程度的定量描述，进而分析预期理性程度对实际经济的真实影响。在这一改进的框架内，本节将综合分析偏离度、均值和标准差等指标，进而甄选最优货币政策。

二、基本的新凯恩斯模型

本节构造的新凯恩斯主义模型包括动态 IS 曲线、新凯恩斯菲利普斯曲线和前瞻型利率反应函数。模型的具体形式及规定如下：

动态 IS 曲线：

$$y_t = -\varphi(i_t - E_t\pi_{t+1}) + E_t y_{t+1} + d_t \tag{3.1}$$

新凯恩斯菲利普斯曲线：

$$\pi_t = \beta E_t \pi_{t+1} + \lambda y_t + s_t \tag{3.2}$$

$$\begin{pmatrix} d_t \\ s_t \end{pmatrix} = \begin{pmatrix} \kappa & 0 \\ 0 & \upsilon \end{pmatrix}\begin{pmatrix} d_{t-1} \\ s_{t-1} \end{pmatrix} + \begin{pmatrix} \tilde{d}_t \\ \tilde{s}_t \end{pmatrix} \tag{3.3}$$

式中，y_t 为当期产出缺口，i_t 为当期名义利率，π_t 为当期通货膨胀，d_t 为当期需求冲击，s_t 为当期供给冲击，$\tilde{d}_t$ 和 $\tilde{s}_t$ 分别为独立同分布的白噪声，$\tilde{d}_t \sim$ iid$(0, \sigma_d^2)$，$\tilde{s}_t \sim$ iid$(0, \sigma_s^2)$。$E_t\pi_{t+1}$ 和 $E_t y_{t+1}$ 分别是当期对下期的通货膨胀预期和产出缺口预期，在传统的新凯恩斯模型中，预期一般是指理性预期，本节将在第三部分对此假设进行适当放松，此处不对预期进行具体描述。

在设定利率规则时一般有两种方法：一是在给定中央银行目标函数的基础上，通过一阶条件得出最优反应函数；二是直接设定一个利率规则。本节采用后一种方式，即直接设定一个前瞻性的利率规则：

$$i_t = \delta_\pi E_t \pi_{t+1} + \delta_y E_t y_{t+1} \tag{3.4}$$

式中，δ_π 和 δ_y 均为非负常数。式（3.4）本质上属于泰勒型规则，它表明中央银行将通过调控短期名义利率对通货膨胀预期和产出缺口预期进行反应。

由式（3.1）~式（3.4）构成的新凯恩斯模型完成了对经济系统的基本描述。在第三部分引入适应性学习来刻画通货膨胀预期和产出缺口预期形成过程前，本节先将上述经济系统改写成矩阵形式以方便下文分析：

$$\begin{pmatrix} y_t \\ \pi_t \end{pmatrix} = \begin{pmatrix} 1-\varphi\delta_y & \varphi(1-\delta_\pi) \\ \lambda(1-\varphi\delta_y) & \beta+\lambda\varphi(1-\delta_\pi) \end{pmatrix} \begin{pmatrix} E_t y_{t+1} \\ E_t \pi_{t+1} \end{pmatrix} + \begin{pmatrix} 1 & 0 \\ \lambda & 1 \end{pmatrix} \begin{pmatrix} d_t \\ s_t \end{pmatrix} \quad (3.5)$$

令 $H_t = \begin{pmatrix} y_t \\ \pi_t \end{pmatrix}$、$A = \begin{pmatrix} 1-\varphi\delta_y & \varphi(1-\delta_\pi) \\ \lambda(1-\varphi\delta_y) & \beta+\lambda\varphi(1-\delta_\pi) \end{pmatrix}$、$B = \begin{pmatrix} 1 & 0 \\ \lambda & 1 \end{pmatrix}$、$\eta_t = \begin{pmatrix} d_t \\ s_t \end{pmatrix}$，则

式（3.5）可表示为：

$$H_t = AE_t H_{t+1} + B\eta_t \quad (3.6)$$

令 $\rho = \begin{pmatrix} \kappa & 0 \\ 0 & \upsilon \end{pmatrix}$、$\mu_t = \begin{pmatrix} \tilde{d}_t \\ \tilde{s}_t \end{pmatrix}$，则式（3.3）可表示为：

$$\eta_t = \rho\eta_{t-1} + \mu_t \quad (3.7)$$

由式（3.6）和式（3.7）构成的矩阵经济系统表明，产出缺口和通货膨胀走势受到宏观预期和外生冲击影响，而外生冲击被假定服从 VAR(1) 过程。在下文引入适应性学习时，本节假设公众完全知晓由式（3.7）表示的外生冲击过程，即相关参数 ρ、σ_d^2、σ_s^2 均为已知。

三、新凯恩斯模型的拓展：引入适应性学习

在传统的新凯恩斯模型中，预期一般是指理性预期，然而理性预期的假设条件过于严格，难以在现实经济中得到良好的贯彻。近年来，货币政策分析的焦点逐渐从理性预期转向适应性学习。本节将在由式（3.6）和式（3.7）构成的基本模型中引入适应性学习以刻画通货膨胀预期和产出缺口预期的形成过程。通过适应性学习形成宏观经济预期本质上要求公众事先知晓经济的理性预期均衡解（REE）的形式，在此基础上，通过模仿 REE 形成感知运转法则 PLM[①]。两者的不同之处在于，REE 中的相关参数是固定的且不为公众所知晓，而 PLM 中的参数是时变的，公众在形成每一期预期前，将利用已有的一切信息通过某种事先假定的学习算法来更新参数。

借鉴麦克勒姆（McCallum，1983）、波韦达和詹尼萨鲁（Poveda & Giannit-

---

① 关于对感知运转法则和下文提到的实际运转法则的详细说明可参考伊文斯和洪卡波西亚（2001）、徐亚平（2009）等的研究。

sarou, 2007) 等的研究, 本节将上述矩阵系统的理性预期均衡形式设为:

$$H_t = \phi\eta_{t-1} + \tau_t \tag{3.8}$$

式中, 均衡解 $\phi = \begin{pmatrix} \bar{\phi}_1 & \bar{\phi}_2 \\ \bar{\phi}_3 & \bar{\phi}_4 \end{pmatrix}$, τ_t 是白噪声冲击。将式 (3.8) 更新一期且

两边同时取期望有:

$$E_t H_{t+1} = \phi\eta_t \tag{3.9}$$

将式 (3.9) 代入式 (3.6) 有:

$$H_t = A(\phi + B)\eta_t \tag{3.10}$$

将式 (3.7) 代入式 (3.10) 有:

$$H_t = (A\phi + B)\rho\eta_{t-1} + (A\phi + B)\mu_t \tag{3.11}$$

式 (3.11) 即为经济在理性预期均衡水平时的运转法则。假设公众知晓经济的理性预期均衡表达式 (3.8) 的结构, 而不知道均衡解 ϕ 的具体大小, 但是公众会对经济的均衡方程产生主观判断。假定公众形成的这一主观判断如下:

$$H_t = \phi_{t-1}\eta_{t-1} + \xi_t \tag{3.12}$$

式 (3.12) 即经济的感知运转法则。由于考虑到模型可能带来的同时性问题[1], 本节设定公众的预期形成方程如下:

$$E_t H_{t+1} = \phi_{t-1}\eta_t \tag{3.13}$$

式 (3.13) 规定了预期的具体形成过程, 即公众使用本期更新的数据进行预测, 同时假定上一期参数仍适用于本期预测。将式 (3.13) 代入式 (3.6) 可得:

$$H_t = (A\phi_{t-1} + B)\eta_t \tag{3.14}$$

再将式 (3.7) 代入式 (3.14) 中, 即得经济的实际运转法则 ALM:

$$H_t = (A\phi_{t-1} + B)\rho\eta_{t-1} + (A\phi_{t-1} + B)\mu_t \tag{3.15}$$

在式 (3.15) 中, 除 ϕ_{t-1} 外, 其他参数都是事先给定的。而 ϕ_{t-1} 是公众根据每期更新的信息通过某种计量方法得到的, 因此随着信息集的改变, ϕ_{t-1} 每

---

[1] 同时性问题是指: 如果在式 (3.13) 中使用 φ_t, 将会出现 H_t 和 φ_t 相互同时决定的情形。为避免这一问题, 改用 φ_{t-1} 作为预期形成方程的参数。具体请参见波韦达和詹尼萨鲁 (2007), 加斯帕等 (Gaspar et al., 2010) 的研究。

期均会变化。

在适应性学习理论中，公众更新参数的方法主要有递归最小二乘法（RLS）、常系数最小二乘法（CGLS）以及随机梯度法（SG）等。本节假定公众使用 CGLS 方法更新参数 ϕ_{t-1}。令 $\phi_t = \begin{pmatrix} \phi_{1t} & \phi_{2t} \\ \phi_{3t} & \phi_{4t} \end{pmatrix}$，其中，$Q_{1t} = (\phi_{1t} \quad \phi_{2t})'$，$Q_{2t} = (\phi_{3t} \quad \phi_{4t})'$。则有：

$$Q_{1t} = \Big(\sum_{i=1}^{t} (1-g)^{i-1} \eta_{t-i} \eta'_{t-i} \Big)^{-1} \Big(\sum_{i=1}^{t} (1-g)^{i-1} \eta_{t-i} y_{t-i+1} \Big) \quad (3.16)$$

$$Q_{2t} = \Big(\sum_{i=1}^{t} (1-g)^{i-1} \eta_{t-i} \eta'_{t-i} \Big)^{-1} \Big(\sum_{i=1}^{t} (1-g)^{i-1} \eta_{t-i} \pi_{t-i+1} \Big) \quad (3.17)$$

与 RLS 方法不同，CGLS 对模型的结构性变化较为敏感，从式（3.16）、式（3.17）可以看出，距离 t 期越近，权重 $(1-g)^{i-1}$ 越大，则越近期的经济波动被赋予对参数 Q_t 更大的影响力；而在 RLS 中，各期经济波动对 Q_t 的影响力均相同。由于我国当前正处于经济转型的重要时期，经济结构尚不稳定，使用 CGLS 方法可以更有效地捕捉实际波动。

令 $R_t = g \sum_{i=1}^{t} (1-g)^{i-1} \eta_{t-i} \eta'_{t-i}$，$N_{1t} = g \sum_{i=1}^{t} (1-g)^{i-1} \eta_{t-i} y_{t-i+1}$，$N_{2t} = g \sum_{i=1}^{t} (1-g)^{i-1} \eta_{t-i} \pi_{t-i+1}$，则 $Q_{1t} = R_t^{-1} N_{1t}$、$Q_{2t} = R_t^{-1} N_{2t}$，经简单推导可得如下迭代方程组：

$$Q_{1t} = Q_{1t-1} + gR_t^{-1} \eta_{t-1} (y_t - \eta'_{t-1} Q_{1t-1}) \quad (3.18)$$

$$Q_{2t} = Q_{2t-1} + gR_t^{-1} \eta_{t-1} (\pi_t - \eta'_{t-1} Q_{2t-1}) \quad (3.19)$$

$$R_t = R_{t-1} + g(\eta_{t-1} \eta'_{t-1} - R_{t-1}) \quad (3.20)$$

式中，R_t 是迭代过程中出现的过渡矩阵，g 一般介于 0 和 1 之间，可看作预测误差对本期参数更新的影响程度。g 越小，说明在参数更新时预测误差影响越小，公众的预期就越理性，故理性预期实际上可看作适应性学习在 g 为 0 时的极端情形（Orphanides & Williams，2004）。式（3.18）~式（3.20）便构成了公众更新参数 ϕ_t 的核心算法，只要给定初始值 R_{t_0} 和 ϕ_{t_0}，再结合式（3.7）和式（3.15）便可通过迭代运算不断更新参数 ϕ_t。将由 CGLS 方法得到的参数值代入式（3.15），即可得到宏观经济变量 H_t 的实际走势。

四、货币政策动态模拟分析

(一) 参数校准

本节在对由式 (3.7)、式 (3.15)、式 (3.18) ~ 式 (3.20) 构成的适应性学习系统进行动态数值模拟分析前,首先对参数进行校准。须校准的模型参数主要包括 IS 曲线中产出缺口的利率弹性 $-\varphi$、菲利普斯曲线中的通货膨胀预期系数 β 和产出缺口权重 λ。这些参数的大小可体现我国当前经济运行状况的基本特征,因此本节的校准结果均选自有关中国现实分析的经验文献。

传统新凯恩斯菲利普斯曲线建立在统一劳动力市场假设基础上,与我国实际情形并不相符。巩师恩和范从来 (2013) 考虑到在我国二元经济结构下,从事非农业劳务的劳动力具有二元特性,因此,他们基于新凯恩斯菲利普斯曲线模型构建了二元劳动力结构下的通货膨胀动态方程。实证结果显示,当前我国预期通货膨胀率对实际通货膨胀率的影响系数达到 0.76,这说明预期在我国经济运行中具有重要影响。目前我国各地区经济发展和对外开放程度差异较大,东、西部差距尤为明显,这一不平衡现状将对菲利普斯曲线产生重要影响。吕越和盛斌 (2011) 考虑到上述问题,在研究时采用了 2001 ~ 2009年我国 30 个省份的面板数据进行分析,他们发现在考虑到地区差异后我国通货膨胀预期的影响系数大约在 0.814。以上研究较好兼顾了我国经济的特殊性,故本节采用他们的研究结果并取均值,将通货膨胀预期反应系数 β 定为0.787,这也与众多学者的研究结果基本相近 (曾利飞等,2006;杨小军,2011;王艺明、蔡昌达,2013)。

据奚君羊和贺云松 (2010) 的估计,我国产出缺口对实际通货膨胀的影响力大约在 0.28,与此相近,刘斌 (2003) 的估计结果为 0.27。耿强和张永杰等 (2009) 在开放经济下实证研究了我国通货膨胀动态特性,在充分考虑汇率传递的滞后效应、工具变量选择的稳健性等问题后,他们计算出产出缺口的影响系数在 0.16 ~ 0.23 之间。于光耀和徐娜 (2011) 的研究也显示产出缺口影响力应该在 0.2 ~ 0.3 之间。目前学界对产出缺口影响力的估计存在较大分歧,如陈彦斌 (2008) 认为,产出缺口对通货膨胀的影响存在滞后效应,当期产出缺口影响系数为负且不显著;而在刘金全和姜梅华 (2011) 的估计中，产出缺口系数则高达 2.25。经验结果的差异很大程度上源于样本区间、数据频率及模型设定等诸多因素，与多数研究一致，本节将产出缺口权重定为 0.25。

目前国内多数研究是在动态随机一般均衡框架内分析 IS 曲线的，如李春吉和范从来等（2010），而鲜有专门关于动态 IS 曲线的经验研究。刘斌（2003）利用 GMM 方法估计了我国的动态 IS 曲线，结果显示实际利率系数为 −0.14；麦克勒姆和尼尔森（McCallum & Nelson，1999）的基准研究发现在美国这一系数为 −0.164。考虑到我国利率尚未完全市场化，经济增长中由政府主导的投资占比较大，因此，我国的产出对利率敏感度应该不及美国。基于以上考虑，本节选取刘斌（2003）的实证结果，令 $\varphi = 0.14$。以上校准结果与其他参数设定情况如表 3-1 所示。

表 3-1　　　　适应性学习系统的部分参数校准结果

参数	φ	β	λ	κ	υ	σ_d	σ_s
校准值	0.14	0.787	0.25	0.8	0.8	0.1	0.1

资料来源：作者赋值得出。

由式（3.18）~式（3.20）构成的方程组在迭代前须先给定初始值 R_{t_0} 和 ϕ_{t_0}，本节令 $\phi_{t_0} = \bar{\phi}$、$R_{t_0} = M(\bar{\phi})$。其中，$\bar{\phi}$ 为由式（3.6）和式（3.7）构成的基本模型的理性预期均衡解，$M(\bar{\phi})$ 是二阶矩阵，由 PLM 到 ALM 的映射所对应的雅可比矩阵变换而来[①]。同时，将迭代次数设为 200 期，y、π、d、s 在模拟中的初始值均设为 0。为尽量平抑式（3.3）中冲击的随机性对模拟结果的影响，同一试验均重复 1000 次。

在本节构造的新凯恩斯模型中，由中央银行控制的政策参数 δ_π、δ_y 及参数更新方程中的常数 g 均会影响实际经济偏离理性预期均衡水平的程度。通过对 δ_π、δ_y 和 g 的不同赋值，可甄别出最优政策反应函数。卞志村和孙俊（2011）在包含汇率因素的利率规则中，依据利率对通货膨胀、产出缺口和汇率的反应程度，将货币政策分为严格通货膨胀目标制、灵活通货膨胀目标制、有管理的浮动汇率制和浮动汇率制。本节继续沿用这一思路，假设中央银行使用利率工具调节经济，依据利率对产出缺口预期和通货膨胀预期的反应力度，

① 详细求解方法可参考伊文斯和洪卡波西亚（2001）及詹尼萨鲁（Giannitsarou，2005）等的研究。

将中央银行货币政策反应类型划分为五类[①]（见表3－2），同时适应性学习中的关键参数 g 分别取 0.01、0.05 和 0.25[②]。

表 3－2　　　　　　　　　中央银行货币政策反应类型

政策类型	严格通货膨胀目标制	灵活通货膨胀目标制	混合名义收入目标制	灵活产出缺口目标制	严格产出缺口目标制
(δ_π, δ_y)	(1, 0)	(1, 0.5)	(1, 1)	(0.5, 1)	(0, 1)

资料来源：作者赋值得出。

根据布拉德和米彻（2002）的分析，当使用前瞻型利率规则作为货币政策反应函数时，为确保理性预期均衡的确定性和稳定性，模型参数必须满足以下条件：

$$\delta_y < \frac{1}{\varphi}\left(1 + \frac{1}{\beta}\right) \tag{3.21}$$

$$\lambda(\delta_\pi - 1) + (1 + \beta)\delta_y < \frac{2}{\varphi}(1 + \beta) \tag{3.22}$$

$$\lambda(\delta_\pi - 1) + (1 - \beta)\delta_y > 0 \tag{3.23}$$

式（3.21）~ 式（3.23）是预期均衡的确定性条件，式（3.23）同时也是预期均衡的稳定性条件。从中可以看出，中央银行对产出缺口预期或通货膨胀预期的过度反应将导致模型出现多重均衡。经计算，本节设定的灵活通货膨胀目标制、混合名义收入目标制和灵活产出缺口目标制满足条件式（3.21）~ 式（3.23），而在严格通货膨胀目标制和严格产出缺口目标制下，模型将出现多重均衡解。

由于中央银行在货币政策实践中需要同时兼顾各方面的考虑，因此实际货币政策操作不会在完全满足式（3.21）~ 式（3.23）的条件下实行。如谢平和罗雄（2002）、陆军和钟丹（2003）、卞志村（2006）等均发现，我国利率对通货膨胀反应不足，泰勒规则会使模型出现多重解。郑挺国和刘金全（2010）

[①] 这里的目标制规则是根据利率与利率调控对象之间的关系来确定的。而斯文森（1999）给出的经典目标制定义是依据中央银行目标函数中产出缺口与通货膨胀权重大小确定的，根据这一传统定义可推导出各目标制对应的最优利率规则，具体可参考洪卡波西亚和米彻（2001）、伊文斯和洪卡波西亚（2006）等的研究。

[②] g 介于 0~1 之间，但越接近 1，所得参数实际值与均衡值的偏离程度也将越大。借鉴欧菲尼德斯和威廉姆斯（Orphanides & Williams, 2004）将 g 设为 0.025、0.05 和 0.075 的做法，本节也将 g 设在一较小区间内，这一做法只是为了数据表达的简洁，而不会影响最终结论。

采用区制转移形式的泰勒规则进一步分析了我国货币政策操作，他们发现我国在 1992 年第 4 季度至 1993 年第 3 季度、1997 年第 4 季度至 1999 年第 4 季度和 2008 年第 4 季度至 2009 年第 2 季度的泰勒规则是稳定的，在其他区间内呈现出不稳定性。因此，我国货币政策操作在有些时期的确不会完全满足条件式（3.21）~式（3.23）。即使中央银行的货币政策操作会导致经济出现多重均衡，但将其中满足稳定性条件的解作为公众可学习均衡解，就可进一步深入评判各目标制下经济对均衡水平的偏离程度，从而避免为满足式（3.21）~式（3.23）条件而将货币政策参数人为限制在理想水平的做法①。因此，为进一步比较各目标制的优劣，在进行货币政策模拟时，本节将多重均衡解中满足预期稳定性条件的解作为公众的可学习均衡解，从而将评判最优货币政策的标准由是否满足预期确定性和稳定性条件拓展为实际经济对理性预期均衡水平的偏离度最小化。

（二）偏离度分析

接下来，我们通过模拟试验比较不同中央银行政策反应类型和适应性学习参数 g 构成的组合中实际经济对理性预期均衡水平的偏离程度，并依据偏离度最小化准则甄别最优货币政策。为比较不同组合的实际值对均衡水平的偏离程度，本节做如下定义：

$$产出缺口偏离度 = \sum \left| \frac{实际产出缺口 - 均衡产出缺口}{均衡产出缺口} \right|$$

$$通货膨胀偏离度 = \sum \left| \frac{实际通货膨胀 - 均衡通货膨胀}{均衡通货膨胀} \right|$$

产出缺口偏离度越小，说明实际产出缺口与均衡水平越接近，对应的货币政策也就越优；同理，通货膨胀偏离度越小，说明实际通货膨胀与均衡水平越接近，对应的货币政策也越优。

表 3 - 3 给出了由式（3.6）和式（3.7）构成的基本模型的理性预期均衡可学习解 $\bar{\phi}$ 和对应二阶矩阵 $M(\bar{\phi})$ 在各目标制下的最终结果②。图 3 - 1 ~

---

① 在完全满足预期确定性和稳定性条件下进行分析虽然符合理论需要，但实际上，货币政策实践并不一定完全满足这些条件，因此无法与不稳定的货币政策操作进行对比。

② 由于在部分目标制下模型存在多重均衡解，这里给出的可学习解是其中满足预期稳定性条件的均衡解，具体求解利用了 MATLAB 软件，相关理论可参考伊文斯和洪卡波西亚（2001）、詹尼萨鲁（2005）等经典文献。

图 3-5 分别给出了模拟期为 200 期时各目标制下参数 φ_t 的实际走势与对应均衡水平的比较。其中，虚线表示 φ_t 的均衡值，实线表示 φ_t 的实际走势。各图从左至右依次为 $g=0.01$、$g=0.05$、$g=0.25$ 时的情形。从 ϕ_t 的均衡值大小来看，混合名义收入目标制下 φ_t 的均衡值最小，灵活通货膨胀目标制和灵活产出缺口目标制其次，而严格通货膨胀目标制和严格产出缺口目标制最大。从组间对比来看，对应位置的参数 φ_t 波动趋势基本一致；从组内比较来看，ϕ_1 和 ϕ_3、ϕ_2 和 ϕ_4 的数值水平各不相同，在波动趋势上也存在较大差异。

表 3-3　　　　　　　各目标制下的可学习均衡解与二阶矩阵

政策反应类型	可学习均衡解 $\overline{\phi}$	二阶矩阵 $M(\overline{\phi})$
严格通货膨胀目标制	$\begin{pmatrix} 4 & 0 \\ 2.6998 & 2.1598 \end{pmatrix}$	$\begin{pmatrix} 0.0266 & 0.0014 \\ 0.0014 & 0.0254 \end{pmatrix}$
灵活通货膨胀目标制	$\begin{pmatrix} 3.125 & 0 \\ 2.1092 & 2.1598 \end{pmatrix}$	$\begin{pmatrix} 0.0269 & 0.0037 \\ 0.0037 & 0.0245 \end{pmatrix}$
混合名义收入目标制	$\begin{pmatrix} 2.5641 & 0 \\ 1.7306 & 2.1598 \end{pmatrix}$	$\begin{pmatrix} 0.0367 & -0.0012 \\ -0.0012 & 0.0254 \end{pmatrix}$
灵活产出缺口目标制	$\begin{pmatrix} 2.9175 & 0.4411 \\ 1.9692 & 2.4575 \end{pmatrix}$	$\begin{pmatrix} 0.0247 & -0.001 \\ -0.001 & 0.0328 \end{pmatrix}$
严格产出缺口目标制	$\begin{pmatrix} 3.384 & 1.0232 \\ 2.284 & 2.8505 \end{pmatrix}$	$\begin{pmatrix} 0.0245 & 0.003 \\ 0.003 & 0.023 \end{pmatrix}$

资料来源：作者计算得出。

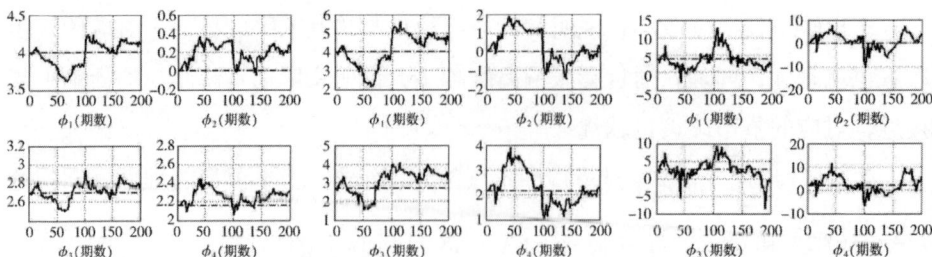

图 3-1　严格通货膨胀目标制下参数 φ_t 的实际走势与均衡值

表 3-4 显示的是根据前文定义的偏离度指标计算出的产出缺口与通货膨胀偏离度。

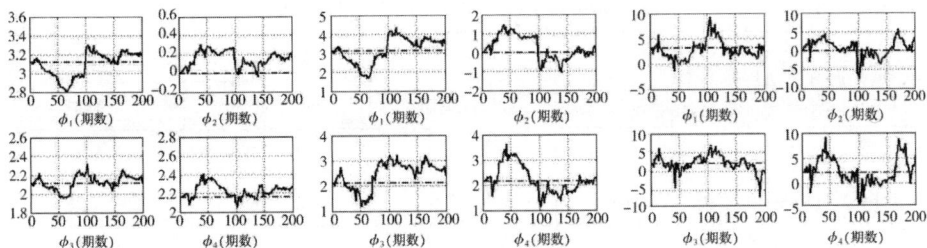

图 3 - 2　灵活通货膨胀目标制下参数 φ_t 的实际走势与均衡值

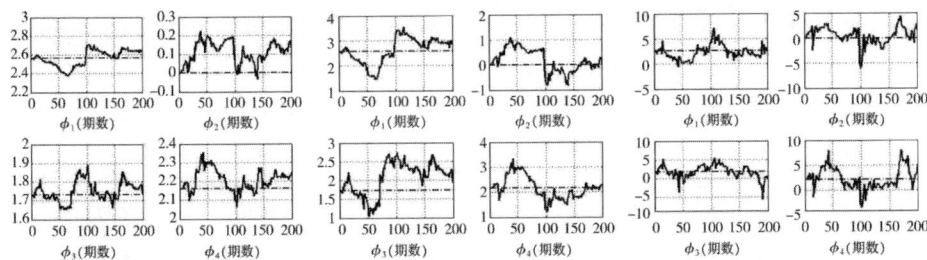

图 3 - 3　混合名义收入目标制下参数 φ_t 的实际走势与均衡值

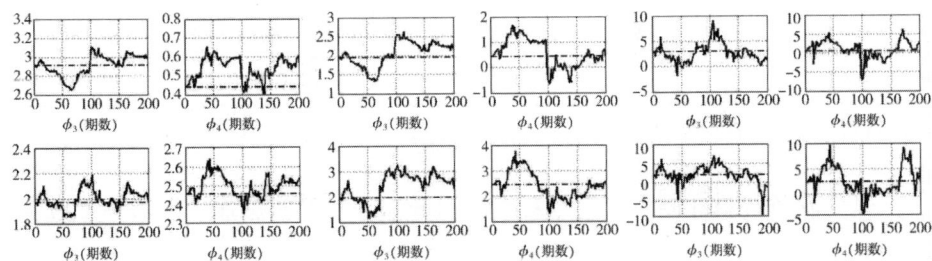

图 3 - 4　灵活产出缺口目标制下参数 φ_t 的实际走势与均衡值

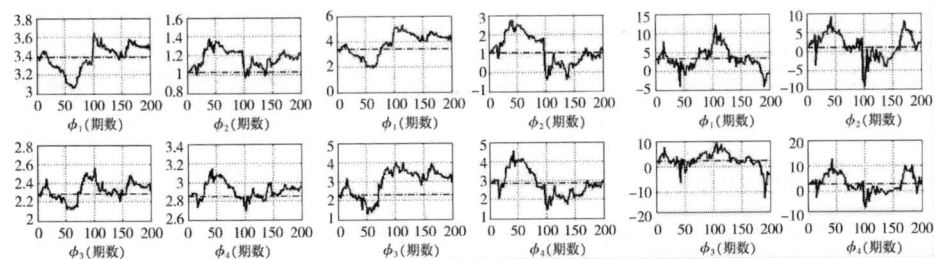

图 3 - 5　严格产出缺口目标制下参数 φ_t 的实际走势与均衡值

表 3 – 4   经 1000 次重复试验后的模拟结果

政策类型	g	偏离度		
		产出缺口	通货膨胀	Σ
严格通货膨胀目标制	0.01	21.2385	22.2878	43.5263
	0.05	79.4391	162.7696	242.2087
	0.25	364.0928	1026.619	1390.712
灵活通货膨胀目标制	0.01	20.1202	22.7981	42.9183
	0.05	71.3188	84.3682	155.687
	0.25	306.8904	302.1169	609.0073
混合名义收入目标制	0.01	17.411	62.6332	80.0442
	0.05	63.3407	374.9351	438.2758
	0.25	257.962	1023.606	1281.568
灵活产出缺口目标制	0.01	14.4504	62.2939	76.7443
	0.05	52.2033	391.8111	444.0144
	0.25	157.8792	1235.698	1393.577
严格产出缺口目标制	0.01	34.9727	100.8552	135.8279
	0.05	103.3056	423.6484	526.954
	0.25	188.7323	1440.64	1629.372

资料来源：作者计算得出。

（1）在各种目标制下，无论对于产出缺口还是通货膨胀，随着适应性学习中的关键常数 g 变大，经济偏离理性预期均衡水平的程度也随之变大。这表明参数 g 很好地刻画了公众预期的理性程度：在其他条件不变时，随着 g 增大，预期的理性成分逐渐降低，导致经济偏离理性预期均衡水平的程度也随之变大。

（2）从产出缺口来看，当中央银行执行灵活产出缺口目标制时，对应各层次的参数 g，实际产出缺口对理性预期均衡水平的偏离程度均是最小的。在前四类目标制中，随着利率反应函数中产出缺口预期的相对权重不断增大，实际产出缺口偏离度显著降低。但如果中央银行完全忽视应对经济中存在的通货膨胀预期，而只关注产出缺口预期（即实行严格产出缺口目标制），却反而难以促进产出缺口在均衡水平运行。这表明过分重视产出目标将无法有效减小产出缺口偏离度，如果中央银行给予通货膨胀足够的重视，努力为经济发展营造良好的货币环境，将会促使经济更好地在均衡水平附近运行①。

（3）从通货膨胀来看，中央银行执行灵活通货膨胀目标制的效果要显著优于其他目标制。可以看出，严格通货膨胀目标制在 g 取 0.01 时效果略微优于灵活通货膨胀目标制，但当 g 取 0.05 或 0.25 时，效果则明显不如灵活通货膨胀目标制。由于目前我国经济社会正处于全面转型时期，经济市场化的相关规范还未完全确立，经济主体预期的理性程度可能不会太高，故从整体来看，实施严格通货膨胀目标制对我国来说很可能并非最佳选择。当利率对产出缺口预期完全反应时，更加重视通货膨胀目标的制度可有效降低通货膨胀偏离度，这点可从混合名义收入目标制、灵活产出缺口目标制和严格产出缺口目标制的比较中得出。

综上分析，当前我国中央银行如采用灵活产出缺口目标制可最为有效地降低产出缺口偏离度；而采用灵活通货膨胀目标制可最为有效地降低通货膨胀偏离度。鉴于在某段特定时期内中央银行一般只能采用其中一种目标制②，因此，为甄别究竟哪一种政策最优，本节假设相同的产出缺口和通货膨胀偏离度给中央银行带来的损失等价。由表 3－4 可知，不管公众预期的理性程度如何，实施灵活通货膨胀目标制产生的总偏离度最小，效果最优；而在给定这一最优政策后，进一步提高公众预期的理性程度将会更好地促进实际经济向均衡水平发展。

（三）均值—标准差分析

在传统货币政策分析中，中央银行的效用损失函数通常被假定为以下形式：

$$V = \mathrm{Var}(y_t) + \omega \mathrm{Var}(\pi_t) \quad [3] \tag{3.24}$$

式中，参数 ω 反映了中央银行对通货膨胀的相对重视程度。当 ω 为 1 时，表明产出缺口和通货膨胀每变化 1% 给中央银行带来的效用损失相同。这一损失函数暗示中央银行希望维持经济中的产出缺口和通货膨胀波动最小化，此时随着自然产出水平的提高，经济中的实际产出也将增加，同时不会带来价格水

---

① 欧菲尼德斯和威廉姆斯（2004）的研究也表明，在公众不完美认知视角下，过分重视产出的货币政策产生的效果将不尽如人意。

② 另外，出于维护中央银行声誉的考虑和理论分析的便利性，本章限定一定时期内中央银行只能采用某一特定目标制。

③ 关于中央银行效用损失函数的设定，请参见鲍尔（Ball,1999）、欧菲尼德斯和威廉姆斯（2004）、加斯帕等（Gaspar et al. ,2010）、瓦什（Walsh,2012）等的研究。

平的过度波动。《中华人民共和国中国人民银行法》明确规定我国货币政策目标是"保持货币币值的稳定，并以此促进经济增长"。稳定币值是货币政策的直接目标，经济增长是其最终目标，把稳定币值作为促进经济增长的重要保证，其本质是要为经济增长提供稳定的货币金融环境。在偏离度分析中，本节也发现过分重视产出目标无法有效地减小产出缺口偏离度；相反，如果中央银行给予通货膨胀足够的重视，将能有效降低产出缺口偏离度，促进经济更加平稳增长。但是，现实中出于各种考虑，中央银行往往希望得到较高的产出缺口和较低的通货膨胀，即中央银行一般都希望能够在低通货膨胀的基础上进一步提高产出，有时甚至为提高产出而牺牲物价稳定。

考虑到产出缺口与通货膨胀的水平值以及波动率是中央银行的重要观测对象，本节进一步引入均值和标准差指标以分析各目标制下的货币政策效果，并比较偏离度分析与均值—标准差分析所得结论的异同。在分析前，我们首先假定中央银行更偏好产出缺口的（高均值、低波动）组合，同时也希望通货膨胀接近 0 且波动越小越好。

从表 3 - 5 可以看出：（1）各目标制下的通货膨胀均值水平与常数 g 大致成反向关系，而产出缺口却表现出较强的非单调特征。与此相反的是，各目标制下的产出缺口标准差与常数 g 大致成反向关系，而通货膨胀却表现出较强的非单调特征。

表 3 -5　　　　产出缺口与通货膨胀的均值和标准差情况

政策类型	g	产出缺口			通货膨胀	
		均值	标准差	均值/标准差	均值	标准差
严格通货膨胀目标制	0.01	- 0.2282	0.7936	- 0.2876	- 0.1789	0.6842
	0.05	- 0.2384	0.7667	- 0.3109	- 0.2008	0.6581
	0.25	- 0.2017	0.6823	- 0.2956	- 0.1911	0.8568
灵活通货膨胀目标制	0.01	- 0.1786	0.6209	- 0.2877	- 0.1458	0.5954
	0.05	- 0.1877	0.6069	- 0.3093	- 0.1678	0.5819
	0.25	- 0.1644	0.5399	- 0.3045	- 0.1683	0.7278
混合名义收入目标制	0.01	- 0.1455	0.5078	- 0.2865	- 0.1222	0.5407
	0.05	- 0.1529	0.4994	- 0.3062	- 0.1428	0.5303
	0.25	- 0.1378	0.4601	- 0.2995	- 0.1520	0.6525

续表

政策类型	g	产出缺口			通货膨胀	
		均值	标准差	均值/标准差	均值	标准差
灵活产出缺口目标制	0.01	− 0.1708	0.5888	− 0.2901	− 0.1401	0.6203
	0.05	− 0.1836	0.5794	− 0.3169	− 0.1642	0.6043
	0.25	− 0.1787	0.5392	− 0.3314	− 0.1805	0.7693
严格产出缺口目标制	0.01	− 0.2050	0.7089	− 0.2892	− 0.1637	0.7130
	0.05	− 0.2270	0.7005	− 0.3241	− 0.1944	0.6914
	0.25	− 0.2319	0.6944	− 0.3339	− 0.2165	0.9109

资料来源：作者计算得出。

（2）从产出缺口来看，均值与对应标准差之间的关系呈现出较强的非单调特征，为进一步分析，本节定义一个指标：均值/标准差。这一指标表示单位波动对应的均值水平，对产出缺口来说，这一指标值越大，对应的目标制则越优。从这一指标判断，实行混合名义收入目标制最优，而偏重通货膨胀目标的制度要优于偏重产出目标的制度。

（3）从通货膨胀来看，混合名义收入目标制无论在均值水平还是波动程度上都是最优的，因此，中央银行可通过实施混合名义收入目标制以有效控制通货膨胀，而灵活通货膨胀目标制的效果稍逊于混合名义收入目标制，但相对其他三类目标制则明显占优。

综合来看，在均值—标准差分析中，混合名义收入目标制的政策效果最优，灵活通货膨胀目标制的效果总体来看是次优的。这一结论与偏离度分析得出的结果有所不同，但两种分析都验证了灵活通货膨胀目标制和混合名义收入目标制相对其他目标制来说都占优，而偏重或完全盯住产出的政策都是非有效的。此外，从预期确定性和稳定性条件来看，这两类目标制也都是有效的。因此，灵活通货膨胀目标制和混合名义收入目标制均可成为我国中央银行货币政策的有效实现形式。

以上分析表明，无论是中央银行的政策反应类型，还是公众预期的理性程度，都会对货币政策效果产生影响。从偏离度分析来看，最优货币政策是执行灵活通货膨胀目标制；而在均值—标准差分析中，混合名义收入目标制是最优的。无论中央银行是采用灵活通货膨胀目标制，还是混合名义收入目标制，其要旨都是在兼顾产出的同时也要重视通货膨胀，从而使我国经济更加平稳、协调发展。本节的政策模拟所得出的只是定性结论，至于在实际操作中利率究竟应对产出和通货膨胀进行多大程度的反应还须做进一步深入研究。

五、结论与政策建议

本节在新凯恩斯主义模型框架内分析了我国最优货币政策选择问题。在模型预期项的处理上，通过引入适应性学习以替代传统的理性预期假设，这一做法不仅是对理性预期假设的适当放松，而且通过其中关键参数 g 的设定可以实现对预期理性程度的定量描述。通过利率反应函数中产出缺口预期和通货膨胀预期权重的改变，本节将中央银行政策反应类型分为严格通货膨胀目标制、灵活通货膨胀目标制、混合名义收入目标制、灵活产出缺口目标制和严格产出缺口目标制五类，并进行了比较分析。当引入适应性学习后，由中央银行决定的政策参数将直接影响实际经济对理性预期均衡水平的偏离程度，因此，中央银行采用何种货币政策以确保实际经济对均衡水平的偏离最小化应成为货币政策选择的重要考虑方向。在实证研究时，本节使用了偏离度、均值和标准差等指标多角度分析了货币政策效果。

本节的模拟研究得出了灵活通货膨胀目标制和混合名义收入目标制较其他目标制更优的结论。我国中央银行可考虑采用既重视产出因素，也重视通货膨胀因素的目标政策，以促进经济平稳增长。无论在何种目标制下，只要公众预期的理性程度越高，实际经济偏离理性预期均衡水平的程度就越小。因此，货币政策要取得最佳效果，不仅取决于中央银行货币政策工具的使用，同时也取决于社会公众的预期行为，而货币政策在引导公众预期方面应当有所作为。为提高经济运行质量，中央银行应着力降低公众预期中的参数 g，为此应增强自身声誉机制建设，进一步完善信息披露制度，拓宽与公众沟通的渠道并提高沟通频率，通过及时更新信息披露内容引导公众更新信息并迅速调整预期和决策。从长远角度来看，为提高我国居民的宏观预期水平，政府应着力提高教育质量，提升公众的市场意识，同时为保证信息披露的准确性，还须进一步构建科学的、多层次的宏观数据调查统计体系，努力提高数据的精确性、及时性和有效性。

在偏离度分析中，货币政策效果不仅取决于中央银行政策类型，而且也受到公众预期的理性程度影响，因此，其在用于分析货币政策调控优劣的同时也更加凸显了货币政策的预期引导功能，这是均值—标准差分析以及传统的最优货币政策分析框架所不具备的特点。然而，通过偏离度分析和均值—标准差分析所得到的结论存在一定的冲突，因此，如何将评判最优货币政策的各种标准纳入一个统一的框架应成为未来货币政策分析的重要研究方向。此外，适应性学习中的关键参数 g 虽然可以定量描述预期的理性程度，但其本身却是外生给定的，事实上，随着货币政策预期引导功能的重要性日益凸显，g 的取值在分析货币政策效果时将产生十分重要的影响。因此，如何将适应性学习的关键参数 g 内生于一个统一的完整框架，从而更加全面、系统地评判货币政策优劣将成为适应性学习理论今后的重要发展方向之一。最后，从货币政策实践来看，如何测算当前我国公众宏观经济预期的整体理性程度，从而将其量化结果反映在参数 g 的取值上以便精确分析政策效果，值得深入研究。

第二节 货币政策与金融目标

随着经济金融形势日趋复杂，影响货币当局（以下简称"当局"）政策制定的因素日渐增多。各国学者纷纷就当局是否应盯住其他经济变量进行研究。具体来说，就是将资产价格、汇率、金融市场波动、货币状况指数（MCI）、金融形势指数（FCI）等因素加入货币政策规则。多数研究表明当局在制定货币政策时会考虑除通货膨胀和产出外的其他因素。另外，随着 20 世纪 90 年代中后期，主要国家货币政策中介目标由货币供应量向利率过渡基本完成，泰勒规则亦成为货币政策规则研究的焦点。

克拉里达等（Clarida et al.，1998）认为，前瞻性规则更符合现实情况。前瞻性规则的优点是通过提前操作引导公众预期，以取得更显著的政策效果并承担更小的福利损失。此外，为减少政策变动对金融市场的扰动以及维系货币当局信誉，各国当局在实际操作中总是试图平滑利率变化路径，这时利用平滑形式的泰勒规则拟合利率走势是合适的。比尔斯曼和斯梅茨（Peersman & Smets，1999）的研究结果表明利率走势可以用平滑形式的泰勒规则进行解释，泰勒规则构建了一个很好的货币政策研究框架。阿莱西亚等（Alesina et al.，2001）、加利（Gali，2001）、思曼特（Smant，2002）、福斯特（Faust，2001）

等也得出类似结论。在国内，谢平和罗雄（2002）最早使用广义矩方法估计了我国泰勒规则。卞志村（2006）的研究则表明我国泰勒规则是不稳定的，利率对通货膨胀的反应系数小于1。陆军和钟丹（2003）、王建国（2006）也得到类似结论。郭福春和潘锡泉（2012）通过加入汇率因素的泰勒规则对中国货币政策进行实证检验，发现利率对汇率变动的反应并不显著。也有学者将货币供应量指标加入利率规则，如苏米科（Surico，2007）研究表明货币供应量虽然不能直接影响欧洲央行的行为，但可以准确预测未来通货膨胀水平。张屹山和张代强（2007）将货币供应量加入前瞻性利率反应函数中，发现这样可以较好地拟合我国同业拆借利率走势。切凯蒂（Cecchetti，2000）、博里奥和罗威（Borio & Lowe，2002）、罗通迪和瓦萨格（Rotondi & Vaciago，2005）认为当局应该盯住资产价格，他们的研究显示资产价格为货币政策制定者提供了重要信息。蒙塔尼奥利和纳波利塔诺（Montagnoli & Napolitano，2005）发现英国的利率对资产价格膨胀反应明显，FCI 指数可以成为货币政策的短期指示器。与此相反，伯南克和戈特勒（Bernanke & Gertler，2000；2001）、布拉德和斯卡林（Bullard & Schaling，2002）认为，只要在制定政策时考虑到资产价格对通货膨胀的影响，当局可以不盯住资产价格变量。封北麟等（2006）运用 VAR 模型构建了中国的 FCI，实证表明 FCI 对通货膨胀率具有良好预测能力。在此基础上，将 FCI 作为目标和信息变量纳入泰勒规则，结果表明 FCI 与短期利率存在正向关系，可以作为货币政策的短期指示器。戴国强等（2009）运用 VECM 模型估计了我国的 FCI，他们认为人民币未国际化以及我国外贸依存度高导致构建的 FCI 中汇率指标权重较高，与之前研究相似，其结果也表明 FCI 能够对通货膨胀率做出及时、有效的预测。卞志村和孙慧智（2012）利用卡尔曼滤波估计了时变权重的 FCI，并用于泰勒规则和麦克勒姆规则的研究，结果发现与包含 FCI 的麦克勒姆规则相比，纳入 FCI 的泰勒规则的拟合优度较高，因此，在我国有较好的适用性。

结合已有文献的研究，为更加全面、细致地评估 FCI 是否可以作为货币政策的良好指示器，本节在以下三方面进行了进一步改进：（1）构造一个包含利率、汇率、房价、股价和货币供应量的五因素 FCI，进一步提升 FCI 对基本宏观面的信息囊括能力；（2）对所构 FCI 进行信息预测检验，甄别其对通货膨胀和经济增长的信息预测能力；（3）将 FCI 纳入工具变量信息集，利用 Hansen 过度识别检验验证这一举措的可行性，并对前瞻性泰勒规则进行经验估计。

一、FCI 构建及信息预测性检验

本节构建一个包含短期利率缺口、实际汇率缺口、实际房地产价格缺口、实际股票价格缺口和实际货币供应量缺口在内的五因素 *FCI*。使用 VAR 方法确定各变量在 *FCI* 中的权重[1]，各变量权重由式（3.25）给出：

$$\omega_i = \frac{|z_i|}{\sum_{i=1}^{n} |z_i|} \qquad (3.25)$$

式中，ω_i 是变量 i 的权重系数，z_i 是变量 i 的单位乔利茨基冲击在之后一段时间内对通货膨胀的平均影响[2]。

（一）数据选取与平稳性检验

使用 1998 年 1 月至 2013 年 3 月的月度数据构建我国月度 *FCI*，数据来自中经网和 BIS 网站。具体指标选取说明如下：

（1）通货膨胀率。选用消费者价格指数 *CPI* 作为通货膨胀变量。在 VAR 模型中选用的是月度同比 *CPI*，在剔除价格因素时使用基期为 1997 年 1 月的定基比 *CPI*。

（2）短期利率。选用 7 天同业拆借利率作为短期利率代理变量，将名义利率减去同比通货膨胀率得到实际利率。

（3）实际有效汇率。选用 BIS 网站公布的实际有效汇率数据。

（4）房地产价格。选用国房景气指数作为房地产价格代理变量（剔除价格因素）。

（5）股票价格。选取上证综指作为股价代理变量，将上证综指月度收盘价除以定基比 *CPI* 得到实际股票价格。

（6）货币供应量。将 *M2* 除以定基比 *CPI* 得到实际货币供应量。

在构建 *FCI* 时，使用利率、汇率、房地产价格、股价和货币供应量偏离其

---

[1] 使用 VAR 方法估计 *FCI* 权重的相关文献有李成等（2010）、封北麟和王贵民（2006）等。如有兴趣，可参考。

[2] 本节设定的冲击区间为 12 期。此外，我们进行了适度的敏感性检验，当期数在［8，15］变化时，各变量相对权重变化十分微小，因此，我们设计的 *FCI* 指标具有较好的稳健性。

潜在水平的百分比，利用 HP 滤波得到各变量潜在值。*CPI*、*RR*、*NEERGAP*、*HOUSEGAP*、*STOCKGAP* 和 *M2GAP* 分别对应同比通货膨胀率、实际利率、汇率缺口、房价缺口、股价缺口以及货币供应量缺口，表 3 - 6 显示数据在 10% 置信水平下均为平稳序列。

表 3 - 6　　　　　　　　　平稳性检验结果

变量	ADF 检验值	检验形式 (C, T, L)	临界值		
			1%	5%	10%
CPI	- 3.2043	(C, T, 12)	- 4.0129	- 3.4365	- 3.1424
RR	- 3.0334	(0, 0, 0)	- 2.5777	- 1.9426	- 1.6155
NEERGAP	- 4.5684	(C, 0, 1)	- 3.4666	- 2.8774	- 2.5753
HOUSEGAP	- 5.5399	(0, 0, 3)	- 2.5779	- 1.9426	- 1.6155
STOCKGAP	- 2.8299	(0, 0, 0)	- 2.5777	- 1.9426	- 1.6155
M2GAP	- 4.9668	(0, 0, 12)	- 2.5786	- 1.9427	- 1.6155

注：（C, T, L）中的"C"表示 ADF 检验时含有常数项，"T"表示含有趋势项（T = 0 表示不含趋势项），"L"表示系统根据 SIC 准则自动选取的滞后阶数。

资料来源：作者计算得出。

（二）VAR 冲击及 *FCI* 构建

1. VAR 冲击

建立一个六变量 VAR 模型，其中内生变量顺序为 *RR*、*NEERGAP*、*HOUSEGAP*、*M2GAP*、*STOCKGAP* 和 *CPI*。通货膨胀对各变量冲击的响应如图 3 - 6 所示。冲击结果表明我国货币政策变量以及金融市场波动对宏观经济运行影响明显。随着经济市场化改革不断推进，当局在进行货币政策操作时应更加重视金融市场包含的信息，适当对金融市场波动做出相应调整。

2. *FCI* 构建

将 12 期内各变量对通货膨胀平均影响绝对值占所有变量对通货膨胀总影响的比例作为其在 FCI 中的权重，计算所得各变量权重如表 3 - 7 所示。

在 *FCI* 构成中，实际有效汇率缺口和房价缺口占比较小，货币供应量缺口和股价缺口占比基本相当，实际利率占比最大。这与我国的实际情况相符，房价高涨对 *CPI* 上升影响较小；而汇率波动对经济的影响并不十分明显；当局经常性调节货币供应量和利率来调控宏观经济，因此两者对金融市场的影响不容

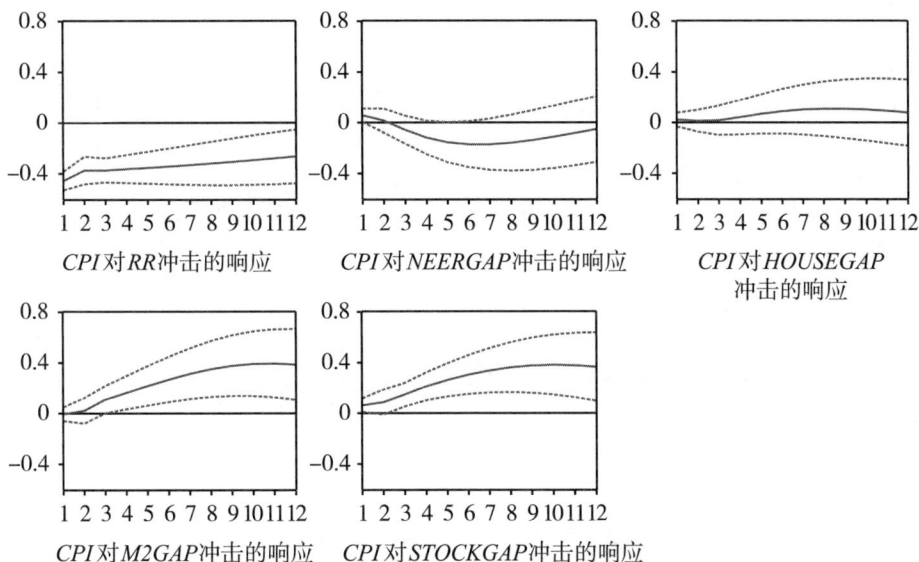

图 3-6 **CPI 对各变量冲击的累积响应（1 单位标准差）**

注：虚线为加减两信标准差的置信带。

资料来源：作者计算得出。

表 3-7 $\qquad$ **FCI 中各变量权重**

变量	RR	NEERGAP	HOUSEGAP	M2GAP	STOCKGAP
权重	0.3302	0.0930	0.0679	0.2426	0.2662

资料来源：作者计算得出。

忽视；股价缺口权重较大表明资本市场在金融市场的重要性不断增强，资本市场包含未来通货膨胀信息，实证结果也表明股市对通货膨胀有一个较大正向影响。通过图 3-7 可以发现 *FCI* 和 *CPI* 走势基本保持一致，且 *FCI* 变动领先于 *CPI* 变动，这种先行趋势从 2007 年美国次贷危机以后表现十分明显，金融形势松紧程度可以很好地预测未来通货膨胀走势。2008 年以来我国 *FCI* 大部分时间为负值，这主要由股市低迷造成。如图 3-8 所示，我国 *GDP* 增长速度基本保持平稳，而 *FCI* 的波动则比较大。除 2004 年第 2 季度至 2005 年底两者出现明显差异之外，整体来看 *FCI* 对 *GDP* 增速有一定预测效果，如在 2009 年经济增长低迷，以及 2010 年增速回升，*FCI* 走势比 *GDP* 增速提前一个季度。

（%）

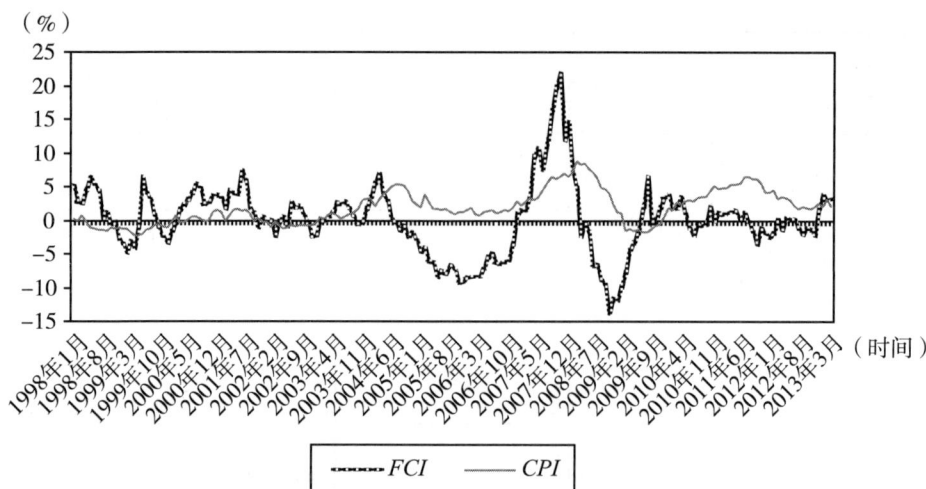

图 3 – 7 月度 FCI 和 CPI 走势

资料来源：作者根据 Wind 数据库和中经网统计数据库相关数据计算得出。

（%）

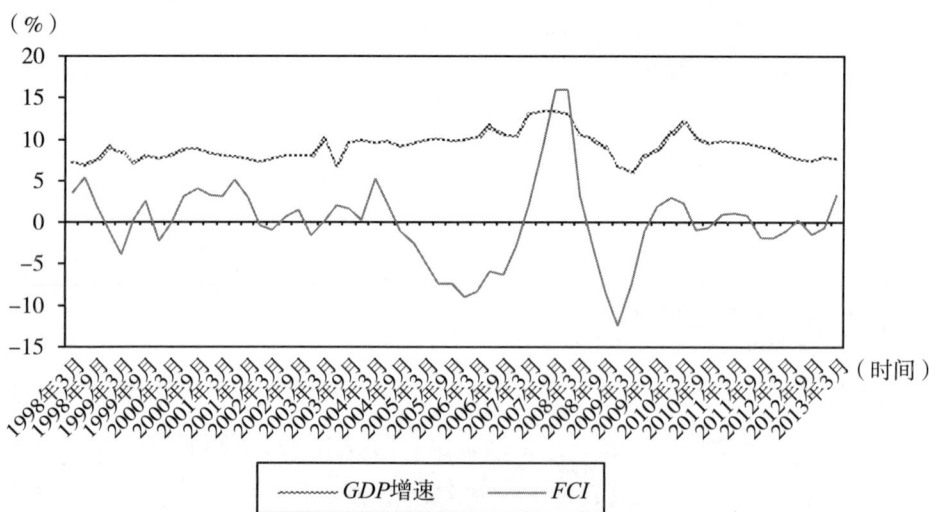

图 3 – 8 GDP 增速和 FCI 走势

资料来源：作者根据 Wind 数据库和中经网统计数据库相关数据计算得出。

（三）信息预测性检验

1. FCI 对通货膨胀的预测效果分析

一个具有实践价值的金融形势指数应该包含未来经济信息，并能够给当局制定货币政策提供参考。图 3 – 9 给出当期 FCI 与一年内通货膨胀的相关系数。*FCI* 与未来通货膨胀有明显正相关关系，说明 *FCI* 包含有未来通货膨胀信息，资产价格上涨、金融形势宽松与未来物价上涨关系密切。其中，*FCI* 与半年后的通货膨胀率相关系数最大，接近 0.45，之后逐月递减，但是一年内 *FCI* 与 *CPI* 均为正相关关系。因此，作为衡量我国资产泡沫程度的 *FCI* 指数，能够在短期内准确预测未来通货膨胀信息，且这种预测具有稳定性。当局在进行宏观调控时应当关注资产价格，以便更有前瞻性地预防未来可能产生的通货膨胀压力。

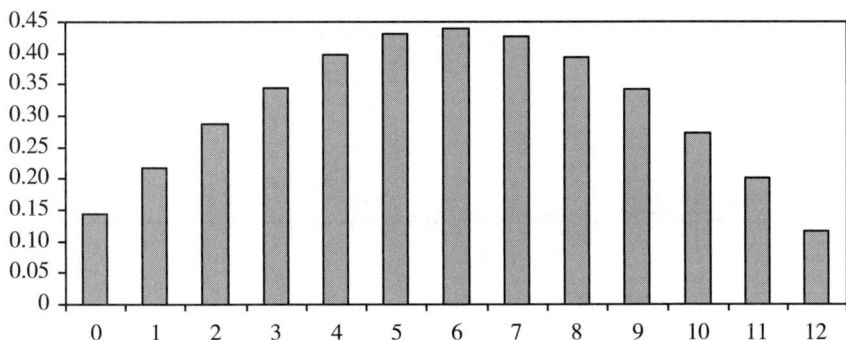

图 3 - 9　当期 *FCI* 与未来通货膨胀的动态相关

资料来源：作者根据 Wind 数据库和中经网统计数据库相关数据计算得出。

由于 *CPI* 变化的周期性特征十分明显，因此，在分析 *FCI* 对 *CPI* 预测功能时应该考虑体制转换的影响。为此，基于 OX 软件的 MSVAR 程序包分析不同经济形势下 *FCI* 与 *CPI* 之间的关系是否会发生变化。图 3 - 10 给出了各体制的概率估计结果，以概率值是否大于 0.5 为判断标准，平滑概率大于 0.5 就认为该时期政策处于体制 2，反之则处于体制 1。根据上述原则可知，体制 1 多出现在宏观经济形势平稳背景下，体制 2 出现在两次国际金融危机背景下，即东南亚经济危机和美国次贷危机。体制划分表明，国外经济形势与宏观金融形势息息相关，*FCI* 指数体现了一国的金融形势，而国际性经济危机会对国内金融形势产生明显影响。从估计结果看①，在体制 2 下 *FCI* 波动程度远远大于体制 1。反观 *CPI* 指数，两个体制下波动差距并不明显，说明国外经济形势对国内宏观经济运行影响并不大，表现为两体制下扰动项的方差差别并不明显。

① 使用 MSIH(2) - VAR(2)模型进行估计，限于篇幅，具体结果未列出。

区制1的概率

| 滤波值 | —●— 平滑值 | —— 预测值 |

区制2的概率

| 滤波值 | —●— 平滑值 | —— 预测值 |

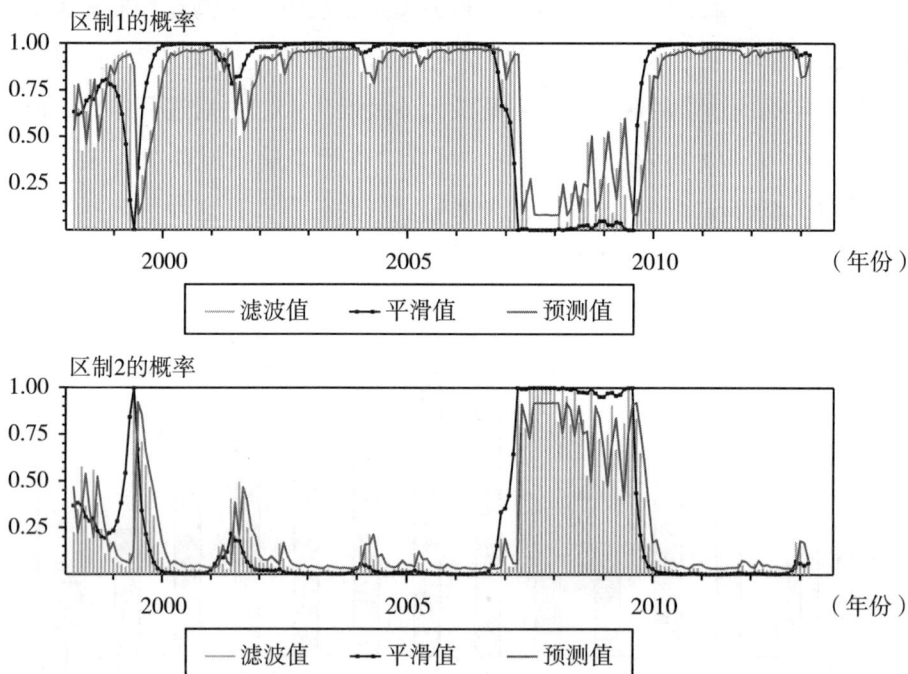

图3-10 各体制概率估计

资料来源：作者计算得出。

冲击响应图3-11显示，*FCI* 正向冲击在六个月内对 *CPI* 有明显正向影响，半年后，正向影响变为负面影响，说明 *FCI* 对通货膨胀的影响在半年内具有较好稳定性。图3-12显示，两个体制下 *FCI* 对 *CPI* 的影响基本一致，说明 *FCI* 在影响宏观经济方面具有较好稳健性，不会随经济形势变化而大幅改变。对当局来说，可以通过对 *FCI* 指数进行监测以预测未来经济走势。

2. *FCI* 对经济增长的预测效果分析

由于无法获得月度 *GDP* 增长数据，使用季度 *GDP* 增长率作为经济增长指标[①]，将月度 *FCI* 进行简单算术平均得到季度 *FCI*。*ADF* 检验结果显示，在10% 置信水平下季度 *FCI* 和季度 *GDP* 增速均为平稳序列。动态相关图3-13显示，在半年内，*FCI* 与 *GDP* 增速正相关，从第三季度开始，转为负相关。从预测经济增长角度看，*FCI* 指数在短期存在稳定性不足的缺点。

---

① 本节的季度 GDP 增长率数据来自每年年初国家统计局初步核算结果，是没有经过后来调整的经济增长率。我们认为初步核算的数据最能够准确反映当时的经济增长情况。数据取自每年年初的新闻报道，其中1999年第2季度至2000年第4季度数据缺失，这6个数据由中经网 GDP 累积增速代替。

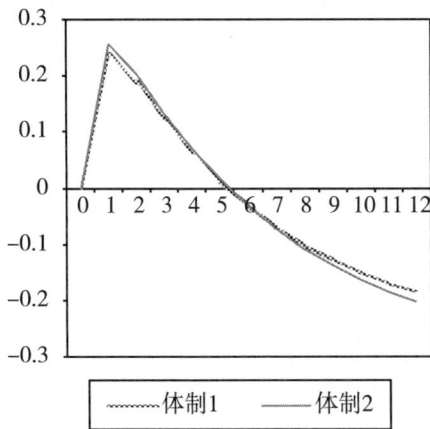

图 3 – 11 *CPI* 对 *FCI* 冲击响应

资料来源：作者计算得出。

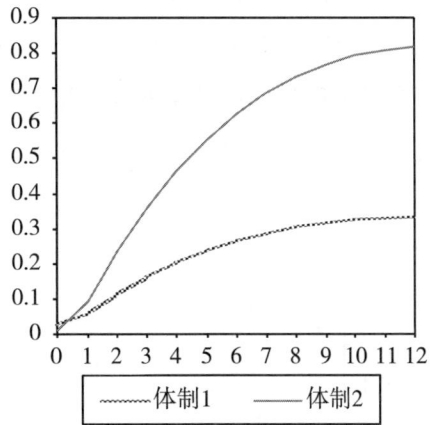

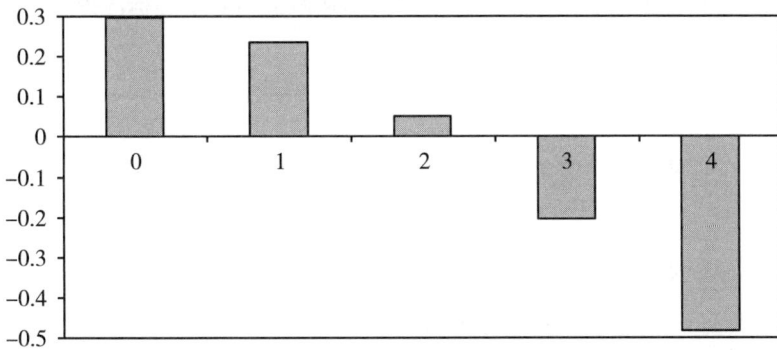

图 3 – 12 *FCI* 对 *CPI* 冲击响应

资料来源：作者计算得出。

图 3 – 13 当期 *FCI* 与未来 *GDP* 增速的动态相关图

资料来源：作者计算得出。

由于可获得的 *GDP* 增长率数据的频率降低，直接导致可用于分析的样本数量锐减。非线性计量分析要求样本量足够大，因此，我们退而求其次，使用 VAR 模型而非前文的 MSVAR 模型研究 *FCI* 和 *GDP* 增速之间的相互影响关系。建立一个两变量 VAR 模型，模型中内生变量的顺序为 *FCI*、*GDP*，滞后阶数为 2 阶。脉冲响应如图 3 – 14 所示。脉冲响应图也显示 FCI 可以较为显著地影响 *GDP* 增速，而 *GDP* 增速变化则不能够明显影响 *FCI* 走势。*FCI* 正向变化，会在一年内有利于 *GDP* 增长，资产价格上升反映了经济处于上升阶段，房地产景气，股票市场回报很高，这都将促进居民的消费投资热情，因此经济增长加速。*FCI* 作为反映我国金融市场景气程度的指标，可以部分预测未来经济发展水平，更重要的是，随着金融衍生产品市场日益成熟，*FCI* 指数将成为整个金融市场形成未来预期的重要渠道，因此，在货币政策调控中，当局可以适当关注 *FCI* 指数来及时进行逆风向调控。

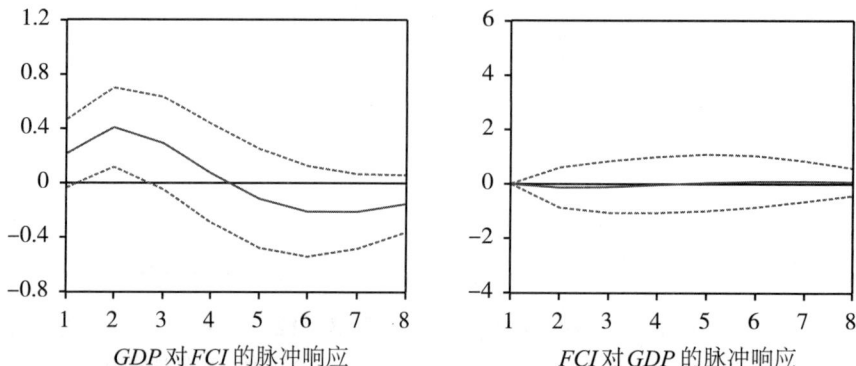

图 3 – 14 *FCI* 和 *GDP* 增速的脉冲响应（1 单位标准差）
资料来源：作者计算得出。

二、前瞻性泰勒规则估计：基于工具变量选择分析

本节研究的是前瞻性泰勒规则，主要基于克拉里达（Clarida，1998）提出的前瞻性模型。克拉里达的主要思想是货币当局会根据期望目标名义利率以及向前预期的通货膨胀和产出对其目标值的偏离调整当前利率水平。作为逆周期调控，政策时滞很大程度上左右了调控的最终效果，而前瞻性调控可以大大减少货币政策时滞影响，提高政策效率。前瞻性泰勒规则形式如下：

$$i_t^* = \bar{i} + \alpha(\bar{\pi}_{t+n} - \pi^*) + \beta \bar{y}_{t+p} \qquad (3.26)$$

式中，i_t^* 为目标名义利率，$\bar{i}$ 为长期均衡名义利率[①]，$\bar{\pi}_{t+n}$ 是 $t+n$ 期预期通货膨胀，π^* 为目标通货膨胀，$\bar{y}_{t+p}$ 是 $t+p$ 期预期产出缺口，在实证研究中 n 和 p 的赋值主要取决于货币政策对产出和通货膨胀影响的时滞长短，α 和 β 均为常数。根据传统经济理论，产出不可能一直偏离潜在水平，因此在式

[①] 长期名义均衡利率的定义参考谢平和罗雄（2002）。在克拉里达（1998）原文中是以实际利率为讨论对象，本节借鉴国内研究以名义利率作为分析对象，因此，模型形式上有所不同。

（3.26）中产出缺口的目标值一般为零，也有学者认为当局试图在一段时间内保持一个正的产出缺口，这时产出缺口目标就为一个正值；而目标通货膨胀水平一般为正，这是由于通常认为一个低水平的通货膨胀要远远好于通货紧缩。国内学者对于当局利率调整中注重平滑操作已基本达成共识，具体过程可用以下方程来描述：

$$i_t = (1 - \rho) i_t^* + \rho i_{t-1} + \upsilon_t \qquad (3.27)$$

式中，$\rho \in [0,1]$ 是平滑系数，i_{t-1} 是上期名义利率，υ_t 是利率调整时的偏差。将目标名义利率代入式（3.27）可得以下货币政策反应函数：

$$i_t = (1 - \rho) \left[\bar{i} + \alpha(\bar{\pi}_{t+n} - \pi^*) + \beta \bar{y}_{t+p} \right] + \rho i_{t-1} + \upsilon_t \qquad (3.28)$$

对于式（3.28）所描述货币政策函数而言，参数值反映了货币当局的偏好：ρ 越大表示当局在调整利率时越注重平滑轨迹；$\alpha > 0$ 是稳定经济的条件，如果 $\alpha < 0$，通货膨胀率上升将导致实际利率下降，并会刺激产出增加；β 值越大，说明当局在调整利率时越重视"熨平"产出缺口波动。根据以下两个恒等关系，可将泰勒规则中的预期值变为实际值，以便进行实证估计：

$$\bar{\pi}_{t+n} = \pi_{t+n} + (\bar{\pi}_{t+n} - \pi_{t+n}) \qquad (3.29)$$

$$\bar{y}_{t+p} = y_{t+p} + (\bar{y}_{t+p} - y_{t+p}) \qquad (3.30)$$

式中，π_{t+n} 为 $t+n$ 期实际通货膨胀水平，y_{t+p} 为 $t+p$ 期实际产出缺口。将式（3.29）和式（3.30）代入式（3.28）中，得以下形式的前瞻性泰勒规则，预期因素包含在随机扰动项中：

$$i_t = (1 - \rho) \left[\bar{i} + \alpha(\pi_{t+n} - \pi^*) + \beta y_{t+p} \right] + \rho i_{t-1} + \varepsilon_t \qquad (3.31)$$

式中，$\varepsilon_t = -(1 - \rho) \left[\alpha(\pi_{t+n} - \bar{\pi}_{t+n}) + \beta(y_{t+p} - \bar{y}_{t+p}) \right] + \upsilon_t$，一般采用广义矩方法对前瞻性泰勒规则进行估计。

（一）GMM 估计中的工具变量选择

进行 GMM 估计时，必须选取一组工具变量 u_t，在泰勒规则中，这些工具变量要满足正交条件：$E\{i_t - \{(1 - \rho) [\bar{i} + \alpha(\pi_{t+n} - \pi^*) + \beta y_{t+p}] + \rho i_{t-1}\} | u_t\} = 0$。即工具变量与同期随机误差项正交，此外工具变量还应与解释变量相关。在单方程估计中，工具变量选择十分敏感，在这种情况下，时序模型中可以把解释

变量的滞后期作为工具变量。确定工具变量之后，另一个难点则是工具变量个数的确定。理论上来说，工具变量个数等于待估计参数个数时[1]，模型恰好识别，一般来说，工具变量个数都会多于待估系数个数，此时模型过度约束，我们要对过度约束是否合理进行检验，只有工具变量选取合适，广义矩估计才能取得稳健效果。泰勒规则中，工具变量是货币当局制定政策的当期信息集。国内代表性研究均选用模型中变量的滞后值作为工具变量，具体来说如表 3 - 8 所示。本节先将 *FCI* 作为工具变量对前瞻性泰勒规则进行 GMM 估计，利用 Hansen 过度识别检验验证加入 *FCI* 能否提高模型的稳健性，如果 *FCI* 的确可以提高模型稳健性，那么这将给未来泰勒规则研究中工具变量选择问题提供一个新的思路。接下来将 *FCI* 直接加入利率反应函数中以检验当局在实际货币政策调控中是否考虑了金融市场波动。

表 3 - 8　　　　　　　前瞻性泰勒规则估计中工具变量选择情况

文献	泰勒规则形式	数据频率	工具变量选择
谢平、罗雄 (2002)	平滑	季度	产出缺口、通货膨胀率、名义利率和真实 *GDP* 增长率的 1 期滞后值
卞志村 (2006)	平滑	季度	常数项；产出缺口、通货膨胀率、名义利率和真实 *GDP* 增长率的 1 期滞后值
张屹山、张代强 (2007)	平滑，包含货币供应量	月度	常数项；名义利率、通货膨胀率、产出缺口和货币供应量的 12 期滞后值
中国人民银行营业部课题组 (2009)	平滑，包含货币供应量	季度	常数项；名义利率、通货膨胀率、产出缺口、*GDP* 实际增长率和货币供应量的 1 期滞后值
郑挺国、王霞 (2011)	平滑	季度	名义利率、通货膨胀率、产出缺口的 1 ~ 4 期滞后值

注："平滑"指考虑利率平滑的泰勒规则，包含货币因素指将货币供应量增长率加入泰勒规则中。

（二）一般前瞻性泰勒规则估计

选用 1998 第 1 季度至 2013 年第 1 季度的季度数据对我国前瞻性泰勒规则进行估计。我们对 7 天同业拆借利率、居民消费品价格指数、季度国内生产总

---

[1]　工具变量个数多于待估计参数个数这一条件的前提是工具变量矩阵是满秩的。

值和前文构建的 *FCI* 进行必要处理，得到研究所需数据。对 7 天同业拆借利率、通货膨胀率（*CPI*）和 *FCI* 月度数据进行简单算术平均得到季度数据。采用 HP 滤波法估计潜在产出，对季度名义 *GDP* 进行季节调整，然后利用 HP 滤波方法得到潜在产出并计算产出缺口。表 3 – 9 中 *R* 是同业拆借利率，*CPI* 为通货膨胀率，*GAP* 是产出缺口，*FCI* 是金融形势指数。平稳性检验显示，*R*、*GAP*、*FCI* 在两种检验下均平稳，*CPI* 只在 PP 检验下平稳，不同检验结果产生的原因是两种检验方法对扰动项分布的假设不同，一般认为只要在一种假设下序列是平稳的，则认为该序列平稳。因此，可认为上述变量均平稳。

表 3 – 9　　　　　　　　　　　数据平稳性检验结果

变量	检验形式（C，T，L）	ADF 检验值	PP 检验值
R	(0, 0, 1)	− 3. 5014 **	− 5. 1413 ***
CPI	(0, 0, 4)	− 0. 2509	− 1. 8479 *
GAP	(0, 0, 1)	− 3. 4241 ***	− 2. 8953 ***
FCI	(0, 0, 1)	− 5. 0112 ***	− 2. 7977 ***

注：（C，T，L）中的"C"表示 ADF 检验时含有常数项，"T"表示含有趋势项（T = 0 表示不含趋势项），"L"表示系统根据 SIC 准则自动选取的滞后阶数；* 表示 $p < 0.1$，** 表示 $p < 0.05$，*** 表示 $p < 0.01$。

与以往研究不同，本节首先将 *FCI* 作为广义矩估计中的工具变量对前瞻性泰勒规则进行估计。泰勒规则估计中，工具变量是一组与解释变量相关的经济变量，在前面的实证中已经证实了 *FCI* 与通货膨胀和产出均有较明显的相关性，且能够较好地预测未来通货膨胀和产出。基于这一考虑，如果将 *FCI* 作为工具变量中加入泰勒规则估计后，提升了模型的拟合效果，那么可以认为 *FCI* 是泰勒规则估计中合适的工具变量，这为以后前瞻性泰勒规则研究中工具变量选择问题提供了有价值的参考。在前瞻性泰勒规则估计中，使用以下形式的简化利率规则，这是式（3.31）的简化形式：

$$i_t = \beta^0 + \beta^1 \pi_{t+n} + \beta^2 y_{t+p} + \beta^3 i_{t-1} + \varepsilon_t \qquad (3.32)$$

在式（3.32）中，没有对长期均衡名义利率 $\bar{i}$ 和通货膨胀目标值 π^* 进行估计，而是直接包括在常数项中。这样做的好处是直接估算利率对通货膨胀和产出缺口的反应系数，有助于更好地理解当局政策意图。此外，如果给定经济中长期均衡利率或者通货膨胀目标，也可以计算出在目标利率中当局赋予通货膨胀和产出缺口的权重。研究中我们设定 $p = 0$，$n = 0$、1、2，这样设定基于以下考虑：

（1）从我国实践看，货币政策往往能及时影响产出，而对通货膨胀影响的时滞较长，如2010年下半年虽然当局采取了紧缩货币政策，但直到2012年初才基本控制住物价水平。因此，在货币政策制定时对通货膨胀的调控应更具前瞻性。n的变化使分析当局在制定货币政策时对前瞻时期的选择成为可能。（2）在实证时我们发现将 n 和 p 设为相等时，产出缺口系数始终不显著，只有通货膨胀前瞻期数大于产出缺口时产出缺口才显著。这在一定程度上印证了在实践中当局对通货膨胀的前瞻期数比产出多。根据以上讨论，对式（3.32）进行 GMM 估计，估计结果如表3-10所示。整体来看，我国短期名义利率对通货膨胀和产出缺口均具有正向反应，这意味着当经济过热时，当局会根据经济形势，提高利率以治理通货膨胀或"熨平"产出缺口；如果产出下降或者通货紧缩严重，当局会降息以刺激经济，保证经济平稳运行。此外利率平滑系数在 0.7 左右，说明当局在调整利率时确实十分注重平滑操作。由于我国利率尚未完全市场化，同时当局在调控过程中注重平滑操作，从实际效果来看，名义利率上升幅度远远小于通货膨胀上升，实际利率是下降的，这将会继续推高通货膨胀，因此，我国泰勒规则仍然不稳定。

表3-10　　　　　　　　前瞻性泰勒规则的 GMM 估计结果

变量	A			B		
	$n=0$	$n=1$	$n=2$	$n=0$	$n=1$	$n=2$
β^0	0.5513 ** (0.2195)	0.5524 *** (0.1844)	0.6287 *** (0.1487)	0.5386 *** (0.1402)	0.5123 *** (0.1247)	0.5835 *** (0.1167)
β^1	0.0596 ** (0.0244)	0.0667 *** (0.0233)	0.0708 *** (0.2449)	0.0606 ** (0.0229)	0.0684 *** (0.0212)	0.0726 *** (0.0219)
β^2	0.0157 (0.0501)	0.0320 (0.0416)	0.0698 * (0.0354)	0.0140 (0.0365)	0.0240 (0.0309)	0.0618 ** (0.0281)
β^3	0.7456 *** (0.0691)	0.7338 *** (0.0565)	0.6977 *** (0.0469)	0.6548 *** (0.0489)	0.7453 *** (0.0429)	0.7103 *** (0.0405)
$\overline{R}^2$	0.8928	0.9072	0.9127	0.8928	0.9065	0.9125
J-统计量	1.6559 (0.1981)	1.0239 (0.3112)	0.2746 (0.6003)	1.7089 (0.4255)	1.0982 (0.5775)	0.5382 (0.7641)

注：（1）A组中工具变量为常数项、通货膨胀、产出缺口、短期利率以及实际 GDP 增速的1阶滞后值；B组中工具变量为常数项、通货膨胀、产出缺口、短期利率、实际 GDP 增速以及金融形势指数的1阶滞后值。（2）* 表示 $p<0.1$，** 表示 $p<0.05$，*** 表示 $p<0.01$。（3）系数下面小括号内是标准差。（4）Hansen 检验原假设为：模型设定正确，过度约束合理。（5）J统计量下面括号内是相应的概率值。

从实证结果看，模型拟合优度较高。其中通货膨胀系数一直非常显著，而在 n 为 1 时，产出缺口系数不显著。n 为 2 时，所有系数均显著，模型拟合效果最好，这表明在实际货币政策制定时，货币当局对通货膨胀的前瞻期数可能多于产出缺口。为研究工具变量选择对 GMM 估计结果的影响，在进行 GMM 估计时用了两组工具变量做比较分析。结果表明，将 FCI 作为工具变量对模型进行估计时，Hansen 检验概率值比工具变中量不含 FCI 时明显变大，这说明工具变量的有效性大大提高。同时加入 FCI 以后，模型中解释变量的显著性也有一定改善。比较分析结果显示，FCI 是前瞻性泰勒规则估计中合适的工具变量，其不仅与宏观经济变量相关性强，从计量角度看也是有效的工具变量。在 GMM 估计中，工具变量是信息变量，其包含着关键经济信息，并为政策制定提供参考。上述实证结果从侧面反映了当局即使不直接对 FCI 做出反应，也很有可能在政策制定时充分考虑了金融市场的信息变量。因此，本节从 FCI 作为有效工具变量这一独特视角侧面验证了其可以作为货币政策的良好指示器。

（三）包含 *FCI* 的前瞻性泰勒规则估计

上一节对一般形式的前瞻性泰勒规则进行了估计，本节我们对包含 FCI 的泰勒规则进行研究。前文分析表明，FCI 包含着未来经济运行信息，可以为政策制定提供有价值的参考。如果在货币政策规则制定时直接盯住 FCI，就可稳定金融市场，从而有利于宏观经济稳定。本节主要对直接将 FCI 加入前瞻性泰勒规则的可能性进行研究。只需将 FCI 加入目标利率表达式中继续前文的推导即可。实证中我们对以下简化形式的利率规则进行研究：

$$i_t = \beta^0 + \beta^1 \pi_{t+n} + \beta^2 y_{t+p} + \beta^3 i_{t-1} + \beta^4 FCI_{t+q} + \varepsilon_t \qquad (3.33)$$

考虑到货币政策对金融市场影响时滞较短，在实证过程中设定 $p = q = 0$，此外，由于通货膨胀和资产价格之间存在相互影响关系，实证中增加了通货膨胀的前瞻期数以期发现对通货膨胀的前瞻程度是否会影响当局对 FCI 的反应，具体令 $n = 0$、1、2。包含 FCI 的泰勒规则估计结果如表 3 - 11 所示。FCI 和通货膨胀系数均为正，而产出缺口系数只有 $n = 0$ 时为负。其中，FCI 系数很小，最大为 0.0217，说明虽然当局考虑金融市场和资产价格因素，但是其在决策中所占权重较小。由于 FCI 中包含了未来通货膨胀信息，当货币当局对 FCI 做出调整时，也会间接起到调控通货膨胀的作用。因此与传统泰勒规则相比，加入 FCI 后通货膨胀系数变小。从历史数据来看，当局在设定利率时根据通货膨胀水平、产出缺口以及金融市场宽松程度采取逆风向操作，这种操作有利于金融市场以及实体经济稳定。此外，包含 *FCI* 的泰勒规则利率平滑特征十分明显，都在 0.7 以上，因此利率对通货膨胀、产出和 *FCI* 的反应仍然很小。随着 n 变大，*FCI* 系数逐渐变小，且变得不显著。这表明如果当局试图控制近期物价水平，那么就不仅要对通货膨胀做出反应，还要对金融市场做出政策调整以取得更好的效果。如果当局对通货膨胀治理前瞻性更强即 n 增加，则可减少对 *FCI* 的反应。与一般形式泰勒规则相似的是泰勒规则中通货膨胀系数较显著，而产出缺口系数只有 $n=2$ 时才显著。

表 3-11　　　　包含 *FCI* 泰勒规则的 GMM 估计结果

变量	$n=0$	$n=1$	$n=2$
β^0	0.4486*** (0.1429)	0.4958*** (0.1245)	0.5783*** (0.1131)
β^1	0.0554** (0.0226)	0.0529*** (0.0193)	0.0569*** (0.0188)
β^2	-0.0072 (0.0350)	0.0138 (0.0269)	0.0479** (0.0209)
β^3	0.7736*** (0.0492)	0.7536*** (0.0434)	0.7189*** (0.0388)
β^4	0.0217** (0.0088)	0.0119*** (0.0069)	0.0038 (0.0071)
$\bar{R}^2$	0.8635	0.8736	0.8800
J-统计量	4.1068 (0.6622)	4.6259 (0.5926)	4.3578 (0.6284)

注：（1）A 组中工具变量为常数项，通货膨胀、产出缺口、短期利率以及实际 *GDP* 增速的 1 阶滞后值；B 组中工具变量为常数项，通货膨胀、产出缺口、短期利率、实际 *GDP* 增速以及金融形势指数的 1 阶滞后值。（2）** 表示 $p<0.05$，*** 表示 $p<0.01$。（3）系数下面小括号内是标准差。（4）Hansen 检验原假设为：模型设定正确，过度约束合理。（5）J 统计量下面括号内是相应的概率值。

通过使用历史数据进行估计，可以发现加入 *FCI* 的前瞻性泰勒规则对我国短期利率走势拟合较好，拟合优度均在 0.85 以上[1]，虽然拟合优度稍有下降，

---

[1] 需要说明的是，仅从拟合优度看，包含 *FCI* 的泰勒规则拟合效果稍逊于一般泰勒规则，但注意到其 Hansen 检验概率值比一般泰勒规则要显著提高，说明包含 *FCI* 的泰勒规则模型设定正确的概率更高。两组对比分析的结果都从正面或侧面支持 *FCI* 的指示器作用，这是关键。

但模型设定的整体准确度得到明显提高，这一点可以从 Hansen 检验概率值看出。这说明在以往利率设定中，当局很有可能考虑了金融市场因素。根据本节多方面的实证分析，我们认为在科学合理构建符合国情的 *FCI* 基础上，我国货币当局直接对金融市场做出反应是可行的，盯住 *FCI* 可以稳定金融市场，防止资产泡沫加剧；同时由于 *FCI* 和通货膨胀之间存在密切关联，因此对 *FCI* 的调控也有利于控制通货膨胀。

三、结论及政策建议

本节首先构建了包含利率、汇率、房价、股价和货币供应量在内的五因素 *FCI*，在此基础上对其进行了信息预测检验，并证实 *FCI* 对通货膨胀和产出增长具有较好的预测功能。此外，本节从两个角度考虑了 *FCI* 在前瞻性泰勒规则中的应用，均取得较好的效果。在研究传统前瞻性泰勒规则时，将 *FCI* 作为工具变量加入模型，结果表明 *FCI* 与解释变量的相关性好，且正交于当期残差项，因此改善了模型的稳健性。此外，将 *FCI* 直接加入前瞻性泰勒规则的分析表明短期利率会与金融形势同向变化，这样的调整有利于抑制资产泡沫产生，有效防止金融市场产生大波动。

目前，我国货币当局在货币政策调整时十分注重预调和微调，预调指货币政策制定应具有前瞻性，前瞻性操作有利于引导公众的预期，可以减少政策执行的福利损失；微调则是强调当局的政策调整幅度不宜太大，通过连续的微调不仅可以大大减少政策调整导致的经济波动，也有助于当局及时纠错。本节认为短期中包含多因素的 *FCI* 对经济走势的预测较为准确，通过对金融形势松紧程度的关注，货币当局可以更加有效地预调货币政策，*FCI* 可以作为货币政策的良好指示器。

第三节　构筑稳健中性的货币政策

一、国内外相关研究综述

2008 年国际金融危机以来，各国宏观调控当局重拾相机抉择范式，美国迅速调整政策导向，相机实施了多轮量化宽松政策，有力支持了经济复苏。时至今日，学术界对于相机抉择和事前承诺范式孰优孰劣仍莫衷一是，但相机调控具有的灵活性和针对性特点对于经济走出衰退泥潭无疑具有重要作用。2017年中国政府工作报告关于货币政策的表述首次强调要加强相机调控，2018年国务院常务会议再次重申宏观政策要根据形势变化相机预调微调。在经济传导机制梗阻和政策目标多元化背景下，相机调控符合中国当前的国情（陈彦斌，2016）。

多数研究认为按规则行事由于蕴含一种事前承诺机制使得货币政策可信度较高，从而有助于稳定公众预期进而促进经济稳定。只有少数学者如布兰查德和费舍尔（Blanchard & Fisher, 1989）认为，相机抉择可能较动态一致解更有效率。自20世纪90年代货币政策透明度研究兴起以来，规则似的或受约束的相机货币政策概念开始出现，斯文森（Svensson, 1999）认为，通货膨胀目标制在实现事先确定的目标时，允许央行采取相机抉择行为，从而将规则和相机抉择的优点结合起来。特别是在金融危机后，许多学者建议放宽通货膨胀目标制的目标区间，以增强货币政策的相机抉择灵活性和操作空间。卞志村和高洁超（2015）发现相机型规则有利于产出缺口稳定，而承诺型规则有利于通货膨胀稳定，两者各有优劣。程均丽（2010）认为，在异质性预期下，受约束的相机政策或相机式规则要优于承诺。事实上，近年来各国货币政策表现出越来越明显的相机抉择倾向（Taylor, 2014）。本节将基于新凯恩斯模型刻画货币政策的相机抉择和事前承诺范式，在使用实际数据估计的基础上深入系统地评价两者的经济稳定化效应，识别符合中国现实经济运行要求的货币政策范式。研究发现，在一定约束下推导出的相机抉择型政策可以产生比事前承诺政策更佳的经济稳定化效果，尤其是在利率调整上的灵活性优势更加突出。

值得注意的是，已有同类国内外文献大多采用基于理性预期假设的新凯恩斯框架进行分析。但是，中国作为一个新兴转轨国家，在经济结构调整、经济波动的不确定性增加以及市场摩擦广泛存在的背景下，一个突出的表现就是不同主体间的预期存在显著差别，预期的整体理性程度尚待提高。基于理性预期假设的货币政策分析得出的结论显然难以适用于目前的现实。以图3-15为例，可以发现公众预期尽管能捕捉到实际通货膨胀走向，但是在诸多节点上预测误差很大，总体来看，我国居民的预期具有保守的适应性特征，现实的公众

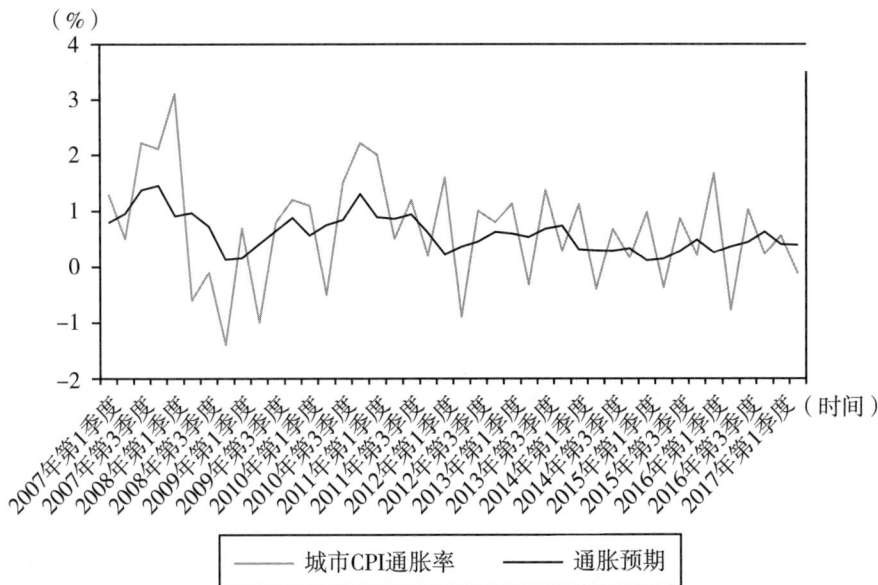

图 3 - 15　城市 CPI 通货膨胀率与通货膨胀预期

注：通货膨胀预期由 C - P 概率法计算得到，具体参见卞志村、张义：《央行信息披露、实际干预与通胀预期管理》，载《经济研究》2012 年第 12 期。

资料来源：中国人民银行《城镇储户问卷调查报告》。

预期并非完全理性。[①] 再以图 3 - 16 为例，企业家的宏观经济信心指数波动性明显低于银行家，而平均水平高于银行家，以产出缺口来衡量经济周期波动，可以发现银行家和企业家对宏观经济形势冷热的预期可以大致捕捉到经济周期波动的基本趋势，但准确度不高，如 2014 年底产出缺口就转入持续的负区间，银行家信心指数迟滞 1 个季度后相应降至 50% 以下，但企业家信心指数降至 50% 以内则多迟滞了 3 个季度。可见，不同经济主体的预期存在明显异质性，预期的整体理性程度有待提高，因此，单纯采用基于理性预期假设的新凯恩斯模型来研究中国货币政策问题尚不合时宜。本节将包含理性和适应性特征的异质性预期引入三部门 DSGE 模型，比较理性预期和异质性预期条件下，货币政策范式的经济稳定化效应，使分析更加贴近中国现实[②]。

---

① 尽管中国处于经济转型期，存在大量的非预期冲击，但不可否认，经济主体预期的理性程度还不够高，许多研究文献显示我国是有限理性预期，适应性成分仍比较明显（张蓓，2009；范从来、高洁超，2016）。

② 本书的异质性预期是指代表性主体的预期中同时包含理性成分和适应性成分，而非不同类型的行为主体形成的预期。

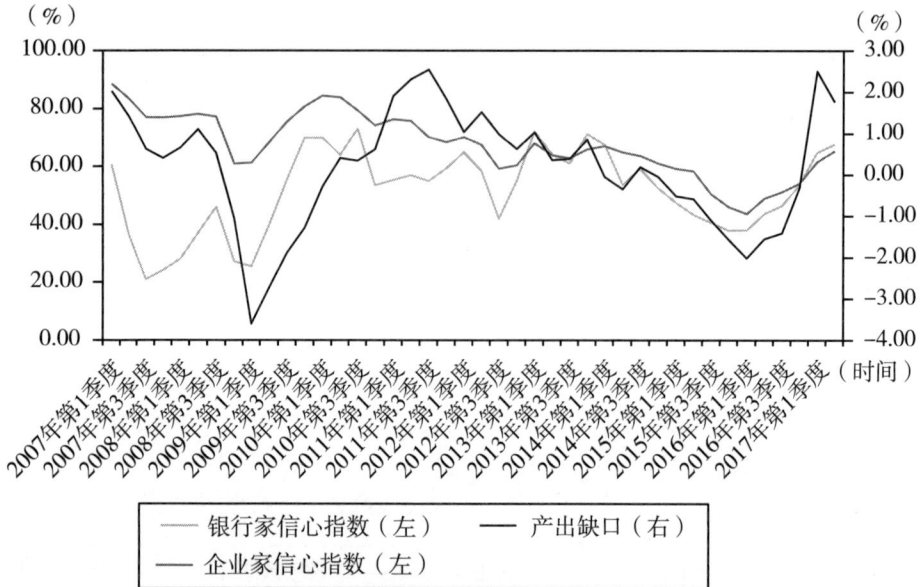

图 3-16 宏观经济信心指数与产出缺口波动

注：信心指数反映银行家和企业家对本季和下季宏观经济形势的信心程度，指数在 50% 以上反映预期宏观经济向好，反之则表示预期经济形势变差。

资料来源：中国人民银行的企业家调查问卷和银行家调查问卷。

穆斯（Muth，1961）、卢卡斯（Lucas，1972）、萨金特和华莱士（Sargent & Wallace，1976）等倡导理性预期革命以来，理性预期假设被广泛运用于宏观经济学的研究。但是，理性预期假说过分强调公众预期的理性化，与诸多经验证据并不吻合。布兰奇（Branch，2004）、布兰奇和伊文斯（Branch & Evans，2011）认为经济主体预期并非是理性的同质预期，考恩（Cowan，2009）也认为通货膨胀预期的异质性广泛存在于各私人部门。许多实证研究发现理性预期假设难以解释现实中通货膨胀预期的有限理性特征，公众预期同时包含理性预期和适应性预期成分（肖争艳、陈彦斌，2004；Pfajfar & Zakelj，2011；刘凤良等，2012；Hommes et al.，2015）。欧菲尼德斯和威廉姆斯（2005）指出异质性预期会延长经济波动的周期。黄等（Huang et al.，2009）在新凯恩斯模型中同时引入理性预期和适应性预期机制，发现相对于理性预期，适应性预期会放大技术冲击引起的经济波动。随着市场化程度不断提高，货币政策的实施效果越来越有赖于经济主体能否形成较为理性的一致预期，经济主体通过适应性形成的有限理性预期应被视作制定货币政策的基本要素（Sargent，1993）。

国内关于有限理性预期下的货币政策定量研究起步较晚。相关研究如卞志村和高洁超（2014）、郭豫媚和周璇（2018）通过引入适应性学习过程对新凯恩斯模型的理性预期假设进行了放松，并分析了有限理性预期下货币政策调控的有效性问题。但是他们对适应性学习机制中关键学习参数的设定具有一定的主观性，难以准确地反映现实经济的理性程度和异质性情况。许志伟等（2015）基于实际数据估计了包含理性预期和适应性预期的异质性新凯恩斯模型，分析发现公众预期中的适应性成分较高，有限理性的异质性预期使得通货膨胀对货币政策反应的敏感性减弱、持久性提高。杨源源等（2017）也发现，异质性预期较理性预期更容易放大总供给和总需求冲击，并引致较大央行福利损失，此外他们还进一步比较了数量型和价格型货币政策工具的调控效果。这些研究文献拓展了异质性预期在新凯恩斯模型中的应用，但普遍存在货币政策仍然采用外生规则形式，忽视了货币当局的最优决策范式对货币政策制定的影响问题。为此，本节基于货币当局损失函数、动态 IS 曲线约束和 NKPC 约束，利用最优化方法推导内生利率规则，并将其分解为相机抉择和事前承诺两种范式。

随着供给侧结构性改革的持续推进，中国经济增长的引擎将由过去的外需和投资拉动逐渐转向创新驱动，因此，经济波动中的需求冲击贡献和供给冲击贡献将此消彼长，这一变化是否会对货币政策的稳定化绩效产生影响？货币政策应如何做出相应调整？对此，本节将在货币政策范式分析中引入这两类冲击，识别相应的经济波动效应。此外，当前中国货币政策框架的一个重要调整是一改过去多年来的稳健基调，2016 年底召开的中央经济工作会议首次提出"货币政策要保持稳健中性"。[①] 除延续以往的稳健基调外，这一调整着重强调了货币政策的中性立场。从货币理论来看，中性货币政策要求维持政策利率在自然利率水平附近，避免利率政策本身的过度调整影响经济自主配置资源。因此，与以往的货币政策基调相比，稳健中性要求将货币政策自身调整这一因素纳入货币政策设计范畴，防止政策调整幅度过大影响经济金融稳定。

现有对最优货币政策规则的研究普遍缺乏考虑利率调整成本及其变动可能对金融稳定造成的影响，因此，所得结论难以适应未来货币政策稳健中性的价

---

① 当前，迫于美国不断升级的贸易摩擦，中国货币政策有重回稳健的态势，但毋庸置疑，稳健中性才是货币政策的长期价值取向。2018 年 10 月，中国人民银行网站在沟通交流栏目中重申了稳健中性的货币政策取向保持不变。

值取向。伍德福德（2012）提出除了产出缺口和通货膨胀外，央行损失函数还应该包括能够反映金融稳定的某种衡量指标。部分研究注意到利率波动可能对金融稳定造成影响，从而采取利率稳定化操作可以作为货币政策维护金融稳定的一个渠道。为此，本节在推导相机抉择和事前承诺范式时，通过将利率目标引入中央银行损失函数，刻画包含中性基调的货币政策范式，从而进一步模拟分析范式和基调转变的经济稳定化效应，为完善中国货币政策框架提供有价值的参考意见。研究发现，货币政策应该考虑利率稳定化因素，保持稳健中性基调可防止不必要的利率扰动影响金融稳定，从而大幅降低福利损失，这也从理论上支持了 2016 年中央经济工作会议提出的"货币政策要保持稳健中性"政策基调的科学性。

二、模型构建

本节构建一个包含家庭、企业和货币当局在内的三部门 DSGE 模型。其中，家庭提供劳动、消费商品并持有储蓄；中间品企业雇佣劳动进行生产，并向最终品企业出售；货币当局致力于使包含产出缺口波动、通货膨胀波动和利率波动的三因素损失函数最小化，通过在动态 IS 曲线约束和 NKPC 约束下最优化其利率调控规则以"熨平"经济金融波动；此外，模型中的预期机制分别基于理性预期和异质性预期来刻画，以比较不同预期形成机制下货币政策调控效果的变化。

（一）家庭

假定经济中存在连续统的家庭，他们消费、储蓄并向企业提供劳动。其效用函数和预算约束如下：

$$U_t = E_t \sum_{i=0}^{\infty} \beta^i \left\{ \frac{(C_{t+i})^{1-\zeta}}{1-\zeta} - \frac{N_{t+i}^{1+\gamma}}{1+\gamma} \right\} \qquad (3.33)$$

$$\text{s. t.} \quad C_t + D_t = \frac{W_t}{P_t} N_t + \frac{R_{t-1}^D D_{t-1} P_{t-1}}{P_t} + \Pi_t \qquad (3.34)$$

式中，β 为主观贴现因子，C_t 为消费，ζ 为消费跨期替代弹性的倒数，N_t 为劳动，γ 为劳动供给弹性的倒数，D_t 为储蓄，R_t^D 为无风险的储蓄毛利率，Π_t 项包括来自企业的经营利润以及家庭支付的税收等。

在预算约束下最大化家庭效用函数，可得最优跨期消费和最优劳动供给的一阶条件：

$$E_t \frac{P_t C_{t+1}^{-\zeta}}{P_{t+1}} = \frac{C_t^{-\zeta}}{\beta R_t^D}; \frac{W_t}{P_t} = N_t^\gamma C_t^\zeta$$

经对数线性化处理，得到如下形式：

$$\hat{c}_t = E_t \hat{c}_{t+1} - \frac{1}{\zeta}(\hat{R}_t^D - E_t \pi_{t+1}) \tag{3.35}$$

$$\hat{w}_t - \hat{p}_t = \gamma \hat{n}_t + \zeta \hat{c}_t \tag{3.36}$$

式中，带尖变量表示变量对自身稳态的偏离，π_t 为通货膨胀率。由于本节的模型不考虑投资和资本，因此在均衡状态下有 $\hat{c}_t = \hat{y}_t$，将其代入式（3.35）可得表征经济总需求的动态 IS 曲线：

$$\hat{y}_t = -\frac{1}{\zeta}(\hat{R}_t^D - E_t \pi_{t+1}) + E_t \hat{y}_{t+1} + d_t \tag{3.37}$$

式中，$d_t = \rho_d d_{t-1} + \sigma_d \varepsilon_t^d, \varepsilon_t^d \sim \text{i. i. d. N}(0,1)$ 表示经济的总需求冲击。假设货币当局通过货币政策利率调控直接影响无风险储蓄利率，即有 $\hat{R}_t^D = \hat{i}_t$。

（二）企业

1. 最终品企业

假设最终品市场为完全竞争结构，代表性最终品企业购买中间品 $Y_{j,t}$，并生产出最终品：$Y_t = \left(\int_0^1 Y_{j,t}^{\frac{\theta-1}{\theta}} \mathrm{d}j \right)^{\frac{\theta}{\theta-1}}$，其中，$\theta > 1$ 表示各种中间品之间的不变替代弹性，中间品需求函数为：$Y_{j,t} = \left(\frac{P_{j,t}}{P_t} \right)^{-\theta} Y_t$。由零利润条件得到最终品价格方程：$P_t = \left(\int_0^1 P_{j,t}^{1-\theta} \mathrm{d}j \right)^{\frac{1}{1-\theta}}$。

2. 中间品企业

假设中间品市场为垄断竞争结构，由 $j \in (0,1)$ 之间的连续统企业构成，忽略短期内资本存量的影响，假设代表性企业有以下形式的生产函数：$Y_{j,t} = A_t N_{j,t}$。其中，A_t 为中性技术。厂商通过选择劳动要素以最小化成本函数：$\left(\frac{W_t}{P_t} \right) N_{j,t} - \lambda_{j,t}(Y_{j,t} - A_t N_{j,t})$，其中，$\lambda_{j,t}$ 为拉格朗日乘子。通过优化求解可得企业的真实边际成本为：$MC_{j,t} = \frac{W_t}{P_t A_t}$。

采用卡尔沃（Calvo，1983）的黏性价格假设，假定每一期有 $(1-\omega)$ 比例的企业可以重新调整产品价格，其余 ω 比例的企业无法调整产品价格。价格总水平按 $P_t^{1-\theta}=(1-\omega)(P_t^*)^{1-\theta}+\omega(P_{t-1})^{1-\theta}$ 形式演进，其中，P_t^* 表示所有在 t 期可以最优化其产品价格的企业重新选择的价格，通过优化求解即可得最优价格 P_t^* 的欧拉方程：

$$P_t^* = \left(\frac{\theta}{\theta-1}\right)E_t\sum_{i=0}^{\infty}(\beta\omega)^i MC_{j,t+i} \qquad (3.38)$$

对价格总水平演进方程和式（3.38）进行对数线性化处理，可得表征经济总供给的新凯恩斯菲利普斯曲线（NKPC）：

$$\pi_t = \beta E_t\pi_{t+1} + \delta\hat{y}_t + s_t \qquad (3.39)$$

式中，$\delta=(\zeta+\gamma)(1-\omega)(1-\beta\omega)/\omega$；$s_t=\rho_s s_{t-1}+\sigma_s\varepsilon_t^s$，$\varepsilon_t^s \sim$ i. i. d. $N(0,1)$ 表示经济的总供给冲击。

（三）货币当局

与多数 DSGE 文献直接给定利率规则的表达式不同，本节在经济的总需求约束（动态 IS 曲线）和总供给约束（NKPC）下，通过优化方法推导货币当局的最优利率规则。传统基于通货膨胀和产出缺口的双因素损失函数假设货币当局只关注实际经济波动，忽视了货币政策调整本身引致的成本，不符合稳健中性货币政策的价值取向，而且基于双因素损失函数推导最优货币政策规则时并不受经济总需求的约束（瓦什，2012），这显然有悖于现实。为此，本节借鉴伍德福德（2003）的思路，构建包含通货膨胀、产出缺口和利率在内的三因素损失函数以综合考虑货币当局对经济波动和利率稳定化的关注。由于利率波动也会引起货币当局的损失，因此，利率调整受到限制，此时经济的总需求约束可以对货币当局的最优决策产生实质性影响。三因素损失函数形式如下：

$$Loss_t = f(\pi_t^2, \vartheta\hat{y}_t^2, \sigma\hat{i}_t^2) \qquad (3.40)$$

式中，$f(\cdot)$ 为线性函数，参数 ϑ 和 σ 分别表示产出缺口和利率在损失函数中的权重。

借鉴麦克勒姆和尼尔森（2000）、伊文斯和洪卡波西亚（2006）的建模方式，在最优利率规则的推导中，将货币当局的货币政策范式分为相机抉择型和事前承诺型，以比较不同货币政策范式下利率规则的有效性。

1. 相机抉择

在经济总需求和总供给约束下，货币当局每期均会对损失函数进行最优化，以得到当期最优的利率调控规则。此时最优货币政策决策变为以下单期优化问题：

$$\min \quad \pi_t^2 + \vartheta \hat{y}_t^2 + \sigma \hat{i}_t^2$$

$$\text{s. t.} \begin{cases} \hat{y}_t = -\dfrac{1}{\zeta}(\hat{i}_t - E_t\pi_{t+1}) + E_t\hat{y}_{t+1} + d_t \\ \pi_t = \beta E_t\pi_{t+1} + \delta\hat{y}_t + s_t \end{cases} \quad (3.41)$$

经计算，得到相机抉择型货币政策规则：

$$\hat{i}_t = \frac{\vartheta + \delta^2 + \beta\delta\zeta}{\vartheta + \delta^2 + \sigma\zeta^2}E_t\pi_{t+1} + \frac{\zeta(\vartheta + \delta^2)}{\vartheta + \delta^2 + \sigma\zeta^2}E_t\hat{y}_{t+1} + \frac{\zeta(\vartheta + \delta^2)}{\vartheta + \delta^2 + \sigma\zeta^2}d_t + \frac{\delta\zeta}{\vartheta + \delta^2 + \sigma\zeta^2}s_t$$

$$(3.42)$$

与基于双因素损失函数得到的结果不同，在利率波动进入货币当局损失函数后，利率调整不仅着眼于抑制产出缺口和通货膨胀波动，同时也要求尽量降低自身波动，这类似于中央银行的利率平滑操作，利率稳定化的一个重要目的就是防止金融市场过度波动。反映在最优利率规则上就是式（3.42）中的通货膨胀预期、产出缺口预期、需求冲击和供给冲击前的系数相对于双因素损失函数的结果都要更小，这表明相同条件下利率调整幅度降低。

2. 事前承诺

货币当局通过在总需求和总供给约束下，使当期和未来损失函数的贴现值最小化从而得到最优货币政策，为简便考虑，假定货币当局的预期贴现因子与公众一样。此时最优货币政策决策变为如下跨期优化问题：

$$\min \quad E_t \sum_{s=0}^{\infty} \beta^s (\pi_{t+s}^2 + \vartheta \hat{y}_{t+s}^2 + \sigma \hat{i}_t^2)$$

$$\text{s. t.} \begin{cases} \hat{y}_t = -\dfrac{1}{\zeta}(\hat{i}_t - E_t\pi_{t+1}) + E_t\hat{y}_{t+1} + d_t \\ \pi_t = \beta E_t\pi_{t+1} + \delta\hat{y}_t + s_t \end{cases} \quad (3.43)$$

经计算，得到事前承诺型货币政策规则：

$$\hat{i}_t = \left\{ \begin{array}{l} \dfrac{\zeta\sigma(\delta+\zeta)}{\beta(\vartheta+\delta^2+\sigma\zeta^2)}\hat{i}_{t-1} + \dfrac{\vartheta+\delta^2+\beta\delta\zeta}{\vartheta+\delta^2+\sigma\zeta^2}E_t\pi_{t+1} + \dfrac{\zeta(\vartheta+\delta^2)}{\vartheta+\delta^2+\sigma\zeta^2}E_t\hat{y}_{t+1} \\[3mm] + \dfrac{\delta\zeta}{\vartheta+\delta^2+\sigma\zeta^2}\pi_{t-1} + \dfrac{\zeta(\vartheta+\delta^2)}{\vartheta+\delta^2+\sigma\zeta^2}d_t + \dfrac{\delta\zeta}{\vartheta+\delta^2+\sigma\zeta^2}s_t \end{array} \right\}$$

$$(3.44)$$

式（3.44）表明当利率波动进入货币当局的损失函数后，基于事前承诺的利率调整会使最优利率规则内生的表现出平滑机制，而基于双因素损失函数的最优利率规则没有这一特征。与式（3.42）的相机抉择相比，基于事前承诺的利率调整不仅表现出平滑机制，而且还要对上一期通货膨胀进行反应，因此，历史通货膨胀的表现会影响本期利率调整。

（四）预期机制

为避免参数过多而引致参数估计不可识别以及参数校准的过于主观性，本节参照葛兰等（Gelain et al.，2013）、许志伟等（2015）等通过在模型中引入理性预期和简单适应性预期加权设定方式，以刻画更加贴近现实的异质性预期，并以理性预期情形为基准，模拟异质性预期下货币政策调控效果的变化情况。

1. 理性预期

理性预期假说认为公众具有高度理性，会通过自我学习和调整最终实现对经济变量的无偏和一致估计，公众能够准确预测到除随机冲击以外经济变量的基本走势。为简便考虑，与多数 DSGE 文献的做法一致，采取以下完美信息条件下的理性预期假定：

$$E_t^R X_{t+1} = X_{t+1} \tag{3.45}$$

式中，期望因子 $E_t^R(\cdot)$ 表示理性预期。

2. 异质性预期

本节构建的异质性预期同时包含了理性预期机制和适应性预期机制。借鉴葛兰等（2013）的预期设置方式，在适应性预期下，公众对未来的预期基于过去形成的预期以及过去预期与实际值偏差的加成得到：

$$E_t^A X_{t+1} = E_{t-1}^A X_t + \lambda(X_t - E_{t-1}^A X_t) \tag{3.46}$$

式中，期望因子 $E_t^A(\cdot)$ 表示适应性预期；参数 λ 表示对预期偏误的纠正，衡量过去预期与实际值偏差对未来预期的影响权重，其值越大说明未来预期受到过去实际值的影响上升，受过去预期的影响下降，反则反之。由此，通过加权平均可以得到以下异质性预期：

$$E_t^H X_{t+1} = \kappa E_t^A X_{t+1} + (1 - \kappa) E_t^R X_{t+1} \tag{3.47}$$

式中，期望因子 $E_t^H(\cdot)$ 表示异质性预期；参数 κ 和 $(1 - \kappa)$ 分别表示异质性预期中的适应性预期成分和理性预期成分的比例。

三、参数校准和估计

（1）参数校准。在进行贝叶斯估计前，必须对模型中的部分参数进行校准，否则无法识别模型的全部参数。在对参数校准的过程中，同时确保模型存在唯一稳定均衡解。与多数研究一样，将家庭主观贴现因子 β 的季度值校准为 0.99。参照马勇和陈雨露（2014）的估计结果，取居民消费跨期替代弹性的倒数 $\zeta = 0.451$。已有研究中国问题的文献对劳动供给弹性的倒数 γ 取值差异较大，王国静和田国强（2014）注意到这一问题，以他们的估计结果将 γ 设定为 2.2329。对于价格调整的粘滞程度参数 ω，借鉴郭豫媚等（2016），取 $\omega = 0.75$。

（2）数据选择。由于模型系统包含需求冲击和供给冲击 2 个外生冲击，本节选择 2 个观测变量：产出（实际 GDP 衡量）和通货膨胀（CPI 变化率衡量），数据来自中经网统计数据库，区间使用中国 2000 年第 1 季度至 2017 年第 1 季度的数据。其中，真实产出由 CPI 平减得到，变量采用 X - 12 方法进行季节调整，利用一阶差分进行去趋势处理。[①] 此外，使用金融机构 1 年期法定存款基准利率的季度数据变量表示无风险存款利率，以为模型评价部分使用。

（3）先验分布设置。适应性预期中纠错参数 λ 的设定类似许志伟等（2015），令其服从均值为 0.3、标准差为 0.2 的 Beta 分布。异质性预期中的适应性预期成分参数 κ 介于 0 ~ 1，设其服从均值为 0.5、标准差为 0.2 的 Beta 分布。将货币当局损失函数中的产出缺口权重参数 ϑ 设为 0.5，令其服从标准差为 0.2 的 Normal 分布。参照伍德福德（2003），将货币当局损失函数中的利率

[①] 采用 HP 滤波处理数据会存在 DSGE 模型变量和原始数据不匹配的问题，本节采用一阶差分滤去变量中的时间趋势，此外还使用了 *GDP* 平减指数代替 *CPI* 进行贝叶斯稳健性估计，所得结果与原文保持了较高的一致性。

权重参数 σ 设为服从均值为 0.236、标准差为 0.2 的 Normal 分布。参考王国静和田国强（2014）、马勇和陈雨露（2014）等研究，将需求和供给冲击的持久性参数 ρ_d、ρ_s 分别设为服从均值为 0.5、标准差为 0.2 的 Beta 分布，将需求冲击和供给冲击的标准差 σ_d、σ_s 分别设为服从均值为 0.01 的 Inv_Gamma 分布。参数的先验分布及贝叶斯估计结果如表 3 – 12 所示。

表 3 – 12　　　　　贝叶斯估计结果（模拟 10000 次）

参数	先验分布	Model 1		Model 2		Model 3		Model 4	
		后验均值	95% 置信区间	后验均值	95% 置信区间	后验均值	95% 置信区间	后验均值	95% 置信区间
κ	Beta [0.5, 0.2]	—	—	—	—	0.3209	[0.0481, 0.6134]	0.4440	[0.1940, 0.6489]
λ	Beta [0.3, 0.2]	—	—	—	—	0.2137	[0.0004, 0.6200]	0.0786	[0.0001, 0.1635]
ϑ	Normal [0.5, 0.2]	0.0527	[0.0126, 0.0886]	0.5084	[0.2770, 0.7463]	0.0563	[0.0074, 0.1010]	0.5817	[0.3197, 0.8530]
σ	Normal [0.236, 0.2]	0.3611	[0.2662, 0.4803]	0.4474	[0.2079, 0.6697]	0.4034	[0.3189, 0.4914]	0.4544	[0.2150, 0.7050]
ρ_d	Beta [0.5, 0.2]	0.6414	[0.5389, 0.7520]	0.7925	[0.6944, 0.8956]	0.5541	[0.3794, 0.7610]	0.7964	[0.6957, 0.9067]
ρ_s	Beta [0.5, 0.2]	0.1668	[0.0277, 0.2832]	0.5533	[0.4267, 0.7032]	0.1450	[0.0178, 0.2487]	0.2533	[0.0775, 0.4169]
σ_d	Inv_Gamma [0.01, ∞]	0.0149	[0.0078, 0.0211]	0.0715	[0.0339, 0.1128]	0.0146	[0.0075, 0.0227]	0.0702	[0.0321, 0.1126]
σ_s	Inv_Gamma [0.01, ∞]	0.0059	[0.0048, 0.0070]	0.0045	[0.0031, 0.0059]	0.0058	[0.0042, 0.0070]	0.0062	[0.0051, 0.0074]

注：Model 1 为理性预期下的相机抉择模型，Model 2 为理性预期下的事前承诺模型，Model 3 为异质性预期下的相机抉择模型，Model 4 为异质性预期下的事前承诺模型。

四、货币政策模拟分析

（一）模型评价

首先，对模型 Model 1 ~ Model 4 与实际经济的拟合程度进行评价，甄别何种货币政策范式和预期形成机制对现实经济的解释力度更强。表 3 - 13 从标准差、一阶自相关系数与产出缺口的相关系数三个维度分别显示了 Model 1 与 Model 4 与实际经济的拟合程度。整体来看，在与产出缺口的相关系数指标上，Model 2 和 Model 4 的表现与实际经济特征出入很大，表明事前承诺范式不符合中国经济运行现实，在一阶自相关系数和标准差指标上，Model 1 与 Model 3 的拟合效果较为接近，表明中国经济运行呈现出相机抉择特征。进一步从表 3 - 12 的贝叶斯估计结果来看，Model 3 估计出的异质性预期中的适应性预期成分参数 κ 和适应性预期中的纠错参数 λ 在 95% 的置信区间内显著不为零，分别达到 32% 和 21%，与许志伟等（2015）估计出中国公众预期中的适应性成分为 80% 左右的结论比较接近，这进一步表明中国的预期机制的确存在较强的适应性特征。因此，中国的货币政策表现出明显的相机抉择倾向，宏观经济预期呈现出理性预期和适应性预期混合的异质性特征。

表 3 - 13　　　　　　　　模型经济与实际经济比较

标准差				
变量	实际经济	Model 1	Model 2	Model 3	Model 4
产出缺口	0.0119	0.0121	0.0119	0.0124	0.0116
通货膨胀	0.0071	0.0071	0.0095	0.0076	0.0078
利率	0.1132	0.0077	0.0359	0.0970	0.0379

一阶自相关系数				
变量	实际经济	Model 1	Model 2	Model 3	Model 4
产出缺口	0.2867	0.3868	0.2570	0.4197	0.2577
通货膨胀	0.3906	0.4601	0.6385	0.4442	0.3624
利率	0.1507	0.5196	0.8516	0.6493	0.8604

与产出缺口的相关系数				
变量	实际经济	Model 1	Model 2	Model 3	Model 4
产出缺口	1	1	1	1	1
通货膨胀	0.0646	0.0750	- 0.1694	0.1113	0.1192
利率	0.1953	0.1957	- 0.0150	0.3549	- 0.2201

资料来源：作者计算得出。

图 3 – 17 显示了异质性预期下相机抉择模型的动态。在正向需求冲击下，产出缺口、通货膨胀、利率都呈现出正向偏离稳态的响应轨迹；而在正向供给冲击下，产出缺口呈正向反应，通货膨胀和利率均为负向反应。从变量回归稳态的速度看：在需求冲击下，产出缺口大约需 10 期方可收敛，而通货膨胀和利率的收敛速度明显偏慢，显示出较强的粘滞性特征；在供给冲击下，产出缺口只需约 4 期即可完全收敛至稳态，通货膨胀和利率的收敛速度也明显快于需求冲击时的情形。

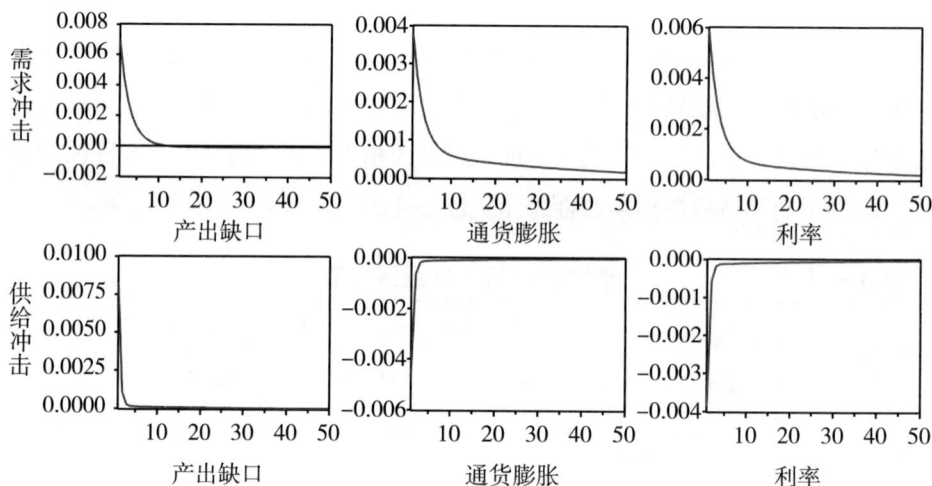

图 3 – 17 异质性预期 + 相机抉择情形下的模型动态

资料来源：作者计算得出。

表 3 – 14 显示了异质性预期下相机抉择模型的方差分解结果。由表 3 – 14 可知，需求冲击对解释各经济变量的贡献权重均明显高于供给冲击，甚至可达到 80% 以上，这表明当前需求冲击是驱动中国经济波动的主要力量，供给冲击的驱动力量十分有限。而由图 3 – 17 可知，需求冲击下主要经济变量回归稳态的速度明显慢于供给冲击时的情形，这种粘滞性特征也是引起当前中国的宏观经济政策稳定化效果不断弱化的一个重要原因。面对此种环境，可以预见在逐渐摆脱外需依赖、大力推进供给侧结构性改革的进程下，未来需求冲击驱动中国经济周期的比重将会得到明显抑制，而供给冲击驱动经济周期的比重则会不断上升，这将有助于提升经济吸收外部冲击后的恢复能力，从而改善宏观经济政策调控的稳定化效果。

表 3-14	方差分解	单位: %
变量	需求冲击	供给冲击
产出缺口	54.54	45.46
通货膨胀	62.89	37.11
利率	83.63	16.37
产出缺口预期	55.56	44.44
通货膨胀预期	66.18	33.82

资料来源: 作者计算得出。

(二) 预期和范式转变对货币政策稳定化调控的影响

本部分, 我们分析当预期由异质性预期转变为理性预期, 或相机抉择转范式转变为事前承诺范式时, 货币政策的经济稳定化绩效会如何变化? 具体的模拟结果如图 3-18 所示。

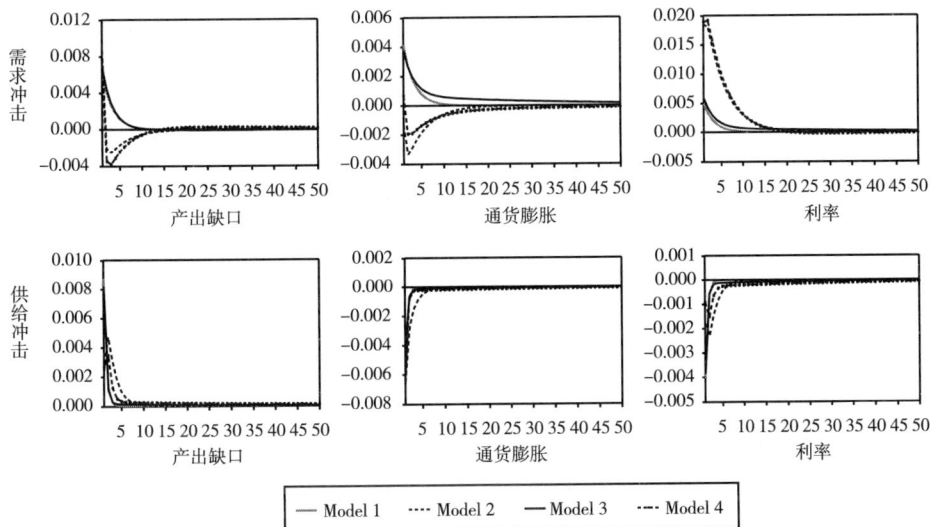

图 3-18 不同预期和范式组合情形下的模型动态

资料来源: 作者计算得出。

1. 需求冲击

从产出缺口动态响应路径来看: 异质性预期下的相机抉择模型向稳态收敛的速度最快, 这符合近年来我国始终将 "稳增长" 作为宏观调控的重中之重的基本事实, 而无论是在理性预期还是异质性预期条件下, 事前承诺下的波动幅度都偏高，收敛速度也更慢。从通货膨胀动态响应路径来看：理性预期下的相机抉择模型收敛速度最快，异质性预期下的粘滞性程度大，难以迅速向稳态回归，尤其是异质性预期下的相机抉择模型。利用 2000 年第 1季度至 2017 年第 1 季度的实际数据分析发现，通货膨胀对稳态的偏离明显高于产出缺口，再次印证了当前我国异质性预期下的相机抉择调控具有"重产出、轻通货膨胀"的特征。从利率动态响应路径来看：相机抉择下的收敛速度最快，其中理性预期下的粘滞性程度又低于异质性预期，而事前承诺下的波动幅度大，粘滞性程度高，难以迅速向稳态回归，其中理性预期情形稍微优于异质性预期。

由于异质性预期中的适应性成分具有预期黏性特征，其调整受过去经济表现的影响较大，如果货币政策此时采取事前承诺范式，则利率调整惯性将增大，由此引起经济变量的调整也会更加缓慢，从而使得异质性预期的黏性特征进一步延长，导致经济恢复稳态的速度也会变慢。从前面的方差分解结果可知，当前我国的经济波动主要由需求冲击驱动，而在需求冲击下，异质性预期下的事前承诺模型的整体收敛效果最差。因此，在当前我国预期呈现明显异质性的背景下，货币政策不宜盲目转向事前承诺范式，否则可能导致宏观政策的稳定化效果锐减，引发更大的福利损失，这也从理论上印证了 2017 年政府工作报告提出加强相机型调控的合理性与必要性。另外，无论货币政策采取相机抉择还是事前承诺，预期的理性程度提高整体上是福利增进的，理性预期本质上是一种前瞻性预期，可以降低过去货币政策调控绩效在以后产生的非合意影响，因此相比于货币政策范式转型，着力提高公众预期的理性程度更加科学、紧迫。

2. 供给冲击

从产出缺口动态响应路径来看：相比于事前承诺，相机抉择下的粘滞性更低，回归稳态的速度更快，而理性预期下的事前承诺模型的粘滞性最高，收敛速度最慢。从通货膨胀动态响应路径来看：相机抉择下的波动幅度最小，收敛速度最快，而理性预期下的事前承诺模型粘滞性最强。从利率动态响应路径来看：理性预期下的相机抉择模型收敛速度最快，其次是异质性预期下的相机抉择，而事前承诺虽然在异质性预期下的波动幅度小于理性预期，但其粘滞性更强，难以迅速回归稳态。这与需求冲击情形下的结果是基本吻合的，都表明"理性预期＋相机抉择"组合的利率稳定化效果最佳，而"异质性预期＋事前承诺"组合的利率稳定化效果最差，再次印证在公众预期没有明显改善的条件下，货币政策不宜盲目转向事前承诺范式的结论。

对比两类冲击下的结果可以发现，各主要经济变量吸收供给冲击后回归稳态的速度和程度要明显优于需求冲击，这表明不仅是预期和货币政策范式，导致经济波动的外部冲击大环境对货币政策的经济稳定化效果具有直接的重要影响。因此，深入推进供给侧结构性改革，扭转国内经济对外需的依赖性可以为增强宏观调控的稳定化效果提供十分有益的经济环境。抑制需求波动、平稳转换经济驱动力、着力改善公众预期、科学实施相机型调控是提升我国货币政策稳定化绩效的重要路径，而不宜盲目转向事前承诺范式，否则可能导致宏观政策的稳定化绩效锐减，引发更大的福利损失。

另外值得注意的是，一般认为"理性预期＋事前承诺"的组合应该优于"理性预期＋相机抉择"，但上述模拟结果否定了这一点。原因在于，本节构建的相机抉择范式是在既定的央行单期损失函数和一定约束下得到的，本质上是一种"相机抉择型规则"，不同于理论上纯粹的几乎无约束的相机抉择，这样就使相机抉择具备了在保持较大灵活性的同时兼具规则约束的特点，从而可以产生更好的经济稳定化效果。而且，由于假设央行的货币政策操作具有利率稳定化倾向，因此，反映在利率动态响应路径图中，可以看到相机抉择在利率调整上的灵活性优势更加突出。

（三）利率稳定化操作的福利效应

本节的贝叶斯估计结果显示，货币当局损失函数中的利率权重参数 σ 为 0.4034，表明中国的货币政策实施确实考虑了利率稳定化因素，反映了货币政策的中性基调及其对金融稳定的关注。为分析是否纳入利率稳定化操作对货币政策调控效果的影响，取 $\sigma=0.001$ 以表示货币政策不采取利率稳定化操作，并与当前 $\sigma=0.4034$ 的基准情形进行比较分析。[①] 由图 3-19 可知：（1）在需求冲击下，不采取利率稳定化操作会导致利率波动大幅提高，而对产出缺口和通货膨胀波动的抑制效果更好；（2）在供给冲击下，利率稳定化操作与否的经济波动效应差别很小。

---

① 由于 σ 取 0 时，经济总需求方程无法对货币政策制定形成实际约束，为比较需求冲击下货币政策采取利率稳定化操作与否带来的经济波动效应变化，取 $\sigma=0.001$ 以近似表示不采取利率稳定化操作时的情形。

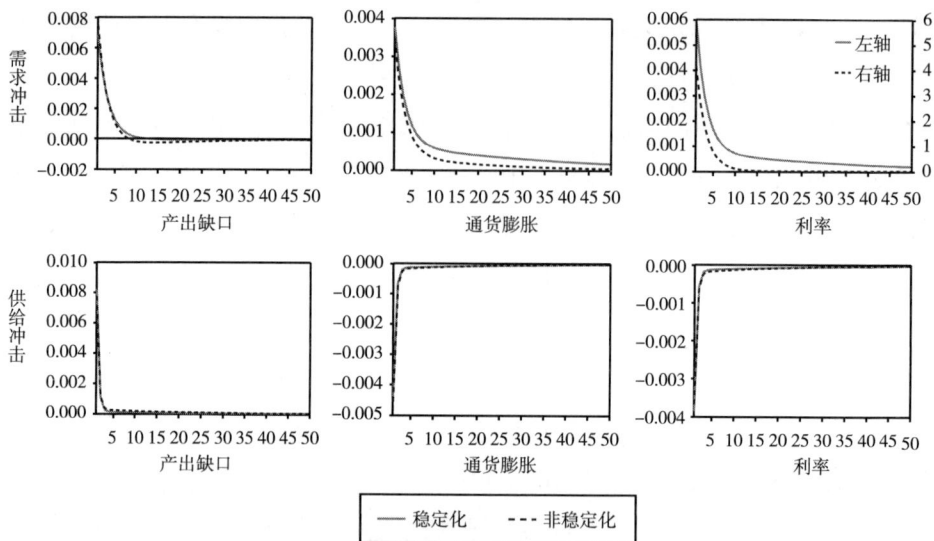

图 3 – 19   利率稳定化操作的经济波动效应

资料来源：作者计算得出。

参照伍德福德（2003）的做法，本节进一步通过计算福利损失量化利率稳定化操作对货币政策调控效果的综合影响，令 $Loss = E_t \sum_{s=0}^{50} \beta^s (\pi_{t+s}^2 + \vartheta \hat{y}_{t+s}^2 + \sigma \hat{i}_t^2)$，以测算经济充分回归稳态过程中经济波动的福利损失。由表 3 – 14 可知：（1）不采取利率稳定化操作会导致需求冲击下的福利损失大幅提高，而供给冲击下的福利损失明显更低，总体上不采取利率稳定化操作导致的整体福利损失高于利率稳定化操作；（2）横向来看，无论货币政策是否采取利率稳定化操作，需求冲击导致的福利损失都显著高于供给冲击，而不采取利率稳定化操作所导致的福利损失在供求冲击间的分布差距更大。因此，在当前以需求冲击为主导的情况下，采取利率稳定化操作能使福利损失大幅减少，这也从理论上支持了 2016 年中央经济工作会议提出的"货币政策要保持稳健中性"政策基调的科学性。此外，无论是否采取利率稳定化操作，扭转需求冲击对我国经济的主导驱动力，都将显著降低经济的福利损失。

表 3 – 14   两类情形下的福利损失比较

是否采取利率稳定化操作	需求冲击	供给冲击
否（$\sigma = 0.001$）	0.0302	3.39937E-05
是（$\sigma = 0.4034$）	6.9486E-05	3.12648E-05

资料来源：作者计算得出。

五、结论和政策建议

本节将异质性预期引入新凯恩斯模型，并基于包含利率稳定化目标的三因素损失函数推导了相机抉择和事前承诺两种货币政策范式，对比分析了不同外生冲击影响下，预期理性程度变化和货币政策范式转变的经济波动效应，还进一步探讨了利率稳定化操作对货币政策调控有效性的影响。贝叶斯估计和模型评价结果显示：当前中国货币政策表现出明显的相机抉择倾向，货币政策实施在一定程度上考虑了利率稳定化操作；宏观经济预期呈现出理性预期和适应性预期混合的异质性特征；需求冲击是当前驱动经济波动的主要力量。进一步的模拟结果发现：提升预期的理性程度整体上是福利增进的，而且无论是在理性预期还是异质性预期下，需求冲击导致的经济波动向稳态收敛的时间都要明显长于供给冲击；事前承诺并不一定优于相机抉择，当预期呈现有限理性的异质性特征时，事前承诺的货币政策反而导致经济波动的幅度更大、恢复稳态的时间更长；货币政策忽视利率稳定化操作将导致更高的整体福利损失，而需求冲击下的福利损失又显著高于供给冲击。

为此，本节建议：（1）中央银行应着力提高预期管理水平以提升公众预期的理性程度，因为无论在何种外生冲击或货币政策范式下，提高预期理性程度总体上都是福利增进的。（2）在当前公众预期呈现异质性预期特征的背景下，相机型调控具有合理性，货币政策不宜盲目向事前承诺范式转型，异质性预期下采取事前承诺政策反而会导致经济出现更大波动。（3）在当前经济波动主要由需求冲击驱动的条件下，货币政策应该采取利率稳定化操作，保持稳健中性的货币政策基调有助于防止不必要的利率扰动影响金融稳定，从而可显著降低福利损失。（4）逐步摆脱外需依赖、大力推进供给侧结构性改革有助于提升宏观调控的稳定化效果，在驱动经济周期的主要动力由需求面转向供给面后，经济恢复稳态的时间有望大幅缩短。本节的研究为理解当前货币政策框架改革，提升货币政策调控绩效提供了几点有益视角。

第四章

宏观审慎政策及其创新

第一节　实践中的问题和创新思路

一、完善动态拨备制度是金融监管改革的重要方向

所谓"宏观审慎"，是相对于微观审慎而言的，指的是金融监管当局为减少金融危机或经济波动给金融体系带来的损失，从金融市场整体而非单一机构角度实施的各种制度安排。实行宏观审慎监管的根本原因是，尽管金融机构和企业选择谨慎的个体行为，却仍可能会在整体上造成系统性问题，加大系统性风险，专注于微观层面的监管忽视了宏观层面的因素，由此导致金融体系的合成谬误，即微观金融个体健康的总和并不等于整体金融体系的健康。宏观审慎政策的工具体系也十分庞杂，只要被赋予了宏观审慎操作理念，即使是既有的微观审慎监管工具也可被纳入宏观审慎政策的范畴。

透视数据发现，新常态以来，我国银行业的整体净息差水平和资产利润率显著下降；拨贷比虽然一直在上升，但拨备覆盖率却持续下降；在正常类贷款占比下降的同时，关注类贷款占比明显增加；而不良贷款率由2012年第1季度的0.94%持续升至2019年第4季度的1.86%，损失类贷款占比也由0.14%增加到0.3%。在实体经济疲软和利率市场化不断深化的大背景下，商业银行一方面不断拓宽业务范围，以逐步摆脱利差收入缩小带来的不利影响；另一方面也悄然通过松动拨备计提等监管要求来缓解利润紧张的局面。针对目前银行

业普遍下调拨备覆盖率的现象，对现行拨备监管制度提出以下几点思考。

（1）目前150%的拨备覆盖率监管红线并非出于强化监管的目的，而是源于对商业银行潜在信贷风险的担忧。过去几年中，国内多家大型银行的拨备覆盖率曾经逼近甚至跌破150%的监管红线。表面上看，我国的拨备覆盖率要求远远超出国际上80%左右的通行标准，放松监管标准看似仍属谨慎范围。但考虑到商业银行在贷款分类中普遍存在不够审慎的地方，关注类贷款中有相当一部分可能随时转化为不良贷款，其中的隐性不良贷款规模不容小觑。此外，由于地方政府干预和优化资产负债表动机等因素，商业银行的正常贷款中也有相当一部分是通过展期操作形成的，这部分贷款的偿付能力十分令人担忧，由此进一步加剧了隐性不良贷款的产生。综上所述，可以看出监管当局将拨备覆盖率红线设定为150%并非完全是出于强化监管的目的，更多的是在对商业银行隐性不良贷款规模进行合理判断基础上做出的应有举措。

（2）目前我国银行业的动态拨备主要由拨贷比指标完成，拨备覆盖率变化更多体现的是监管强度改变，并非逆周期调控的体现。当下，有些观点认为适当下调拨备覆盖率标准是对逆周期宏观审慎调控理念的体现，有助于商业银行在经济增速放缓、利润增长乏力的情况下改善经营绩效，更好地发挥金融助力实体经济的作用。但是考虑到目前我国的拨备覆盖率指标尚未成为逆周期调控的主要工具，下调拨备覆盖率红线更多反映的应该是监管强度的变化，而并非源于逆周期调控。原因在于，自2011年出台《中国银行业实施新监管标准的指导意见》确定150%的拨备覆盖率红线以来，这项指标并未适时依据经济形势做出调整，执行动态拨备主要由拨贷比指标完成。拨备覆盖率锚定的是不良贷款，但是为避免银行在经济上行期掉入"低不良、高拨备覆盖率"陷阱，又引入与贷款规模挂钩但与贷款质量无关的拨贷比监管指标，这无疑增强了拨备计提的前瞻性，有助于商业银行在信贷扩张时期积累充足的资本，用于经济下行期吸收损失。

（3）拨贷比对银行的约束作用不断削弱，在不良贷款率高企的背景下，应努力将拨备覆盖率培育成合格的动态拨备监管工具。按照当前拨备覆盖率150%和拨贷比2.5%两者孰高来确定拨备计提的规则所决定的临界不良贷款率是1.67%，而当前官方公布的我国银行业整体不良贷款率已逼近2%，拨贷比指标的约束力实际已经大为削弱，拨备覆盖率指标成为当前影响商业银行拨备计提的主要因素。拨贷比监管虽然与总量信贷挂钩，避免了因银行贷款分类不审慎导致的拨备计提不足，同时又在一定程度上使拨备计提涵盖未来潜在的信贷风险，因此具有部分动态拨备的特点。但其并不直接针对不良贷款，对经济的违约风险敏感性较弱，有可能导致不良贷款规模与一般准备金出现负相关。由于拨贷比监管回避了银行贷款质量问题且对信贷违约风险反应不足，其指标的强度设计也因此缺乏科学、明晰的依据和标准，是一种"消极"的逆周期安排。

整体上，中国目前的拨备制度并未有效体现出逆周期性。而拨备覆盖率监管虽然直接针对不良贷款，但经验数据表明，信贷增长对不良贷款率的影响具有一定时期的滞后性，过去的信贷增长会导致一定时期以后不良贷款率提高，由此导致现有拨备覆盖率监管前瞻性不足。另外，不良贷款的形成主要依据现行的五级贷款分类标准，而贷款质量与经济周期之间存在密切的联动关系，因此也使得商业银行的专项拨备计提存在显著的顺周期现象。动态拨备强调在监管当局对整个经济周期的违约风险进行科学评估的基础上，拨备计提不仅应当反映当期贷款损失，同时也应针对未来风险变化进行前瞻性调整，从而保证在经济上行期提足拨备以覆盖经济下行期的损失。尽管当前拨备覆盖率监管仍然存在诸多问题，但并不妨碍将其培育成合格的动态拨备监管工具，关键在于使不良贷款分类能够充分反映预期损失，提高拨备计提对中长期损失的应对力度，并在科学评估经济周期的基础上适时、适度调节拨备覆盖率强度。

（4）在商业银行利润压力趋紧和实体经济不振的大背景下，可以考虑适度降低拨备监管强度，同时必须加快完善动态拨备制度建设。本节构建一个包含银行部门和监管当局在内的五部门动态随机一般均衡模型，通过模拟分析发现：第一，为缓解银行的利润考核压力，可以适度放松拨备监管强度，原因在于拨备监管强度的合理调低不会助推经济波动，反而在拨备计提平滑程度较低的情况下，这一举措能够较为显著地改善经济波动状况；第二，大力推进动态拨备有助于"熨平"经济波动，随着拨备计提的平滑程度不断提高，抑制经济波动的效果也越来越好；第三，随着动态拨备不断推进，放松拨备监管强度对于改善经济波动效果的影响逐渐递减。

针对上述实践中发现的问题，提出以下三点政策建议。

（1）在当前情况下，监管当局可以考虑适度下调拨备覆盖率监管红线，这不仅有助于缓解商业银行的利润考核压力，同时也有助于抑制经济波动。这主要是因为适度降低拨备监管强度有助于提高商业银行的信贷投放，避免商业银行因利润考核压力而从事高风险资产配置，进而诱发金融风险，助长经济波动。

（2）随着动态拨备制度的不断完善，拨备计提的平滑程度也将稳步提高，这对抑制经济波动、改善经济运行绩效具有显著作用，但同时降低拨备监管强度所带来的刺激效果也将受到极大削弱。

（3）降低拨备监管强度虽然在短期内可起到缓解商业银行利润考核压力的作用，但这一举措并不能作为常规工具使用，而且其"熨平"经济波动的效果会随着拨备计提平滑程度的提高而不断削弱；另外，加快推进和完善动态拨备制度应该成为我国拨备监管改革的主要方向，这符合商业银行供给侧改革的要求。通过提高拨备计提的平滑程度不仅有助于抑制拨备的顺周期性，起到缓解经济波动的作用，而且在经济下行期也同样可缓解商业银行信贷资金供给不足的压力。

二、提升宏观审慎政策效应：动产抵押与动态拨备的配合视角

（一）缓解信贷过度紧缩的供给端治理：宏观审慎政策

2008年金融危机以来，加强宏观审慎调控开始成为各国金融监管当局的改革重点。中国银监会从2009年开始考虑引入动态拨备制度，2012年7月1日起开始实施全球统一的资本监管标准。通过前瞻性地运用逆周期宏观审慎工具，要求商业银行在经济上行期和利润较好的情况下多计提拨备和资本，在经济下行期少计提拨备和资本以缓解信贷供给的过度紧缩。从图4-1来看，在金融危机以前，我国信贷顺周期变化的趋势十分显著，而危机之后这种顺周期性得到了明显改善。逆周期宏观审慎政策具有两大特点：一是"居安思危"，要求商业银行在经济形势好的时候抑制放贷冲动，提高经营的稳健性；二是"临危不惧"，要求商业银行在经济形势差的时候抑制惜贷冲动，助力经济走出低谷。通过"以丰补歉"这一跨期抵补损失的方式，使得商业银行在危机时能够"临危不惧"，在繁荣时也能"居安思危"。

尽管宏观审慎政策在实施过程中面临着会计准则、经济周期识别、激励机制设计等多重技术挑战，但总的来看，它对改善信贷顺周期性尤其是危机时的信贷过度紧缩具有十分重要的意义。同时也应该看到，宏观审慎政策只能解决信贷资金供给端的顺周期性问题，在危机时期，依靠宏观审慎调控只能缓解信贷供给的过度紧缩，而信贷过度紧缩的程度还取决于信贷资金的需求方——企

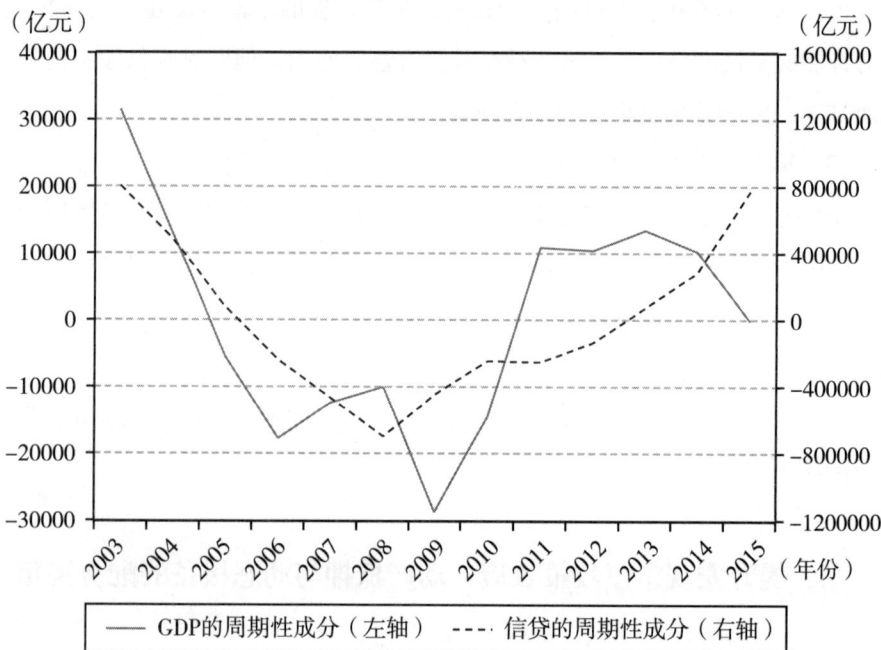

图 4 - 1 金融危机前后信贷与 GDP 的周期性成分走势

资料来源：Wind 数据库，图形根据作者运用 H - P 滤波提取的金融机构本外币各项贷款和 GDP 指标的周期性变动趋势绘制而成。

业。2012 年发布的新《商业银行资本管理办法（试行）》虽然调低了小微企业的风险暴露权重，激励了商业银行向小微企业倾斜贷款供给，但问题在于小微企业往往十分依赖抵押融资，而经济下行期资本品等抵押物价值通常会明显缩水，这就可能导致小微企业的有效信贷需求下降，从而削弱信贷供给放松的政策意图。因此，必须考虑从企业层面来提振信贷的有效需求，配合供给端政策来有效缓解信贷过度紧缩。

（二）解信贷过度紧缩的需求端治理：动产抵押融资

中小企业是国民经济的重要支柱，我国中小企业（含个体工商户）占企业总数的 94.15%，创造的最终产品和服务价值占到 GDP 总量的 60%，纳税额占到了国家税收总额的 50%（吕劲松，2015）。但是中小企业的融资难问题却一直十分突出，在 2009 年为应对金融危机进行的信贷规模扩张中，中小企业获得的贷款仅占 25%，不仅存量占比偏低，而且增量提高趋缓（卢文阳，2010）。2010 年以来，我国不同类型企业的人民币贷款量变化差别十分明显，小微企业的贷款量增速下降十分明显，中型企业的贷款量增速也是稳中趋降，而大型企业的贷款量增速则相对稳定。中小企业的融资难困境不仅不利于盘活实体经济，也不利于发挥宏观审慎政策在危机时抑制信贷过度紧缩和"熨平"经济波动的作用。

中小企业融资难的原因主要在于信贷市场的信息不对称、企业经营管理不规范、信用等级偏低、金融体系不完善等，因此与大型企业相比，中小企业会更加依赖抵押融资。2009 年以来我国小型企业贷款中的抵（质）押贷款比重超过了 50%，明显高于大型企业。在经济下行期，由于房地产等主要不动产的价值贬值，导致中小企业的可抵押资产价值大幅缩水，从而严重削弱了有效信贷需求。因此，有必要加快建立和完善以动产为担保品的抵押融资模式，提高企业信用能力，缓解企业融资约束。新颁布的《中华人民共和国物权法》扩大了动产担保物的范围，允许以协议方式对现有或将有的生产设备、原材料、半成品、产品抵押，允许抵押人将其财产一并抵押，允许应收账款质押等，这对缓解企业融资约束，抑制危机时有效信贷需求下降无疑具有重要意义。

我国中小企业资产价值的 70% 以上是应收账款和存货等动产，因此，融资难的真正"瓶颈"在于动产融资业务的推进过程缓慢。在经济发达国家，动产融资业务已开展得相当成熟，如美国小微企业 90% 以上的担保融资来自于动产。根据国家统计局 2009 年的数据显示，我国所有企业拥有的存货动产高达 51394 亿元，其中，中小企业拥有 30326 亿元。如果按照 50% 的贷款折扣率计算，这些资产可以担保生成约 1.6 万多亿元的贷款，相当于我国金融机构一年的新增贷款额的 50% 以上。因此，有序推进动产抵押融资对于提振企业有效信贷需求、缓解信贷过度紧缩具有重要作用。

（三）缓解信贷过度紧缩的供求配合设计

图 4 - 2 提供了一个从信贷资金供求视角来分析经济下行期缓解信贷过度紧缩问题的框架。在经济受到负面冲击前，信贷供给曲线 S 和信贷需求曲线 D 形成均衡信贷水平 Q^1；负面冲击发生后，因信贷供给的顺周期性导致供给曲线退化为 S'，同时企业有效信贷需求下降导致需求曲线退化为 D'，由此形成新的均衡信贷水平 Q^2。此时，如果实施逆周期宏观审慎政策，如放松资本或拨备要求，则可以降低信贷供给的萎缩程度，供给曲线由 S' 移至 S''，对应的均衡信贷水平为 Q^3。如果更进一步，提高动产在抵押融资中的比例，则企业

有效信贷需求将会上升，需求曲线由 D' 移至 D''，均衡信贷水平也将由 Q^3 增至 Q^4。可见，同时配合使用动产抵押和宏观审慎政策抑制信贷过度紧缩的效果要优于单独使用宏观审慎政策，其增进的效果使均衡信贷水平进一步提高了（$Q^4 - Q^3$）。

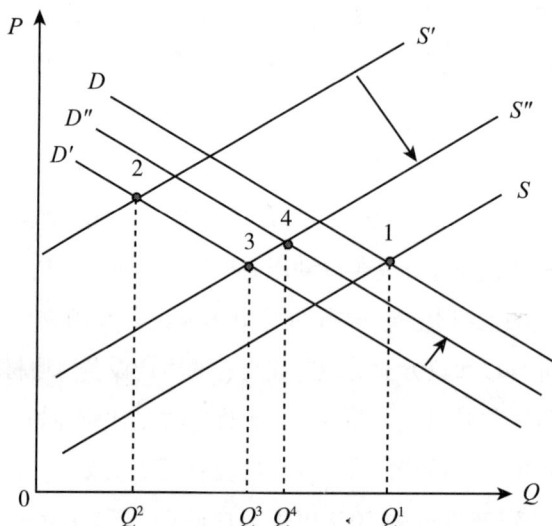

图4 – 2　抑制信贷过度紧缩的供求分析

资料来源：图形由作者自己绘制而成。

　　进一步，为具体测算出动产抵押和宏观审慎政策在配合过程中的最优实施力度，我们以宏观审慎政策中的动态拨备为例，通过构建一个包含内生银行部门的新凯恩斯 DSGE 模型，分别刻画信贷资金需求方企业的贷款抵押条件和信贷资金供给方银行的贷款损失准备金计提方程来引入动产抵押和动态拨备。模拟分析的结果如图 4 – 3 所示，使福利损失达到最小的最优配合区间要求动态拨备计提的前瞻性程度达到 0.75 ~ 0.8，同时动产抵押比例要达到 0.3 ~ 0.45，即企业动产中应有 30% ~ 45% 的比例纳入可抵押品范围。同时，模拟结果还显示，在推进动产融资的过程中应注重科学把握实施力度，否则容易矫枉过正，当动产抵押比例达到 85% 以上时，福利损失达到最大，这与动产资源本身具有的价值波动大、易耗损、难变现等一系列风险特征有关系。

（四）对策建议

　　（1）加快构建和完善宏观审慎政策体系，抑制信贷供给的顺周期性。执行宏观审慎政策的首要条件是能够科学识别经济周期，其次必须克服执行过程中监

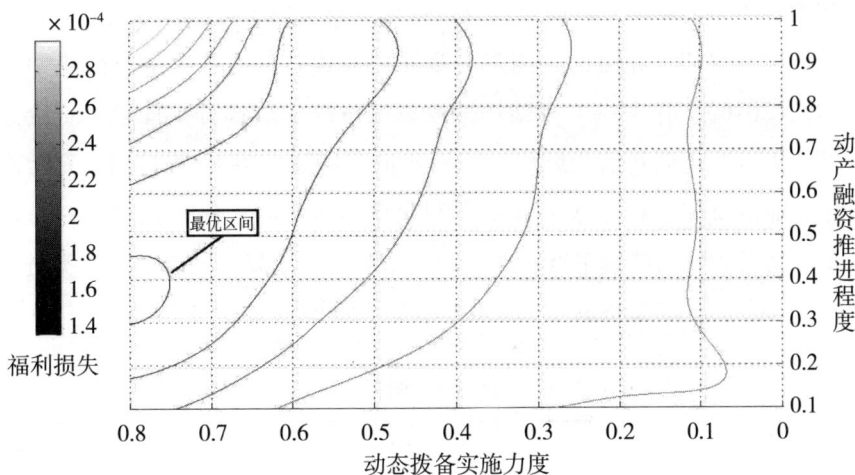

图 4 – 3   动产融资和动态拨备的最优配合测算

资料来源：图形由作者根据 DSGE 模型的模拟分析结果绘制而成。

管要求的前瞻性与会计准则实现制之间的冲突，最后必须设计行之有效的激励机制敦促商业银行在实际经营过程中秉持宏观审慎管理理念，防止跟风、冒进。

（2）合理、有序推进动产抵押融资业务，缓解有效信贷需求不足。中小企业是动产融资的迫切需求者，但同时自身也存在财务制度不规范、信用等级偏低、经营风险高等不利因素。因此，当务之急是建立并完善企业征信体系，然后对企业动产资源按风险进行科学分类，逐步、适度地将其纳入可抵押范围。

（3）加快完善多层次银行体系建设，提高区域性中小银行服务地方的积极性。目前动产融资中的应收账款融资业务主要集中于大型银行。虽然中小型银行的主要目标客户是资产价值中应收账款和存货资源占比较大的中小企业，但应收账款融资业务在中小银行中并没有得到充分发展。因此，必须提高中小银行在服务中小企业融资这一细分市场上的积极性和专业水平。

第二节   动态拨备监管制度及经济效应

一、国内外相关研究综述

随着我国利率市场化进程的不断加快，商业银行利息收入持续受到挤压，在利润考核压力的驱动下，商业银行拨备计提越发趋于宽松，与此同时，经济增速的持续放缓和产业结构的调整升级使商业银行的潜在信贷风险不断积聚（张雨婷，2016）。作为供给侧结构性改革的重要组成部分，推动信贷资金供给方商业银行改革创新信贷风险管理模式迫在眉睫。图4-4显示：新常态以来，银行业的整体净息差水平和资产利润率显著下降；拨贷比虽然一直在上升，但拨备覆盖率却持续下降；在正常类贷款占比下降的同时，关注类贷款占比增加至4%；而不良贷款率由2012年第1季度的0.94%持续升至2016年

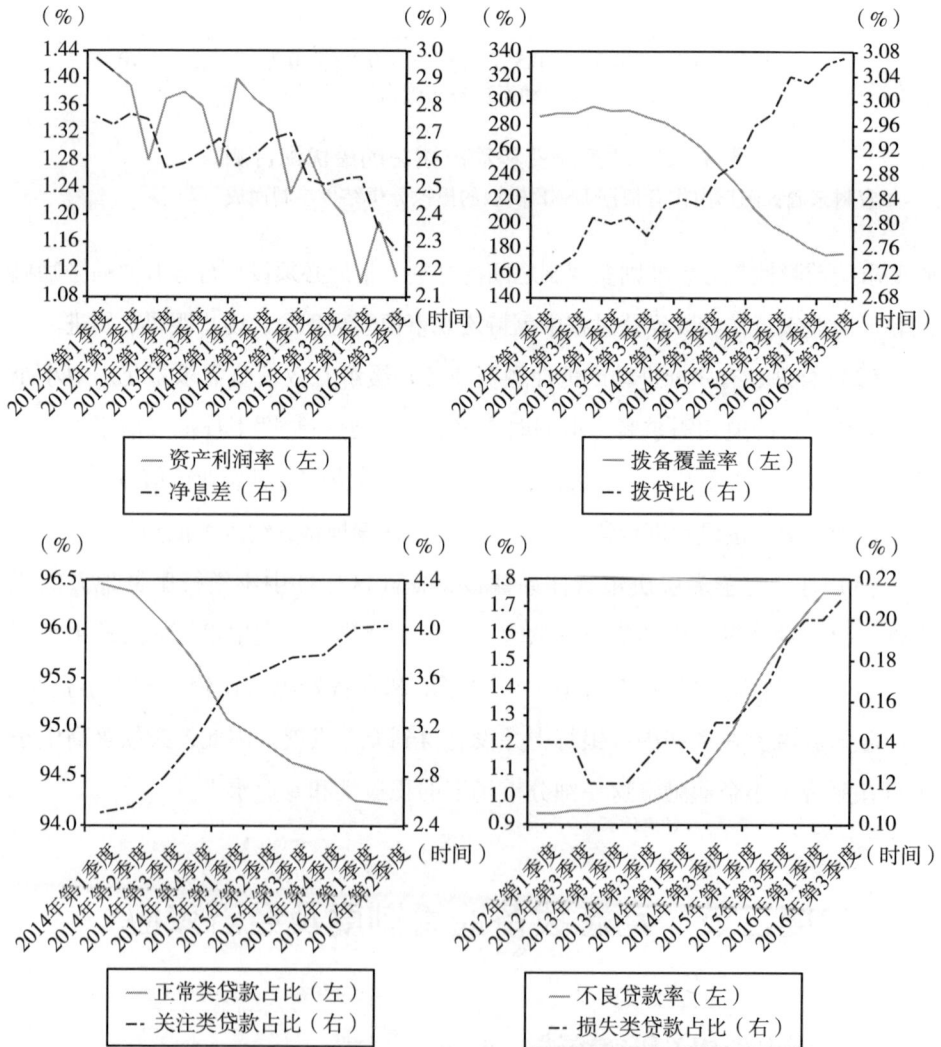

图4-4 近年来我国商业银行利润、拨备和贷款结构变化
资料来源：Wind数据库，图形由作者根据相关数据整理绘制而成。

第 2 季度的 1.75%，损失类贷款占比也由 0.14% 增加到 0.21%。在实体经济疲软和利率市场化不断深化的大背景下，商业银行一方面不断拓宽业务经营范围，以逐步摆脱利差收入缩小带来的不利影响；另一方面也试图通过放松拨备计提等监管指标来缓解利润紧张的局面（王好强，2016）。

前几年，国内多家大型银行的拨备覆盖率已逼近甚至跌破 150% 的监管红线。表面上看，我国的拨备覆盖率要求远远超出国际上 80% 左右的通行标准（连平，2016），放松监管标准看似仍属谨慎范围。但考虑到商业银行在贷款分类中普遍存在不够审慎的地方，关注类贷款中有相当一部分可能随时转化为不良贷款，其中的隐性不良贷款规模不容小觑。此外，由于地方政府干预和优化资产负债表动机等因素，商业银行的正常贷款中也有相当一部分是通过展期操作形成的，这部分贷款的偿付能力十分令人担忧，因此进一步加剧了隐性不良贷款的产生。综上所述，可以看出监管当局将拨备覆盖率红线设定为 150% 并非完全是出于强化监管的目的，而是在对商业银行隐性不良贷款规模进行合理判断基础上做出的应有举措。

当下，有些观点认为适当下调拨备覆盖率标准体现了逆周期宏观审慎调控理念，有助于商业银行在经济增速放缓、利润增长乏力的情况下改善经营绩效，更好地发挥金融助力实体经济的作用。但是考虑到目前我国的拨备覆盖率指标尚未成为逆周期调控的主要工具，下调拨备覆盖率红线更多反映的应该是监管强度的变化，而并非源于逆周期调控。原因在于，自 2011 年出台《中国银行业实施新监管标准指导意见》确定 150% 的拨备覆盖率红线以来，这项指标并未适时依据经济形势做出调整，执行动态拨备主要由拨贷比指标完成。拨备覆盖率锚定的是不良贷款，为避免银行在经济上行期掉入"低不良、高拨备覆盖率"陷阱，引入与贷款规模挂钩但与贷款质量无关的拨贷比监管要求，增强了拨备计提的前瞻性，有助于商业银行在信贷扩张时期积累充足的经济资源，用于经济下行期吸收损失。但是，当前按照拨备覆盖率 150% 和拨贷比 2.5% 两者孰高来确定拨备计提的规则所决定的临界不良贷款率是 1.67%，而当前官方公布的我国银行业整体不良贷款率就已超过 1.9%，拨贷比指标的约束力实际已经大为削弱，拨备覆盖率指标成为当前影响商业银行拨备计提的主要因素。

拨贷比监管虽然与总量信贷挂钩，避免了因银行贷款分类不审慎导致的拨备计提不足，同时又在一定程度上使拨备计提涵盖未来潜在的信贷风险，因此具有部分动态拨备的特点。但其并不直接针对不良贷款，对经济的违约风险敏感性较弱，有可能导致不良贷款规模与一般准备金出现负相关（王兆星，2014）。由于拨贷比监管回避了银行贷款质量问题且对信贷违约风险反应不足，其指标的强度设计也因此缺乏科学、明晰的依据和标准，是一种"消极"的逆周期安排。尽管巴塞尔协议Ⅲ早已引入我国，但目前银行业的许多监管措施都尚未有效嵌入逆周期调控模式，除资本缓冲亟待完善逆周期调节机制外（翟光宇、刘萌萌，2016），拨备制度也未有效体现出逆周期性（银监会财会部动态拨备课题组，2010）。而拨备覆盖率监管虽然直接针对不良贷款，但经验数据表明，信贷增长对不良贷款率的影响具有一定时期（大约3年）的滞后性，过去的信贷增长会导致一定时期以后不良贷款率提高（李怀珍，2012），由此导致现有拨备覆盖率监管前瞻性不足。另外，不良贷款的形成主要依据现行的五级贷款分类标准，而贷款质量与经济周期之间存在密切的联动关系，由此也使得商业银行的专项拨备计提存在显著的顺周期现象。

尽管当前拨备覆盖率指标监管仍然存在诸多问题，但并不妨碍将其培育成合格的动态拨备监管工具，关键在于使不良贷款分类能够充分反映预期损失，提高拨备计提对中长期损失的应对力度。动态拨备强调在监管当局对整个经济周期的违约风险进行科学评估的基础上，拨备计提不仅应当反映当期贷款损失，同时也应针对未来风险变化进行前瞻性调整，从而保证在经济上行期提足拨备以覆盖经济下行期的损失，这种"以丰补歉"的计提方式具有前瞻性和逆周期性，平滑了商业银行的信贷投放，具有抑制信贷和经济过度波动的功能。目前，学术界对动态拨备可以抑制银行体系顺周期性、"熨平"经济波动大多持肯定态度。博里奥等（Borio et al.，2001）指出，由于会计准则、税收约束和衡量风险的方法等因素限制，在经济衰退期，传统的后顾性拨备会提高计提强度，从而进一步加剧信贷紧缩。为抑制银行体系的顺周期性，马伊诺尼和卡瓦罗（Majnoni & Cavallo，2001）、吉梅内斯等（Jimenez et al.，2006）建议实行具有前瞻性的动态拨备，在损失计提过程中充分考虑银行信贷风险在整个经济周期中的变化。布瓦捷和勒珀蒂（Bouvatier & Lepetit，2012）、阿格诺尔和西尔伯曼（Agénor & Zilberman，2015）等证实，相对于后顾性拨备计提方式，考虑了全周期信贷损失的动态拨备对抑制银行信贷的顺周期性具有显著效果。许友传等（2011）则指出实施动态拨备虽然有利于降低信贷供给的顺周期效应，但在操作中必须把握好对信贷风险时间长度的考虑，否则容易混淆拨备管理与资本管理的数量边界。

二、DSGE 模型的构建

本节在泰勒和西尔伯曼（Tayler & Zilberman，2014）、阿格诺尔和西尔伯曼（Agénor & Zilberman，2015）模型的基础上，构建一个包含家庭、厂商、银行、监管当局和中央银行在内的五部门 DSGE 模型。与他们不同的是，本节同时将资本和拨备监管纳入当局的政策工具箱，以更加贴近现实经济运行，在利用拨备工具进行监管时，本节将其分解为计提的强度和平滑程度两个维度分别进行分析。

（一）家庭部门

假定经济中存在连续统的家庭部门，其中任意家庭 $i \in (0,1)$，家庭进行消费、储蓄、持有银行资本并供给劳动。代表性家庭的最优决策问题是在一定的真实预算约束下实现其跨期效用最大化：

$$\max U_t = E_t \sum_{s=0}^{\infty} \beta^s \left\{ \frac{(C_{t+s})^{1-\zeta^{-1}}}{1-\zeta^{-1}} - \frac{N_{t+s}^{1+\gamma}}{1+\gamma} \right\} \tag{4.1}$$

$$\text{s.t.} \quad C_t + D_t + V_t = \frac{R_{t-1}^D D_{t-1}}{\pi_t} + \frac{R_{t-1}^V (1-\xi_{t-1}^V) V_{t-1}}{\pi_t} + W_t^R N_t + \Pi_t \tag{4.2}$$

式中，β 表示主观贴现因子，C_t 表示消费，ζ 表示消费的跨期替代弹性，N_t 表示家庭的劳动供给，γ 表示劳动供给弹性的倒数，π_t 表示通货膨胀。在真实预算约束中：D_t 表示家庭持有的银行储蓄，R_t^D 表示无风险的储蓄毛利率；V_t 表示家庭持有的银行资本，R_t^V 表示银行资本的毛回报率，ξ_t^V 表示银行资本中留作贷款损失准备金的比例，W_t^R 表示实际工资，Π_t 项包括来自中间品企业、零售商、商业银行的经营利润以及家庭支付的税收。

在预算约束式（4.2）下最大化目标函数式（4.1），得到代表性家庭最优化问题的一阶条件：

$$E_t \frac{C_{t+1}^{-\zeta^{-1}}}{C_t^{-\zeta^{-1}}} = \frac{\pi_{t+1}}{\beta R_t^D} \tag{4.3}$$

$$R_t^V = \frac{R_t^D}{1-\xi_t^V} \tag{4.4}$$

式（4.3）是跨期消费的欧拉方程，式（4.4）可以将银行资本收益率看作在储蓄利率基础上通过风险加成得到的。

（二）企业部门

1. 零售企业

完全竞争的零售市场由位于（0,1）之间的连续统零售企业构成，代表性零售企业购买中间产品 $Y_{j,t}$，$j \in (0,1)$，并生产出最终消费品 Y_t。使用迪克西特·斯蒂格利茨（Dixit-Stiglitz）（1997）的技术表示这一过程：$Y_t = \left(\int_0^1 Y_{j,t}^{\frac{\lambda_p - 1}{\lambda_p}} \mathrm{d}j \right)^{\frac{\lambda_p}{\lambda_p - 1}}$，其中 $\lambda_p > 1$ 表示各种中间产品之间的不变替代弹性，中间产品需求函数为：$Y_{j,t} = \left(\frac{P_{j,t}}{P_t} \right)^{-\lambda_p} Y_t$，其中，$P_{j,t}$ 为中间产品价格，P_t 为最终消费品价格。由零利润条件得到最终产品价格方程：

$$P_t = \left(\int_0^1 P_{j,t}^{1-\lambda_p} \mathrm{d}j \right)^{\frac{1}{1-\lambda_p}} \tag{4.5}$$

2. 中间产品企业

中间产品市场由位于（0，1）之间的连续统垄断竞争企业构成，短期内忽略资本存量的影响，假设代表性中间产品企业有如下形式的生产函数：

$$Y_t = A_t \varepsilon_t^F N_t \tag{4.6}$$

式中，A_t 为中性技术，令 A_t 服从一阶自回归过程 $A_t = (A_{t-1})^{\rho_A} \exp(\varepsilon_t^A)$，$\varepsilon_t^A \sim N(0, \sigma_A^2)$，则 A_t 下降可视为负向技术冲击；反之，则为正向技术冲击，ε_t^F 度量异质性生产率。假设中间产品企业在进行生产活动前必须通过向商业银行贷款以支付劳动工资，令 L_t 表示代表性企业的贷款，得到如下真实融资方程：

$$L_t = W_t^R N_t \tag{4.7}$$

中间产品企业定价决策包括成本最小化和利润最大化两个阶段。第一阶段最小化中间产品企业的成本函数得到真实边际成本：

$$mc_t = \frac{R_t^L W_t^R}{A_t \varepsilon_t^F} \tag{4.8}$$

式中，R_t^L 表示贷款毛利率。第二阶段采用卡尔沃（Calvo, 1983）的假设，每一期有（$1 - w_p$）比例的企业可以重新调整产品价格，其余 w_p 比例的企业根据上期价格通货膨胀情况指数化其产品价格。设 P_t^* 表示所有在 t 期可以最优化其产品价格的企业重新选择的价格，通过最大化企业的真实贴现利润：

$$\max E_t \sum_{s=0}^{\infty} (\beta w_p)^s \left(\frac{C_{t+s}}{C_t}\right)^{\zeta-1} \left[\left(\frac{P_{j,t+s}}{P_{t+s}}\right)^{1-\lambda_p} Y_{t+s} - mc_{t+s} \left(\frac{P_{j,t+s}}{P_{t+s}}\right)^{-\lambda_p} Y_{t+s} \right] \quad (4.9)$$

可得如下一阶条件：

$$P_t^* = \frac{\lambda_p}{\lambda_p - 1} \cdot \frac{E_t \sum_{i=0}^{\infty} (\beta w_p)^i \lambda_{t+i} Y_{t+i} P_{t+i}^{\lambda_p} mc_{t+i}}{E_t \sum_{i=0}^{\infty} (\beta w_p)^i \lambda_{t+i} Y_{t+i} \Pi_{\tau=1}^i \pi_{t+\tau-1}^{\Theta}} \quad (4.10)$$

式中，λ_{t+i} 表示家庭预算约束的拉格朗日乘子，Θ 表示后顾型中间企业指数化其产品价格的程度参数，介于（0,1）之间。结合前瞻型企业的最优定价和后顾型企业的指数化定价，式（4.5）可重新写为：

$$P_t^{1-\lambda_p} = (1 - w_p)(P_t^*)^{1-\lambda_p} + w_p (\pi_{t-1}^{\Theta} P_{t-1})^{1-\lambda_p} \quad (4.11)$$

对式（4.10）、式（4.11）进行对数线性化处理，得到如下混合新凯恩斯菲利普斯曲线：

$$\pi_t = \frac{\beta}{1+\beta\Theta} E_t \pi_{t+1} + \frac{\Theta}{1+\beta\Theta} \pi_{t-1} + \frac{(1-w_p)(1-\beta w_p)}{w_p(1+\beta\Theta)} \hat{mc}_t \quad (4.12)$$

（三）银行部门

假设银行部门由位于（0,1）之间的完全竞争的连续统商业银行构成，银行通过吸收存款 D_t 和自有资本 V_t 募集资金以满足中间产品企业的贷款需求。代表性商业银行满足以下信贷约束方程：

$$L_t = D_t + (1 - \xi_t^V) V_t \quad (4.13)$$

式中，银行自有资本中有 ξ_t^V 比例必须预留下来作为贷款损失准备金（LLP_t），即：

$$\xi_t^V V_t = LLP_t \quad (4.14)$$

贷款抵押条件设定如下：

$$R_t^L L_t = k_t Y_t \quad (4.15)$$

式中，令抵押率 k_t 服从一阶自回归过程 $k_t = (k_{t-1})^{\rho_k} \exp(\varepsilon_t^k)$，$\varepsilon_t^k \sim N(0, \sigma_k^2)$，则 k_t 下降可视为负向金融冲击，因为其通过降低抵押品价值而增大了贷

款违约概率，进而引发信贷违约风险，这一比率的下降反映出企业经营状况恶化；反之，则为正向金融冲击。由此，得到贷款违约的门限值为 $\varepsilon_t^{F,M}$：

$$\varepsilon_t^{F,M} = \frac{R_t^L W_t^R}{k_t A_t} \tag{4.16}$$

由于企业的生产技术具有异质性，异质性生产率低于某一门限值的企业将面临产出不足，导致银行可获得的抵押品价值缩水，进而引发违约。假定异质性生产率 ε_t^F 服从 $(\underline{\varepsilon}^F, \overline{\varepsilon}^F)$ 上的均匀分布，可得贷款违约概率 Φ_t：

$$\Phi_t = \int_{\underline{\varepsilon}^F}^{\varepsilon_t^{F,M}} f(\varepsilon_t^F) \, \mathrm{d}\varepsilon_t^F = \frac{\varepsilon_t^{F,M} - \underline{\varepsilon}^F}{\overline{\varepsilon}^F - \underline{\varepsilon}^F} \tag{4.17}$$

考虑代表性商业银行，假设其利润为零，贷款利率设计应使各期均满足收支平衡条件，即来自贷款投放的收入与募集资金的成本相抵：

$$\int_{\underline{\varepsilon}^F}^{\varepsilon_t^{F,M}} k_t Y f(\varepsilon_t^F) \, \mathrm{d}\varepsilon_t^F + \int_{\varepsilon_t^{F,M}}^{\overline{\varepsilon}^F} R_t^L L_t f(\varepsilon_t^F) \, \mathrm{d}\varepsilon_t^F = R_t^D D_t + R_t^V v_t \tag{4.18}$$

经积分变换得到贷款利率定价表达式：

$$R_t^L = \Psi_t \left[\left(1 - \frac{V_t}{L_t} \right) R_t^D + \frac{V_t}{L_t} R_t^V \right] \tag{4.19}$$

式中，$\Psi_t = \dfrac{2\varepsilon_t^{F,M}}{2\varepsilon_t^{F,M} - (\overline{\varepsilon}^F - \underline{\varepsilon}^F)\Phi_t^2}$ 表示融资风险溢价，贷款违约概率 Φ_t 越高，则融资风险溢价越高。商业银行根据储蓄成本、股本成本、资本—贷款比率再经由融资风险溢价调整确定贷款利率。

鉴于中间产品企业的异质性生产率大小具有随机性，因此，银行投放的贷款在客观上存在违约可能。为保证坏账不殃及储蓄池以维护个体经营的稳健性，银行会在每期期初对当期投放的贷款质量进行评估，进而提取贷款损失准备金以吸收损失。据此，银行评估违约损失情况并形成以下预期损失函数：

$$E(Loss_t) = (1 - k_t) \int_{\underline{\varepsilon}^F}^{\varepsilon_t^{F,M}} k_t Y f(\varepsilon_t^F) \, \mathrm{d}\varepsilon_t^F \tag{4.20}$$

商业银行根据上述预期损失情况计提拨备：

$$LLP_t = \delta \cdot E(Loss_t) = \delta \cdot (1 - k_t) R_t^L L_t \left(\frac{\varepsilon_t^{F,M} + \underline{\varepsilon}^F}{2\varepsilon_t^{F,M}} \right) \Phi_t \tag{4.21}$$

式中，参数 δ 可用来表示拨备计提强度，$\delta > 1$ 表示严格计提拨备，$\delta = 1$

表示正常计提拨备，$\delta < 1$ 表示放松计提拨备。上述式（4.21）表示的拨备计提方式具有显著的顺周期特征：当经济下滑时，贷款违约概率 Φ_t 上升会导致银行提高拨备计提规模，从而抑制不景气阶段的信贷投放，进一步强化了衰退；反之，当经济上行时，贷款违约概率 Φ_t 下降会促使银行缩减拨备计提规模，从而扩大景气阶段的信贷投放，进一步强化了繁荣。

（四）监管部门

1. 拨备监管

式（4.21）表示的拨备计提规则具有显著的顺周期特征，即随着经济的违约概率 Φ_t 提高，贷款损失准备 LLP_t 也相应提高。为削弱拨备计提的顺周期性，假设监管当局引入动态拨备监管，由此，式（4.21）进一步调整为：

$$DLLP_t = \delta \cdot (1 - k_t) R_t^L L_t \left(\frac{\varepsilon_t^{F,M} + \varepsilon^F}{2\varepsilon_t^{F,M}} \right) \Phi \left(\frac{\Phi_t}{\Phi} \right)^{1-u} \tag{4.22}$$

式中，$DLLP_t$ 表示动态贷款损失准备，Φ 表示整个经济周期内贷款违约概率的平均值，u 表示贷款损失准备计提的平滑程度。当 $u = 0$ 时，$DLLP_t = LLP_t$，此时当期拨备计提只根据同期贷款违约率进行调整，这种拨备计提方式通常称为"普通拨备"；当 $1 > u > 0$ 时，$DLLP_t \neq LLP_t$，此时当期拨备计提不仅依据同期贷款违约率，同时也兼顾贷款违约率在整个经济周期内的平均水平，这一拨备计提方式即为"动态拨备"。动态拨备的核心思想是，从整个经济周期来评估贷款违约情况，据此平滑贷款损失准备，进而抑制拨备计提的顺周期性。当 $\Phi_t > \Phi$ 时，经济低迷，违约风险偏高，此时 $DLLP_t < LLP_t$；反之，当 $\Phi_t < \Phi$ 时，经济高涨，违约风险偏低，此时 $DLLP_t > LLP_t$。通过这种动态调整，使得拨备计提的顺周期性得以减弱：在经济低迷时，主动减少拨备计提，缓解信贷的过度紧缩；在经济高涨时，主动增加拨备计提，抑制信贷的过度投放。

2. 资本监管

以一个带有调整惯性的指数函数表示监管当局对商业银行的逆周期资本充足率要求（capital ratio）：

$$CR_t = (CR_{t-1})^{\rho_{CR}} \left[\rho \left(\frac{\Phi_t}{\Phi} \right)^{\theta^C} \right]^{1-\rho_{CR}} \tag{4.23}$$

式中，$CR_t = \dfrac{V_t - DLLP_t}{L_t}$，$\rho$ 表示最低资本充足率要求，$\rho_{CR} \in (0, 1)$ 度量监管当局政策调整的平滑程度，令参数 $\theta^C < 0$，以刻画逆周期资本监管体制。

（五）中央银行

假设货币当局使用泰勒规则调控经济：

$$\frac{R_t^{cb}}{R^{cb}} = \left(\frac{R_{t-1}^{cb}}{R^{cb}} \right)^{\rho_R} \left[\left(\frac{\pi_t^P}{\pi^{P,T}} \right)^{\varphi_\pi} \left(\frac{Y_t}{Y} \right)^{\varphi_Y} \right]^{1-\rho_R} \tag{4.24}$$

式中，R^{cb}、Y 分别表示政策利率均衡值、稳态产出，$\pi^{P,T}$ 表示当局的通货膨胀目标，ρ_R 衡量利率调整的平滑程度，ϕ_π、ϕ_Y 分别度量通货膨胀、产出在利率调整中的权重。

（六）外生冲击和市场均衡

本节主要涉及两类冲击：金融冲击和技术冲击，两类冲击均服从 i.i.d. $N(0, \sigma_X^2)$。在竞争性均衡状态下，所有最优化条件和资源约束条件得到满足，产品市场、劳动力市场、借贷市场同时出清，所有企业选择相同的产品价格、雇用劳动力和银行贷款。通过对上述非线性模型系统在内生变量稳态附近进行对数线性化处理，可以得到用以进行数值模拟的线性动态差分方程组。

三、参数校准

本节待校准的模型参数包括模型的结构性参数、变量稳态值和外生冲击参数。对于结构性参数综合历史数据和已有文献进行校准，对于变量稳态值综合历史数据、已有文献及模型稳态方程计算得出，外生冲击参数按照已有文献和习惯设定。所用数据来自中经网统计数据库、国家统计局网站和银监会网站。

（1）结构性参数设定。按照多数文献的做法，将消费的跨期替代弹性 ζ 设为 0.5。已有研究中国问题的文献对劳动供给弹性的倒数 γ 取值差异较大，王国静和田国强（2014）注意到这一问题，以他们的估计结果将 γ 设定为 2.23。根据稳态时 $\beta = 1/R^D$，计算出主观贴现因子 β 为 0.99。价格黏性 w_p 取刘斌（2008）的结果，设为 0.85。按照阿格诺尔等（2014），将异质性生产率 ε_t^F 的分布上限 $\bar{\varepsilon}^F$ 和分布下限 $\underline{\varepsilon}^F$ 分别设为 1.35 和 1。后顾型中间企业指数化其产

品价格的程度参数 Θ 参考刘斌（2008）和陆军等（2012）的结果，设定为 0.25。由于自 2013 年第 1 季度起，银监会披露的资本充足率相关指标调整为按照《商业银行资本管理办法（试行）》计算的数据结果，与历史数据不直接可比，故根据 2013 年第 1 季度至 2016 年第 2 季度我国商业银行资本充足率的平均水平，将最低资本充足率要求 ρ 校准为 12.76%。

（2）变量稳态值设定。中性技术的稳态值 A 按照当前普遍做法标准化为 1。劳动的稳态值 N 参考黄赜琳（2005）和马勇（2013）的方法，以 1996~2014 年全社会就业人员数占总人口的平均比例确定为 0.568。以 1996~2014 年金融机构一年期法定定期存款利率的均值将稳态储蓄毛利率 R^D 校准为 1.01。鉴于数据的可得性，以 2012 年第 1 季度至 2016 年第 2 季度银行业整体不良贷款率表示贷款违约概率，将稳态贷款违约率 Φ 校准为 0.0328。参照陈利锋（2016），将抵押率的稳态值 k 设为 0.7。稳态贷款违约门限值 $\varepsilon^{F,M}$ 通过稳态方程 $\Phi = (\varepsilon^{F,M} - \underline{\varepsilon}^F)/(\bar{\varepsilon}^F - \underline{\varepsilon}^F)$ 校准为 1.0115。联立稳态方程 $R^L = \Psi\left[\left(1 - \dfrac{V}{L}\right)R^D + \dfrac{V}{L}R^V\right]$、$R^V(1 - \xi^V) = R^D$、$\xi^V V = (1 - k)R^L L\Phi(\varepsilon^{F,M} + \underline{\varepsilon}^F)/2\varepsilon^{F,M}$，计算得到稳态银行资本计提比例 ξ^V 为 2.2145%，稳态银行股本毛收益率 R^V 为 1.08887，稳态贷款利率 R^L 为 1.02308。

（3）外生冲击参数设定。与马勇和陈雨露（2013）一样，按照习惯做法将利率规则中的通货膨胀权重 φ_π 和产出权重 φ_Y 分别设为 1.5、0.5，利率调整的平滑程度 ρ_R 和资本监管调整的平滑程度 ρ_{CR} 均设定为 0.8，参数 θ^C 根据泰勒和西尔伯曼（2014）的研究设为 -0.1。技术冲击参考许伟和陈斌开（2009）的研究，将技术冲击的持久性参数 ρ_A 设定为 0.7809，标准差 σ_A 设为 0.0203。王国静和田国强（2014）在表示企业可清算资产与贷款匹配程度的变量中引入金融冲击，其内涵与本节是一致的，参照他们的估计结果将金融冲击的持久性参数 ρ_k 设为 0.9601，标准差 σ_k 设为 0.0185。

四、模拟分析

（一）拨备计提强度的经济波动效应分析

近年来，我国银行业的拨备覆盖率虽然一直在 150% 以上，但这主要源于隐性不良贷款过高，拨备计提强度实际上并非过于严格。当前，银行业利润不断下滑，要求下调监管红线的呼声也越来越高。那么，降低拨备计提强度是否可行？其对经济波动的影响效果如何？本节我们比较拨备计提强度"正常"（$\delta = 1$）和"放松"（$\delta = 0.8$）两种状态下的经济波动效应，以判断放松拨备监管强度带来的经济影响。考虑到目前，动态拨备制度在我国正处于初创期，拨备计提的平滑程度还比较低，因此将 u 设为 0.2。

以正向技术冲击为例，由图 4 - 5 可知：在技术冲击影响下，产出上升，技术进步导致劳动力被部分替代，从而引发失业，工资相应下降，由于企业为劳动力的融资需求减弱，信贷规模下滑，贷款违约概率变小使得融资溢价降低、贷款利率下降，商业银行为应对损失提取的资本金比例也相应缩小，最终形成的拨备规模也降低，而资本监管基于经济的违约概率改善所进行的逆周期调控导致资本充足率上升，同时由于技术进步、贷款利率和工资降低导致企业的边际成本得到显著下降，从而借由成本渠道使经济出现通货紧缩，最终货币政策基于产出和物价进行逆风向调控会下调政策利率。总体来看，在技术冲击下，适当放松拨备计提强度可以有效改善大部分的经济波动，但是劳动力市场（就业、工资）和信贷的波动可能会有所增大。因此，在实体经济增速明显放缓、金融领域风险加大、就业形势趋紧的背景下，降低拨备计提的强度不可过大，必须合理兼顾各个市场、不可偏废。

以正向金融冲击为例，由图 4 - 6 可知：在金融冲击影响下，产出上升，企业融资约束放松导致其为劳动力融资的需求上升，从而使得就业增加、工资上涨、信贷规模提高，这一点与技术冲击带来的影响具有显著区别，而与之相似的是，贷款违约概率变小使得融资溢价降低、贷款利率下降，商业银行为应对损失提取的资本金比例也相应缩小，最终形成的拨备规模也降低，而资本监管基于经济的违约概率改善所进行的逆周期调控导致资本充足率上升，同时由于贷款利率和工资降低导致企业的边际成本得到显著下降，从而借由成本渠道使经济出现通货紧缩，最终货币政策基于产出和物价进行逆风向调控会下调政策利率。总体来看，与技术冲击不同的是，在金融冲击下，适当放松拨备计提强度可以有效改善几乎所有的经济波动，包括劳动力市场和信贷波动。

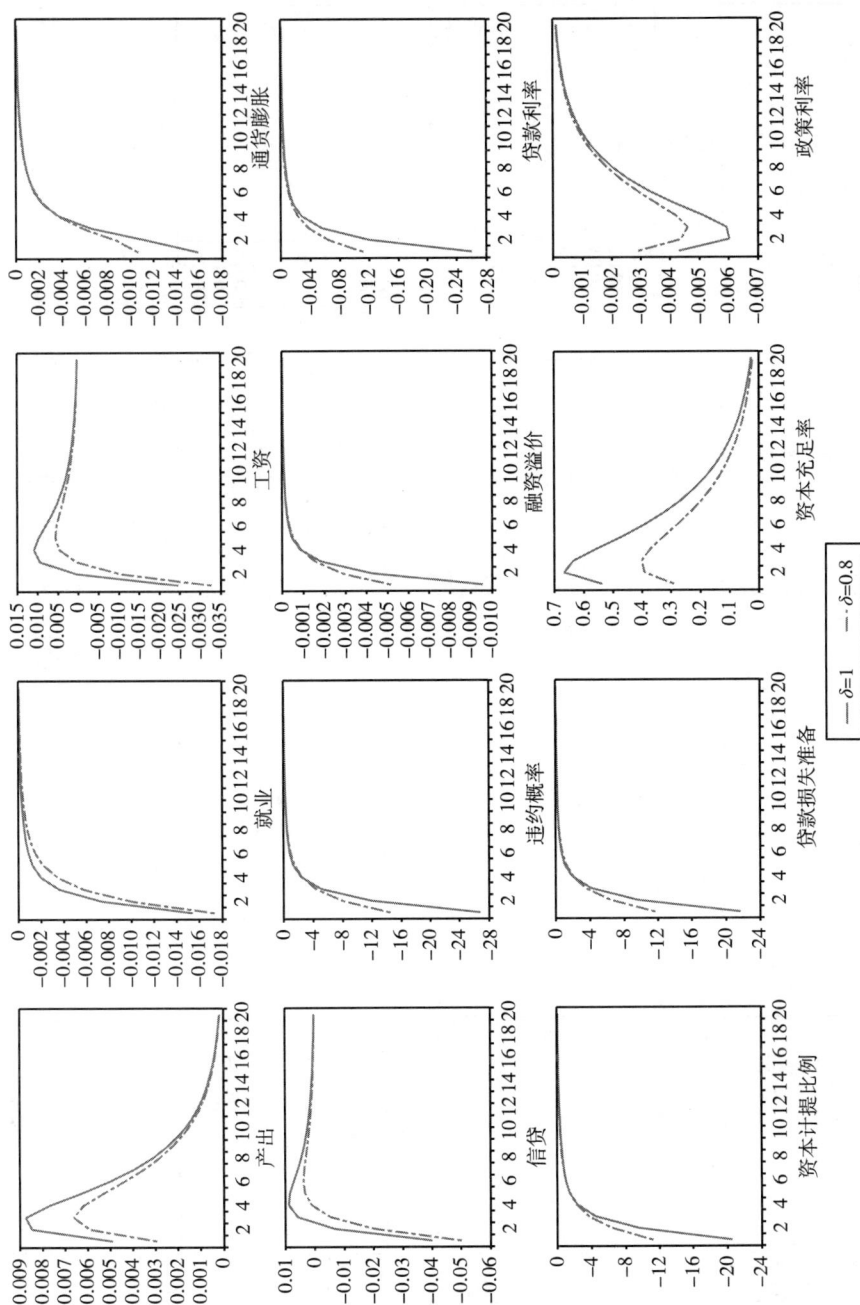

图 4-5 正向技术冲击下拨备计提强度变化的经济波动效应

资料来源：作者计算得出。

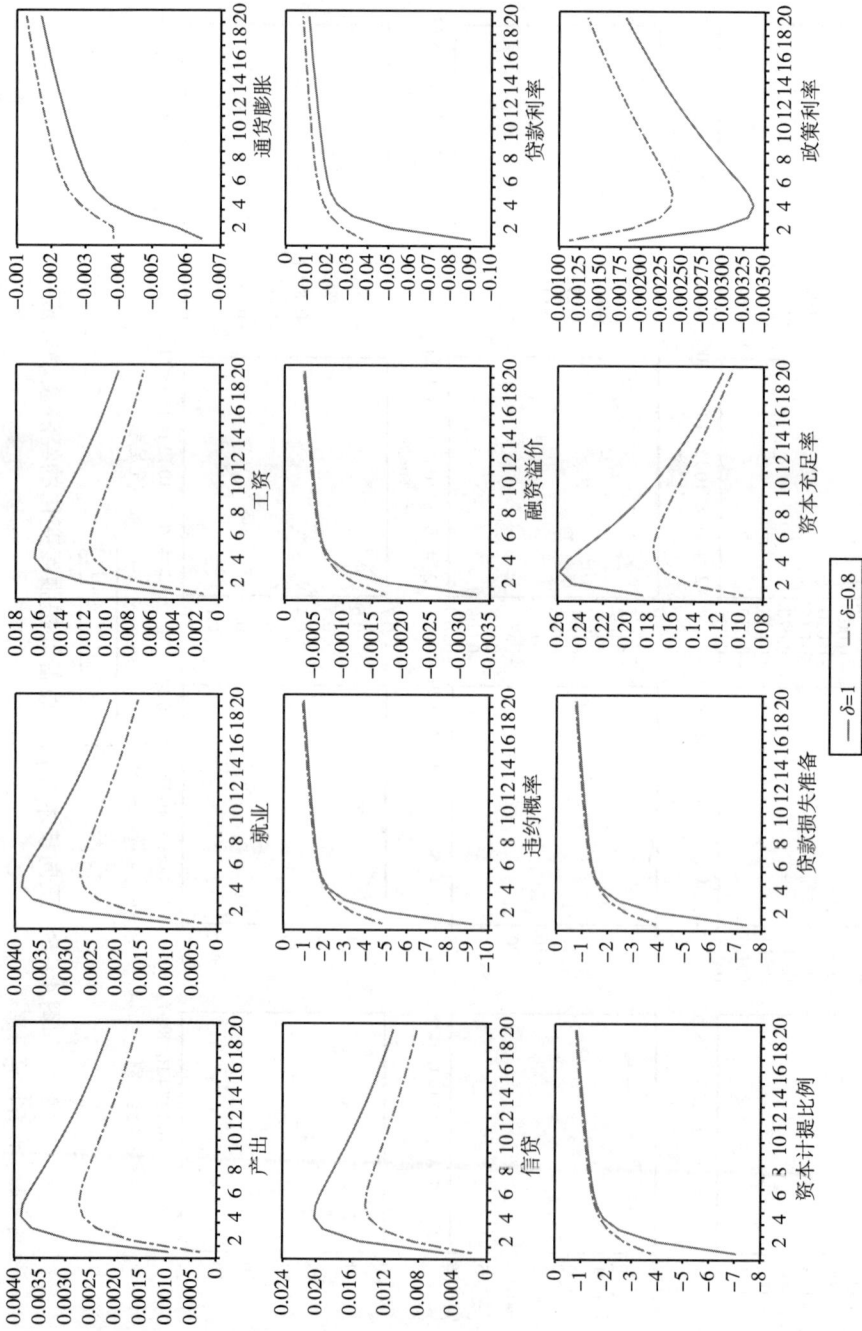

图 4 - 6　正向金融冲击下拨备计提强度变化的经济波动效应

资料来源：作者计算得出。

（二）拨备计提平滑程度的经济波动效应分析

与拨备计提强度从数量上对拨备进行调整不同，本节以拨备计提强度处于"正常"（$\delta = 1$）状态为基准，分析拨备计提的不同平滑程度（$u = 0.2$、0.5、0.8）导致的经济波动效应。事实上当前在我国，对于拨备管理的改革不仅涉及拨备计提的强度问题，同时也涉及动态拨备制度的建立和完善问题。而动态拨备制度的核心就是在拨备计提过程中加入平滑因素，以削弱拨备计提的顺周期性。

由图 4 - 7 可知：在正向技术冲击条件下，拨备计提的平滑程度提高并不会改变经济波动的基本趋势，但是拨备计提的平滑程度越高，大部分的经济波动就越小，而劳动力市场和信贷除外。这与在技术冲击下适度放松拨备计提强度带来的经济波动效果十分类似。

由图 4 - 8 可知：在正向金融冲击条件下，拨备计提的平滑程度提高也不会改变经济波动的基本趋势，但是拨备计提的平滑程度越高，经济波动就越小。这与在金融冲击下适度放松拨备计提强度带来的经济波动效果十分相似。

（三）拨备计提强度与平滑程度的关系分析

从前文的分析中可以看出，适当放松拨备计提强度或提高拨备计提的平滑程度均有助于改善经济波动状况。那么，在动态拨备制度逐步完善、拨备计提平滑程度不断提高的大趋势下，放松拨备计提对经济波动的效果会发生怎样的变化？表 4 - 1 显示：无论是在技术冲击还是金融冲击下，随着拨备计提的平滑程度不断提高，通过放松拨备计提强度"熨平"经济波动的效果增进是不断弱化的。

具体来看：（1）在技术冲击下，随着拨备计提平滑程度的不断提高，通过放松拨备计提强度来抑制经济波动的效果不断减弱，表现为绝大多数经济金融变量的波动在高度平滑条件下并未发生显著变化。因此，在技术冲击下，适度放松拨备计提强度有助于缓解经济波动，但随着拨备计提平滑程度的不断提高，这一工具"熨平"经济波动的效果将越发微弱。（2）在金融冲击下，随着拨备计提平滑程度的不断提高，通过放松拨备计提强度来抑制经济波动的效果尽管也会不断减弱，但是其弱化的程度要显著低于在技术冲击下的结果。这说明，在金融冲击下，尽管拨备计提的平滑程度不断提高，但适度放松拨备计提强度仍可以有效抑制经济波动。

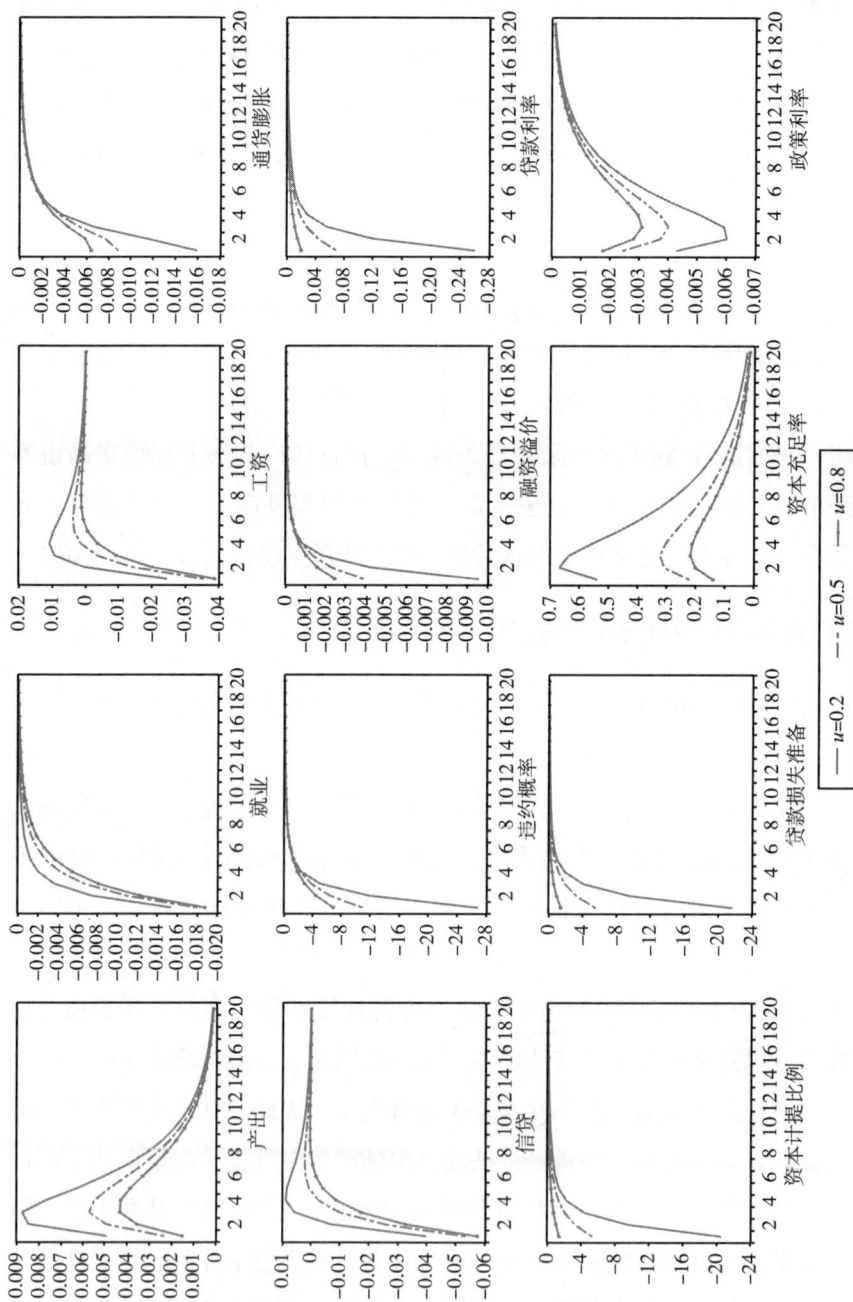

图 4 - 7 正向技术冲击下拨备计提平滑程度变化的经济波动效应

资料来源：作者计算得出。

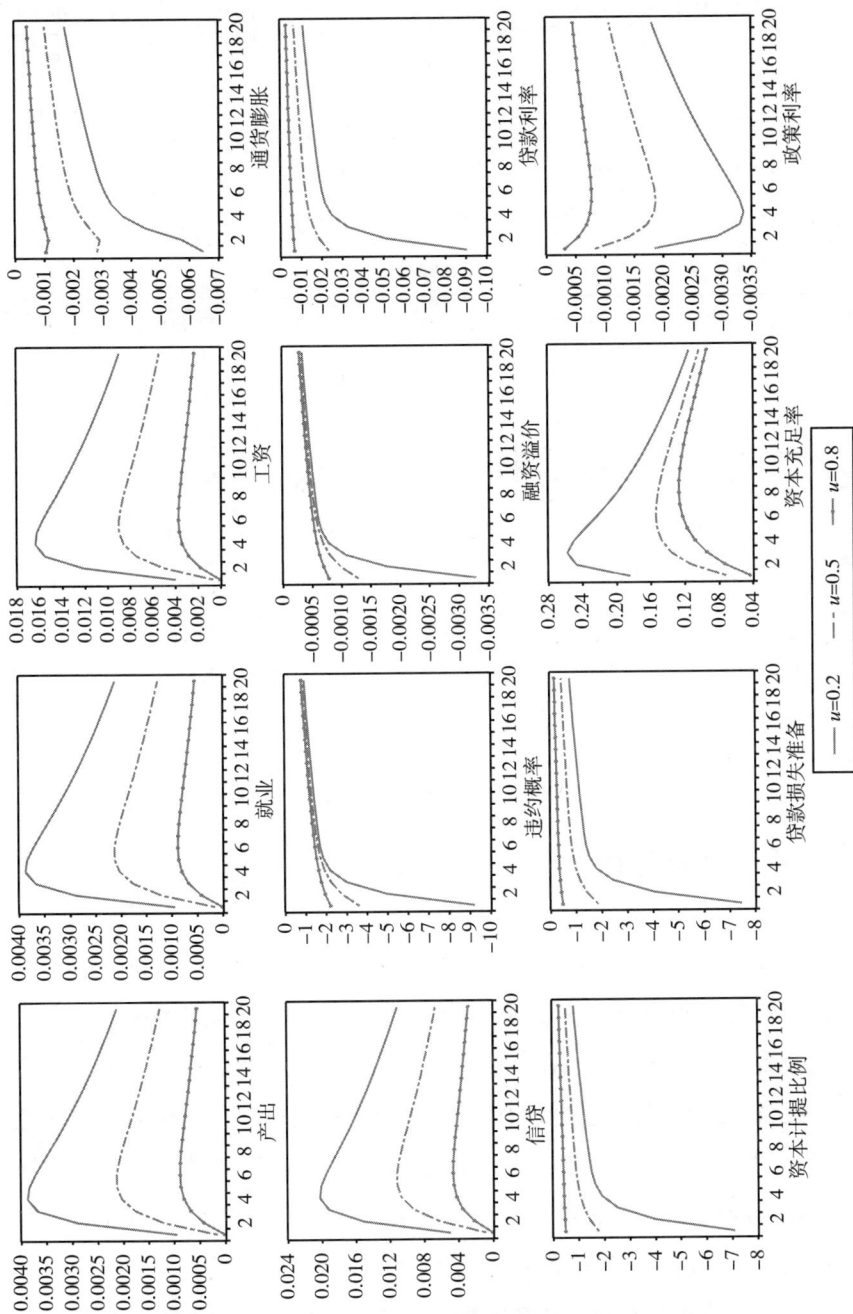

图 4-8　正向金融冲击下拨备计提平滑程度变化的经济波动效应

资料来源：作者计算得出。

表 4-1　　　　　放松拨备计提强度的经济波动效应变化　　　　单位：%

主要经济变量	技术冲击			金融冲击		
	$u=0.2$	$u=0.5$	$u=0.8$	$u=0.2$	$u=0.5$	$u=0.8$
产出	75.53	89.58	96.68	77.55	77.12	79.50
就业	117.73	103.28	100.67	77.55	77.12	79.50
工资	115.83	104.27	100.95	77.57	77.22	79.36
通货膨胀	72.06	88.77	96.50	60.39	72.25	78.40
信贷	121.49	104.41	100.92	77.57	77.27	79.39
违约概率	56.36	83.41	95.20	49.81	77.86	92.76
融资溢价	56.37	83.40	95.33	49.85	77.73	93.43
贷款利率	45.05	67.27	79.79	39.32	62.24	75.73
资本计提比例	57.17	84.49	96.42	50.03	78.24	93.79
贷款损失准备	56.36	83.40	95.20	49.95	78.13	93.13
资本充足率	60.92	84.76	95.51	53.08	95.96	100.17
政策利率	76.58	89.88	96.70	71.19	75.84	79.35

注：表中的数值为各变量在 $\delta=1$ 时的 20 期内脉冲响应标准差与在 $\delta=0.8$ 时的 20 期内脉冲响应标准差之比。

资料来源：作者计算得出。

五、结论与政策启示

本节构建了一个包含银行部门和监管当局在内的五部门动态随机一般均衡模型，通过参数校准和模拟分析发现：（1）为缓解银行的利润考核压力，可以适度放松拨备计提强度，原因在于拨备监管强度的合理调低不会助推经济波动，反而在拨备计提平滑程度较低的情况下，这一举措能够较为显著地改善经济波动状况；（2）大力推进动态拨备有助于"熨平"经济波动，随着拨备计提的平滑程度不断提高，抑制经济波动的效果也越来越好；（3）随着动态拨备的不断推进，放松拨备监管强度对于改善经济波动效果的影响逐渐递减，在技术冲击下，放松拨备监管强度在高度平滑的情况下作用十分微弱，而在金融冲击下，这一举措对于改善经济波动仍然具有较为明显的效果。

本节认为：（1）在当前情况下，监管当局可以考虑适度下调拨备覆盖率监管红线，这不仅有助于缓解商业银行的利润考核压力，同时也有助于抑制经济波动。这主要是因为适度降低拨备监管强度有助于提高商业银行的信贷投放，避免商业银行因利润考核压力而从事高风险资产配置，进而诱发金融风险，助长经济波动。（2）随着动态拨备制度在我国的不断完善，拨备计提的平滑程度也将稳步提高，这对抑制经济波动、改善经济运行绩效具有显著作用，但同时拨备监管强度降低所带来的效果增进也将受到极大约束。（3）降低拨备监管强度虽然在短期内可起到缓解商业银行利润考核压力的作用，但这一举措并不能作为常规工具使用，而且其"熨平"经济波动的效果会随着拨备计提平滑程度的提高而不断削弱；另外，加快推进和完善动态拨备制度应该成为我国拨备监管改革的主要方向，这符合商业银行供给侧改革的要求。通过提高拨备计提的平滑程度不仅有助于抑制拨备的顺周期性，起到缓解经济波动的作用，而且在经济下行期也可缓解商业银行信贷资金供给不足的压力。

第三节　提升宏观审慎调控效果：配合视角

肇始于 2008 年的国际金融危机充分显示了金融冲击的巨大破坏力，金融部门在实际经济运行中越来越发挥出重要影响。借由金融与实体经济的正反馈作用，金融风险得以不断放大并最终对实体经济造成严重伤害。在这一过程中，金融监管政策的顺周期性强化了金融与实体的正反馈循环。鉴于此，金融危机后各国宏观调控当局迅速推出一系列基于逆周期考量的宏观审慎政策，旨在削弱经济运行中的正反馈机制以"熨平"经济波动。逆周期宏观审慎政策主要着眼于对资金供给方——商业银行的信贷行为进行调控，通过逆周期操作平滑整个经济周期的信贷投放，削弱信贷顺周期性造成的经济过度波动。值得注意的是，在金融与实体的正反馈作用中，作为资金需求方的企业在借贷过程中也同样面临顺周期性问题。在金融冲击下，经济的违约风险上升，银行信贷投放更趋谨慎，企业尤其是中小企业会面临显著的融资难、融资贵问题。企业为偿还债务势必竞相出售资本品，使得资本品价格迅速下跌，进一步降低了企业可抵押品的价值，加剧了企业的融资约束。在此情况下，充分挖掘企业的流动资源，将可抵押品的范围由不动产扩大到产品、库存、设备等动产,可在一定程度上缓解企业的融资约束,从而抑制金融加速器对经济的破坏效应。当前,众多文献在探讨如何平抑金融冲击引发的正反馈效应时,忽视了从放松企业的融资约束角度来寻找解决之道。本节将银行和企业共同置于一个一般均衡框架中,分别引入宏观审慎政策和动产抵押政策,同时从信贷资金的供求两端入手,寻求信贷顺周期问题的解决方法(见图4-9),通过分析金融冲击下两类政策"熨平"经济波动的效果提出相应的政策建议。

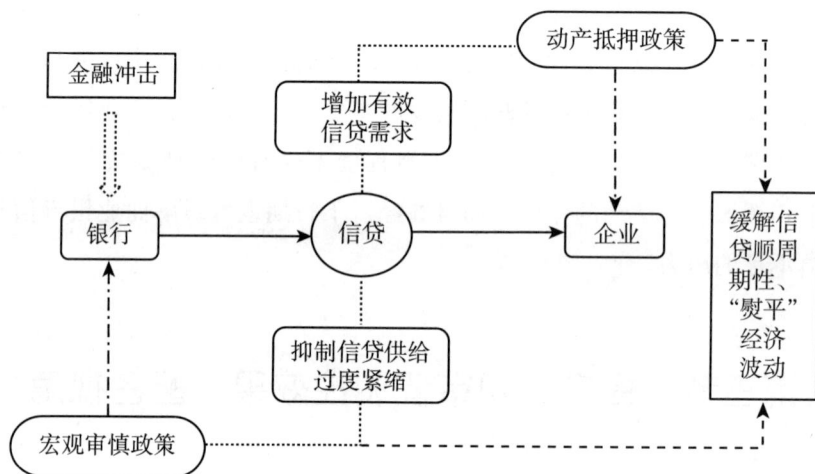

图 4-9 缓解信贷顺周期性的供求两端政策设计

作为宏观审慎政策体系的关键一环,银行的拨备计提政策逆周期化进展相对缓慢,目前,可供参考的现实模板是西班牙于 2000 年 7 月开始实施的动态拨备制度。传统拨备本质上是一种会计拨备,强调根据实际发生的交易或事项来确认损失、计提准备金,这种计提方法具有显著的顺周期性。而动态拨备本质上是一种监管拨备,强调在政策当局对整个经济周期的违约风险进行科学评估的基础上,拨备计提不仅应当反映当期贷款损失,同时也应针对未来风险变化进行前瞻性调整,从而保证在经济上行期提足拨备以覆盖下行期的损失,这种"以丰补歉"的计提方式具有前瞻性和逆周期性,平滑了商业银行的信贷投放,具有抑制信贷和经济过度波动的功能。中国银监会从 2009 年起开始考虑引入动态拨备制度,并于 2011 年提出了拨备覆盖率和拨贷比两项新的拨备监管指标,但是距离充分实现拨备计提的前瞻性、逆周期性,发挥拨备抑制风险、"熨平"经济波动的功能还有很大空间。在金融冲击下，宏观审慎政策虽然能够起到缓解信贷供给紧张的局面，但同时企业由于抵押品价值下降、信用缩水，导致有效的贷款需求也同时受到抑制，从而部分抵消了缓解信贷供给的政策效果。科学推进动产抵押不仅可以有效缓解企业的融资难问题，还可以在一定程度上起到抑制经济过度波动的作用。金融危机中，滞留库存占用了企业大量流动资金，使持续经营面临困境，而商业银行又更加谨慎，对抵押物提出更高要求，这种情况对我国广大实力薄弱的中小企业来说尤为严重。在我国原来的动产担保物权制度中，担保物范围过于狭窄，不利于动产担保价值发挥，不利于企业尤其是中小企业融资。新颁布的《中华人民共和国物权法》扩大了动产担保物的范围，允许以协议方式对现有或将有的生产设备、原材料、半成品、产品抵押，允许抵押人将其财产一并抵押，允许应收账款质押等。但是，相对于不动产而言，动产资源的价值不稳定性更高，获取和保管难度也更大，将企业动产资源纳入可抵押品范围也可能使银行面临一系列风险。因此，在推进动产抵押的过程中，一方面要做好企业征信体系建设、动产价值评估等配套工作；另一方面，也要注意把握好动产抵押在企业抵押融资中的比重。

一、国内外相关研究综述

近年来发生的金融危机以及新常态以来中国金融风险的持续积累促使学术界将目光转向金融冲击，在经济与金融的关系越发紧密的今天，源自金融部门的冲击可能导致经济出现剧烈波动。越来越多的研究证实金融冲击是导致经济波动的重要源泉，甚至已经超过了技术冲击（Jermann & Quadrini，2012；王国静、田国强，2014）。整理相关文献可以发现，学者们在 DSGE 模型中引入金融冲击时主要采取三种方式：一是将企业的净资产或净财富冲击作为金融冲击（Gilchrist & Leahy，2002；Nolan & Thoenissen，2009）；二是在企业贷款抵押条件中引入对抵押率的随机冲击，通过对企业的还贷能力施加冲击以获得金融冲击（张伟进、方振瑞，2013；Tayler & Zilberman，2014）；三是对银行权益资产施加冲击以表示金融冲击（Angelini et al.，2014；Bratsiotis et al.，2014）。在金融冲击受到关注以前，大部分研究金融摩擦的 DSGE 文献都没有直接将独立的银行部门引入模型。多数文献主要通过植入伯南克等（Bernanke et al.，1999）提出的"金融加速器"来刻画外生冲击对经济波动的放大效应，通过企业资产净值和外部融资溢价两个核心变量将信贷市场的摩擦引入模型，从而支撑起金融摩擦的经济波动放大机制（杜清源、龚六堂，2005；Christensen & Dib，2008）；或者根据清泷信宏和摩尔（Kiyotaki & Moore，1997）提出的抵押机制，通过外生冲击形成资产价格与抵押贷款的正反馈作用来产生宏观经济的"小冲击、大波动"效果（Iacoviello & Neri，2010）。这些文献对经济波动来源的研究仍立足于技术冲击、偏好冲击、货币政策冲击等，金融摩擦虽然起到放大经济波动的作用，但是金融部门对经济波动的影响机制没有得到足够说明。

2008 年金融危机以后，学术界开始重新审视金融部门对经济波动的影响，包含独立银行部门的 DSGE 文献不断涌现（Aslam & Santoro，2008；Andres & Arce，2009；Meh & Moran，2010；Dellas et al.，2010），这些研究开始依托显性银行部门与企业的借贷关系来嵌入金融摩擦，金融加速器的放大机制也开始运用于金融冲击。在包含银行部门的 DSGE 模型迅速发展的基础上，使得针对银行监管政策有效性的讨论成为可能。作为对金融危机的反思，原有的基于微观审慎考量的银行监管政策因其本身的顺周期性而备受诟病，并被认为是导致此次危机的重要原因，此后，基于宏观审慎视角的逆周期政策被迅速推向各国监管实践的前台。大量研究证实宏观审慎政策可以有效缓解信贷顺周期性问题，减小金融加速器的破坏效应（Antipa，2010；Lim et al.，2011；马勇、陈雨露，2013）。与运用逆周期资本充足率、贷款价值比等工具进行宏观审慎调控一样，加强拨备计提的前瞻性也被认为是有效平滑银行信贷投放、抑制经济过度波动的重要工具。博里奥等（Borio et al.，2001）指出，由于会计准则、税收约束和衡量风险的方法等因素限制，在经济衰退期，传统的后顾性拨备会提高计提力度从而进一步加剧信贷紧缩。为抑制银行体系的顺周期性，马伊诺尼和卡瓦罗（Majnoni & Cavallo，2001）、吉梅内斯和萨日娜（Jimenez & Saurina，2006）建议实行具有前瞻性的动态拨备，在损失计提过程中充分考虑银行信贷风险在整个经济周期中的变化。布瓦捷和勒珀蒂（Bouvatier & Lepetit，2012）、阿格诺尔和西尔伯曼（2015）等证实，相对于后顾性拨备计提方式，考虑了全周期信贷损失的动态拨备对抑制银行信贷的顺周期性具有显著效果。许友传等（2011）则指出，实施动态拨备虽然有利于降低信贷供给的顺周期效应，但在操作中必须把握好对信贷风险时间长度的考虑，否则容易混淆拨备管理与资本管理的数量边界。

当前，国内外绝大多数涉及宏观审慎监管的文献都将分析的重点放在宏观审慎政策的构建及其与货币政策的配合上（Beau et al.，2012；Ozkan & Unsal，2013；王爱俭、王景怡，2014；殷克东等，2015），这些文献侧重于探讨不同类型的宏观审慎政策工具在缓解银行信贷供给顺周期性方面的作用，忽视了金融危机时期企业尤其是中小企业因为信用缩水导致有效信贷需求下降进而削弱信贷供给放松效果的事实。我们认为针对金融危机时期信贷供给过度紧缩和信贷有效需求下降的现实，应同时从信贷资金的供求两端发力，提振经济下滑背景下均衡信贷水平不足的问题。以中小企业为例，其创造的产值超过了 GDP 的 60%，并提供了 80% 左右的城镇就业岗位，但是在 2009 年为应对金融危机进行的信贷规模扩张中，中小企业获得的融资贷款仅占 25%，不仅存量占比低而且增量提高慢（吕劲松，2015；卢文阳，2010）。我国中小企业主要集中在技术含量较低的劳动密集型行业，规模小、抗风险能力弱，加之企业产权边界模糊、财务制度不规范等原因，使得中小企业十分依赖抵押融资。在经济下行期，一方面，银行为保全资产而采取的惜贷行为可能放大资金链断裂带来的系统性风险（李若谷，2014）；另一方面，企业在金融危机中信用缩水、有效信贷需求下降也是产生资金链断裂风险的重要来源。从长期来看，科学推进动产抵押不仅有利于盘活实体经济，而且可以进一步提高宏观审慎政策在危机时的应对效果。

二、模型构建

（一）家庭部门

假定经济中存在连续统的家庭，他们消费、投资、储蓄并向企业提供劳动。其最优决策问题是在真实预算约束下实现跨期效用最大化：

$$\max U_t = E_t \sum_{i=0}^{\infty} \beta^i \left\{ \frac{(C_{t+i})^{1-\zeta}}{1-\zeta} - \frac{N_{t+i}^{1+\gamma}}{1+\gamma} \right\} \tag{4.25}$$

$$\text{s.t. } C_t + I_t + D_t = W_t^R N_t + q_t H_t + \frac{R_{t-1}^D D_{t-1}}{\pi_t} + \Pi_t \tag{4.26}$$

式中，β 为主观贴现因子，C_t 为消费，ζ 为消费跨期替代弹性的倒数，N_t 为劳动，γ 为劳动供给弹性的倒数，D_t 为储蓄，R_t^D 为无风险的储蓄毛利率，I_t 为投资，H_t 为房地产存量，q_t 为房地产租金实际价格，W_t^R 为实际工资，

π_t 为通货膨胀率，Π_t 项包括来自中间品企业、最终品企业、商业银行的经营利润以及家庭支付的税收。

在预算约束下最大化目标函数，得到家庭最优化问题的一阶条件：$E_t \dfrac{C_{t+1}^{-\zeta}}{\pi_{t+1}} = \dfrac{C_t^{-\zeta}}{\beta R_t^D}$、$W_t^R = N_t^\gamma C_t^\zeta$，前者为跨期消费的欧拉方程，后者为最优劳动供给方程。假设家庭按照以下形式更新房地产存量 H_t：$H_{t+1} = (1-\delta_H)H_t + I_t$，可得房地产租金实际价格的决定方程：$\dfrac{R_{t-1}^D}{\pi_{t-1}} = q_t + 1 - \delta_H$。

（二）企业部门

1. 最终品企业

假设最终品市场为完全竞争市场，由位于（0,1）之间的连续统最终品企业构成，代表性最终品企业购买中间品 $Y_{j,t},j \in (0,1)$，并生产出最终品 Y_t：

$$Y_t = \left(\int_0^1 Y_{j,t}^{\frac{\lambda_p-1}{\lambda_p}}\mathrm{d}j\right)^{\frac{\lambda_p}{\lambda_p-1}}, \ \lambda_p > 1 \tag{4.27}$$

式（4.27）表示各种中间品之间的不变替代弹性，中间品需求函数为：

$$Y_{j,t} = \left(\frac{P_{j,t}}{P_t}\right)^{-\lambda_p} Y_t \tag{4.28}$$

式中，$P_{j,t}$ 为中间品价格，P_t 为最终品价格。由零利润条件可得最终品价格方程：

$$P_t = \left(\int_0^1 P_{j,t}^{1-\lambda_p}\mathrm{d}j\right)^{\frac{1}{1-\lambda_p}} \tag{4.29}$$

2. 中间品企业

假设中间品企业由位于（0,1）之间的连续统垄断竞争企业构成。假设代表性企业使用劳动和房地产两种要素进行生产，使用类似雅科维洛（Iacoviello，2005）的设置，将生产函数设为如下形式：

$$Y_t = A_t \varepsilon_t^F H_t^\alpha N_t^{1-\alpha} \tag{4.30}$$

式中，A_t 为中性技术，ε_t^F 为异质性生产率，α 为房地产生产要素的权重。

假设企业在进行生产活动前必须通过向商业银行贷款以支付工资和房租，令 L_t 表示代表性企业的贷款，得到以下真实融资方程：

$$L_t = W_t^R N_t + q_t H_t \tag{4.31}$$

企业定价决策包括成本最小化和利润最大化两个阶段。第一阶段最小化成本函数得到真实边际成本：

$$mc_t = \frac{R_t^L W_t^R N_t^\alpha}{(1 - \alpha) A_t \varepsilon_t^F H_t^\alpha} \tag{4.32}$$

第二阶段通过利润最大化求解，得到以下新凯恩斯菲利普斯曲线：

$$\hat{\pi}_t = \beta E_t \hat{\pi}_{t+1} + \frac{(1 - \omega_p)(1 - \beta\omega_p)}{\omega_p} \hat{mc}_t \tag{4.33}$$

（三）商业银行

假设银行部门由位于（0,1）之间的完全竞争的连续统商业银行构成，银行通过吸收存款（D_t）以满足企业贷款需求。代表性商业银行满足以下简易形式的信贷约束方程：$L_t = D_t$。

在商业银行与企业的借贷机制刻画上，阿格诺尔（2014）、西尔伯曼和泰勒（2014）等构造了一个基于纯产品的抵押机制，通过引入产出效率的异质性来刻画贷款违约机制，这一思想具有很大的创新性。但是，在现实经济中以房地产为主的不动产抵押是企业抵押融资的主要渠道，基于产品等动产的抵押模式尚不成熟，因此，本节在他们的基础上扩展抵押品范围，构造一个包含不动产和动产在内的混合抵押机制，并进一步分析动产抵押比重变化所导致的经济波动效应，为科学推进动产融资提供理论基础。

遵循阿格诺尔（2014）、西尔伯曼和泰勒（2014）的设定，将企业的产品纳入抵押范围，同时进一步假设，家庭为降低企业融资成本以获取更多利润，在融资时还将部分自有房地产抵押给银行①，从而构造一个包含不动产和动产在内的混合抵押机制。相对于房地产抵押，产成品抵押是针对企业融资约束问

---

① 模型中企业的典型特征是：以低端劳动密集型行业为主，房产是企业的主要资本投入要素，但其所有权归属家庭，家庭向企业提供劳动和房产，索取工资和租金。由于在模型经济中，企业利润最终流向家庭，两者利益具有一致性，因此，在企业面临抵押需求时，假设家庭向银行抵押部分自有房产以降低融资成本。这一假设可对应于中国大量存在的"前店后家"式的家庭作坊和广大产权、财务制度不清晰的中小企业，这些企业往往面临很强的融资约束，企业主经常用自有房产甚至汽车等进行抵押以维持经营。但同时，本章对于混合抵押机制的讨论又具有一般性，任何企业都面临一定的融资约束，程度或高或低而已，通过优化动产融资在抵押融资中的比重可以为合理、有序推进动产融资业务提供一定的理论基础。

题设计的一种金融创新，通过挖掘中小企业的动产资源以提高自身信用，从而缓解危机时期的信用不足问题（王志华，2010）。

商业银行通过评估会以家庭抵押的部分房地产 H_t 和企业抵押的产品 Y_t 的一个比例 χ_t 为抵押发放贷款。令抵押率 χ_t 服从一阶自回归过程，则 χ_t 下降可视为负向金融冲击，因为其通过降低抵押品价值而增大了贷款违约概率，进而引发信贷违约风险，这一比率的下降反映出企业经营状况恶化。贷款抵押条件设定如下：

$$\chi_t\left(\frac{1-\delta_H}{2}H_t + \bar{\theta}\,Y_t\right) = R_t^L L_t \tag{4.34}$$

式中，R_t^L 为贷款毛利率，参数 $\bar{\theta}$ 表示动产抵押在抵押融资中所占的相对比重，由于家庭出于居住和安全需要，必须自留部分房产，故假设以自有房产的一半进行抵押，同时扣除折旧部分。由此可得到贷款违约的门限值：$\varepsilon_t^{F,M} = \dfrac{R_t^L L_t - \chi_t(1-\delta_H)H_t/2}{\chi_t\,\bar{\theta}\,A_t H_t^\alpha N_t^{1-\alpha}}$。

假定异质性生产率 ε_t^F 服从 $(\underline{\varepsilon}^F, \bar{\varepsilon}^F)$ 上的均匀分布，得到贷款违约概率 Φ_t：

$$\Phi_t = \int_{\underline{\varepsilon}^F}^{\varepsilon_t^{F,M}} f(\varepsilon_t^F)\,\mathrm{d}\varepsilon_t^F = \frac{\varepsilon_t^{F,M} - \underline{\varepsilon}^F}{\bar{\varepsilon}^F - \underline{\varepsilon}^F} \tag{4.35}$$

由式（4.35）可知，当动产融资比重 $\bar{\theta}$ 上升，贷款违约门限值 $\varepsilon_t^{F,M}$ 会下降，进而使得违约概率 Φ_t 上升，最终产生一个更高的融资溢价水平。这是因为动产抵押比例上升虽然可以提高企业抵押品价值基数，但同时由于动产本身的价值波动性较大，因此，银行必须提高风险溢价以抵补这种不确定性。

贷款利率设计应使各期均满足收支平衡条件，即来自贷款投放的收入与募集资金的成本相抵：

$$\int_{\underline{\varepsilon}^F}^{\varepsilon_t^{F,M}} \chi_t\left(\frac{1-\delta_H}{2}H_t + \bar{\theta}\,Y_t\right) f(\varepsilon_t^F)\,\mathrm{d}\varepsilon_t^F + \int_{\varepsilon_t^{F,M}}^{\bar{\varepsilon}^F} R_t^L L_t f(\varepsilon_t^F)\,\mathrm{d}\varepsilon_t^F = (R_t^D + c)D_t + LLP_t$$

$$\tag{4.36}$$

式中，c 为银行募集储蓄所花费的管理成本，LLP_t 为银行的贷款损失准备金。

经积分变换得到贷款利率的表达式：

$$R_t^L = \Psi_t \left[R_t^D + c + \frac{LLP_t}{L_t} - \left(1 - \frac{1}{\Psi_t} \right) \frac{\chi_t (1 - \delta_H) H_t}{2L_t} \right] \qquad (4.37)$$

式中，$\Psi_t = \dfrac{2\varepsilon_t^{F,M}}{2\varepsilon_t^{F,M} - (\bar{\varepsilon}^F - \underline{\varepsilon}^F)\Phi_t^2}$ 表示融资溢价，贷款违约概率 Φ_t 越高，则融资溢价越高。在这里，贷款利率定价公式的内涵十分丰富，充分体现了其连接金融与实体经济的纽带作用。具体来说，贷款利率形成主要受到三个方面因素影响：一是受实体经济状况影响，表现为贷款违约概率 Φ_t 通过改变融资溢价 Ψ_t 进而影响贷款利率；二是受银行行为影响，表现为拨备计提通过影响拨备—贷款比率来影响贷款利率；三是受货币政策影响，表现为货币当局通过调整政策利率 R_t^{cb} 改变储蓄利率，从而影响贷款利率。

（四）监管部门

鉴于中间品企业的异质性生产率大小具有随机性，因此，银行投放的贷款在客观上存在违约可能。为保证坏账不殃及储蓄池以维护个体经营的稳健性，银行会在每期期初对当期投放贷款的质量进行评估，进而计提贷款损失准备金以吸收损失。参考西尔伯曼和泰勒（2014）的设置，设定以下拨备计提方程：

$$LLP_t^i = l_o \Phi \left(\frac{\Phi_t}{\Phi} \right)^{1-u} L_t \qquad (4.38)$$

式（4.38）中，l_0 是稳态时贷款损失准备用于覆盖不良贷款的比例，一般设为 1，表示银行根据不良贷款数额提足拨备。u 表示贷款损失准备计提的平滑程度：当 $u = 0$ 时，$LLP_t^i = l_0 \Phi_t L_t$，此时当期拨备计提只根据同期贷款违约概率进行调整，这种拨备计提方式通常称为"普通拨备"；当 $1 > u > 0$ 时，$LLP_t^i = l_0 \Phi^u \Phi_t^{1-u} L_t$，此时当期拨备计提不仅依据同期贷款违约概率，同时也兼顾贷款违约概率在整个经济周期内的平均水平，这一拨备计提方式可视为"动态拨备"。

（五）货币当局

假设货币当局使用泰勒规则调控经济：

$$\frac{R_t^{cb}}{\bar{R}^{cb}} = \left(\frac{R_{t-1}^{cb}}{\bar{R}^{cb}}\right)^{\rho_R} \left[\left(\frac{\pi_t}{\bar{\pi}^T}\right)^{\phi_\pi}\left(\frac{Y_t}{\bar{Y}}\right)^{\phi_Y}\right]^{1-\rho_R} \tag{4.39}$$

式中，$\bar{R}^{cb}$、$\bar{Y}$ 分别表示政策利率均衡值、稳态产出，$\bar{\pi}^T$ 表示当局的通货膨胀目标，ρ_R 衡量利率调整的平滑程度，ϕ_π、ϕ_Y 分别度量通货膨胀、产出在利率调整中的权重。

四、参数校准和模型评价

（一）参数校准

本节待校准的模型参数包括模型的结构性参数、变量稳态值和外生冲击参数。数据来自中经网统计数据库、Wind 数据库、国家统计局网站和银监会网站。

（1）结构性参数设定。按照多数文献的做法，将消费的跨期替代弹性的倒数 ζ 设为 2。已有研究中国问题的文献对劳动供给弹性的倒数 γ 取值差异较大，王国静和田国强（2014）注意到这一问题，以他们的估计结果将 γ 设定为 2.23。根据稳态时 $\beta = 1/R^D$，计算出主观贴现因子 β 为 0.99。价格黏性 ω_p 一般介于 0.5 ~ 0.85 之间，取刘斌（2008）的结果，设为 0.85。国内多数文献对资本产出权重 α 的取值介于 0.35 ~ 0.5，本节中房地产要素起到的作用类似于一般性资本，故取中间水平设为 0.43，房地产季度折旧率 δ_H 类似于一般模型中的资本折旧率，设为 2.5%。按照阿格诺尔等（2014），将异质性生产率 ε_t^F 的分布上限 $\bar{\varepsilon}^F$ 和分布下限 $\underline{\varepsilon}^F$ 分别设为 1.35 和 1。按照泰勒和西尔伯曼（2015），将商业银行权益融资费用成本 c 设为 0.1。

（2）变量稳态值设定。中性技术的稳态值 $\bar{A}$ 按照当前普遍做法标准化为1。扣除净出口差额和政府购买支出后，以 1996 ~ 2014 年居民消费占 GDP 的比重和投资占 GDP 的比重将 $\bar{C}/\bar{Y}$ 和 $\bar{I}/\bar{Y}$ 分别校准为 42.84%、57.16%。劳动的稳态值 $\bar{N}$ 参考黄赜琳（2005）和马勇（2013）的方法，以 1996 ~ 2014

年全社会就业人员数占总人口的平均比例确定为 0.568。以 1996～2014 年金融机构一年期法定定期存款利率的均值将稳态储蓄毛利率 $\bar{R}^D$ 校准为 1.01。由于数据的可得性，以 2005～2014 年银行业整体不良贷款率表示贷款违约概率，将稳态贷款违约概率 $\bar{\Phi}$ 校准为 0.035。根据模型稳态条件 $\bar{R}^D = \bar{\pi}(\bar{q} + 1 - \delta_H)$，将房地产租金实际价格的稳态值 $\bar{q}$ 校准为 3.5%。根据稳态方程 $\bar{\Phi} = (\bar{\varepsilon}^{F,M} - \underline{\varepsilon}^F)/(\bar{\varepsilon}^F - \underline{\varepsilon}^F)$，将稳态贷款违约门限值 $\bar{\varepsilon}^{F,M}$ 校准为 1.01225。根据稳态方程 $\bar{\Psi} = 2\bar{\varepsilon}^{F,M}/[2\bar{\varepsilon}^{F,M} - (\bar{\varepsilon}^F - \underline{\varepsilon}^F)\bar{\Phi}^2]$，将稳态融资溢价 $\bar{\Psi}$ 校准为 1.022。根据稳态方程 $\bar{R}^L = \bar{\Psi}[\bar{R}^D + \overline{LLP}/\bar{L} - \bar{\chi}(1-\delta_H)(1-1/\bar{\Psi})\bar{H}/\bar{L}]$ 和 $\bar{\chi}[(1-\delta_H)\bar{H} + \bar{\theta}\bar{A}\bar{\varepsilon}^{F,M}\bar{H}^\alpha\bar{N}^{1-\alpha}] = \bar{R}^L\bar{L}$ 以及相关参数设置，将稳态贷款利率 $\bar{R}^L$ 和稳态抵押率 $\bar{\chi}$ 分别校准为 1.05 和 8.2%。

（3）外生冲击参数设定。与马勇和陈雨露（2013）一样，按照习惯做法将利率规则中的通货膨胀权重 φ_π 和产出权重 φ_Y 分别设为 1.5、0.5。利率调整的平滑程度 ρ_R 设定为 0.8。技术冲击参考许伟和陈斌开（2009），将持久性参数 ρ_A 设定为 0.7809，标准差 σ_A 设为 0.0203。王国静和田国强（2014）在表示企业可清算资产与贷款匹配程度的变量中引入金融冲击，其内涵与本节是一致的，参照他们的估计结果将金融冲击的持久性参数 ρ_χ 设为 0.9601，标准差 σ_χ 设为 0.0185。

（二）模型评价

在参数校准的基础上，进一步比较模型经济各主要变量的一阶距、二阶距与相应实际数据的契合程度，以说明模型经济对实际经济的拟合效果，为后文的模拟分析提供坚实基础[①]。由表 4-2 可知：从二阶矩来看，产出和贷款变量的拟合效果非常好，通货膨胀的拟合效果虽然差了一些，但与目前已有的相关文献相比，整体拟合效果仍是比较好的，另外在一阶矩方面，通货膨胀、贷款、贷款利率等变量的拟合程度都非常高。总体来看，模型对实际经济具有较高的解释能力，后文的模拟分析具有较高的可信性。

[①] 我们分别从一阶矩（稳态值）和二阶矩（标准差）两个维度对模型经济的拟合效力进行了评价，发现模型经济对实际经济的解释力度整体上较高，可以进一步进行模拟分析。

表 4 - 2   模型经济与实际经济比较

主要经济变量	标准差		Kydland-Prescott 比率（%）	稳态值	
	模型经济	实际经济		模型经济	实际经济
产出	0.0733	0.0779	94.09	1.0000	1.0000
通货膨胀	0.0290	0.0117	247.86	1.0000	1.0102
贷款	0.4711	0.4823	97.68	1.8600	2.0400
投资	0.1984	0.3966	50.03	0.5716	0.5716
贷款利率	0.5152	0.7439	69.26	1.0500	1.0665

注：除贷款利率外，其他数据区间均为 1996 年第 1 季度至 2016 年第 3 季度，并经过 HP 滤波的去趋化处理，贷款利率由于数据可得性限制，使用年度数据计算。表中的 Kydland-Prescott 比率是指模型经济变量与实际经济变量的标准差之比，用以反映模型经济对实际经济的拟合程度。模型中产出与投资稳态值直接取自实际数据，故与实际结果完全一致，其余变量稳态值均由模型计算得出。

五、模拟分析

本部分，在校准模型的基础上分析金融冲击下动产抵押与动态拨备政策在抑制经济波动方面的效果。在动产抵押政策的分析中，令动产抵押在整个抵押融资中的比重参数 $\bar{\theta}$ 分别为 0.1、0.55、1，以表示动产融资的推进程度。在动态拨备政策的分析中，参照西尔伯曼和泰勒（2014）的思路，令贷款损失准备计提的平滑程度参数 u 分别为 0 和 0.8，以表示无前瞻性的传统拨备和具有前瞻性的动态拨备。

（一）动产抵押的经济效应分析

图 4 - 10 显示了在负向金融冲击下，动态拨备与不同动产抵押政策搭配所导致的经济波动效应。从总体上看，不同动产抵押政策下各主要宏观经济金融变量偏离稳态的基本趋势是相似的。在负向金融冲击发生后，贷款违约概率逐渐攀升，融资溢价随之提高，贷款利率也相应上升，由此导致企业的边际成本上涨，借由成本驱动最终导致通货膨胀上升。在经济下行过程中，一方面，由于借贷成本增加，企业开始削减银行贷款；另一方面，商业银行也会紧缩信贷，由此导致最终贷款量出现明显下滑。对于严重依赖银行融资进行投资和雇用工人的企业来说，信贷紧缩意味着削减投资和劳动，从而导致经济的产出下

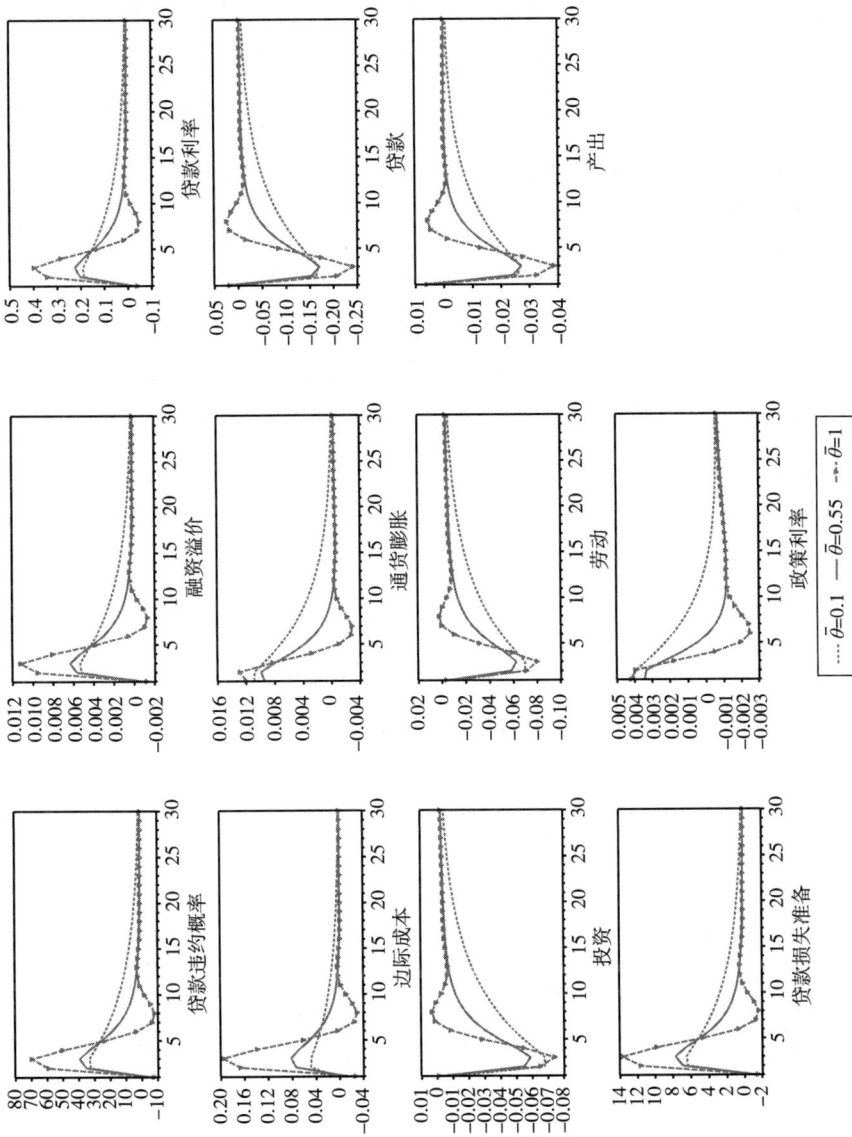

图 4-10　不同动产抵押政策的经济效应比较

资料来源：作者计算得出。

降、失业增加。在政策层面上，随着不良贷款增加，拨备计提也逐渐提高，由于通货膨胀上升程度大于产出下滑程度使得政策利率向上调整。从三种动产抵押政策的横向比较来看，随着动产融资业务在全部抵押融资中的比重提高，各主要经济金融变量偏离稳态的粘滞程度显著降低，回归稳态的速度明显加快，因此，推进动产抵押有助于更快地"熨平"经济波动。但是，我们也发现 $\bar{\theta}=1$ 时各主要变量对金融冲击的反应十分剧烈，其反应的剧烈程度明显高于 $\bar{\theta}=0.1$ 和 $\bar{\theta}=0.55$ 时的情形。这表明，过度的推进动产抵押虽然可以缩减经济在遭受金融冲击时恢复稳态的时间，但在恢复稳态的过程中，可能会造成较为剧烈的经济波动。

进一步由表4-3来看，我们发现尽管随着动产抵押比例 $\bar{\theta}$ 的不断提高，产出、通货膨胀、投资、就业、贷款等主要经济变量平均偏离稳态的程度不断下降，但同时各变量在偏离稳态时的波动程度却先降后升。[①] 总的来看，以 $\bar{\theta}=0.55$ 为代表的适度的动产融资比例可以较好地兼顾金融冲击下经济对稳态的偏离程度和波动程度。过低的动产融资比例会导致经济偏离稳态的平均程度过大，而过高的动产融资比例虽然可以显著改善这一问题，但同时也会导致经济在偏离稳态时的波动程度过大。一方面，动产抵押可以缓解企业的融资难问题；但另一方面，动产抵押的标的物价值具有较大的波动性，本身存在一定的风险。因此，必须科学有序地推进动产抵押，在一个合理适度的风险范围内充分发挥动产抵押盘活实体、抑制波动的功能。

表4-3　　　　　　不同动产抵押政策下主要经济变量的水平效应和波动效应

		$\bar{\theta}=0.1$	$\bar{\theta}=0.55$	$\bar{\theta}=1$
水平效应	产出	-0.0077	-0.0042	-0.0031
	通货膨胀	0.0029	0.0011	0.0005
	投资	-0.0233	-0.0133	-0.0104
	就业	-0.0246	-0.0148	-0.0120
	贷款	-0.0531	-0.0320	-0.0255

① 表4-3中的水平效应以各变量在30期内累计偏离稳态的平均值计算得出，波动效应以各变量在30期内偏离稳态的标准差计算得出。

续表

		$\bar{\theta}=0.1$	$\bar{\theta}=0.55$	$\bar{\theta}=1$
波动效应	产出	0.0086	0.0082	0.0107
	通货膨胀	0.0034	0.0031	0.0038
	投资	0.0197	0.0164	0.0192
	就业	0.0200	0.0172	0.0206
	贷款	0.0520	0.0500	0.0648

资料来源：作者计算得出。

（二）动态拨备的经济效应分析

图4-11显示了在负向金融冲击下，动产抵押与不同拨备政策搭配所导致的经济波动效应，这里以 $\bar{\theta}=0.55$ 时的情形为例。总体来看，无论基于何种拨备计提方式，各主要经济金融变量对金融冲击的反应方向基本上是一致的，其具体反应路径与上一节的分析相似。从动态拨备与传统拨备的横向比较来看，除了贷款违约概率和融资溢价两个变量以外，其他经济变量在动态拨备下的波动幅度明显低于在传统拨备下的波动幅度，这说明具有前瞻性和逆周期特征的动态拨备政策提高了整个经济在遭受金融冲击后恢复稳态的弹性。这与第一小节中对不同动产抵押政策的经济效应的比较不同，相对于传统拨备，动态拨备政策在抑制经济波动方面的优势是十分明显的。另外之所以在动态拨备下，贷款违约概率和融资溢价指标会比传统拨备下高，是因为本节在动态拨备政策方程的设定中只体现了拨备计提的前瞻性和平滑性，并没有刻画动态拨备"以丰补歉"的跨期抵补损失的功能。因此导致在经济下行期，基于动态拨备政策所计提的贷款损失准备金比传统拨备更低，冲减的当期不良贷款也就更少，所以导致贷款违约概率更高，相应的融资溢价也更高。如果将动态拨备的"以丰补歉"功能考虑进来，那么通过上行期额外计提的准备金来冲减当期贷款损失，可以使贷款违约概率进一步下降，甚至比传统拨备下的水平更低。

（三）福利损失分析

本部分我们引入福利损失函数，对动产抵押政策参数 $\bar{\theta}$ 和动态拨备政策参数 u 分别在 $[0.1, 1]$ 和 $[0, 0.8]$ 内取值，以观测不同参数组合对应的

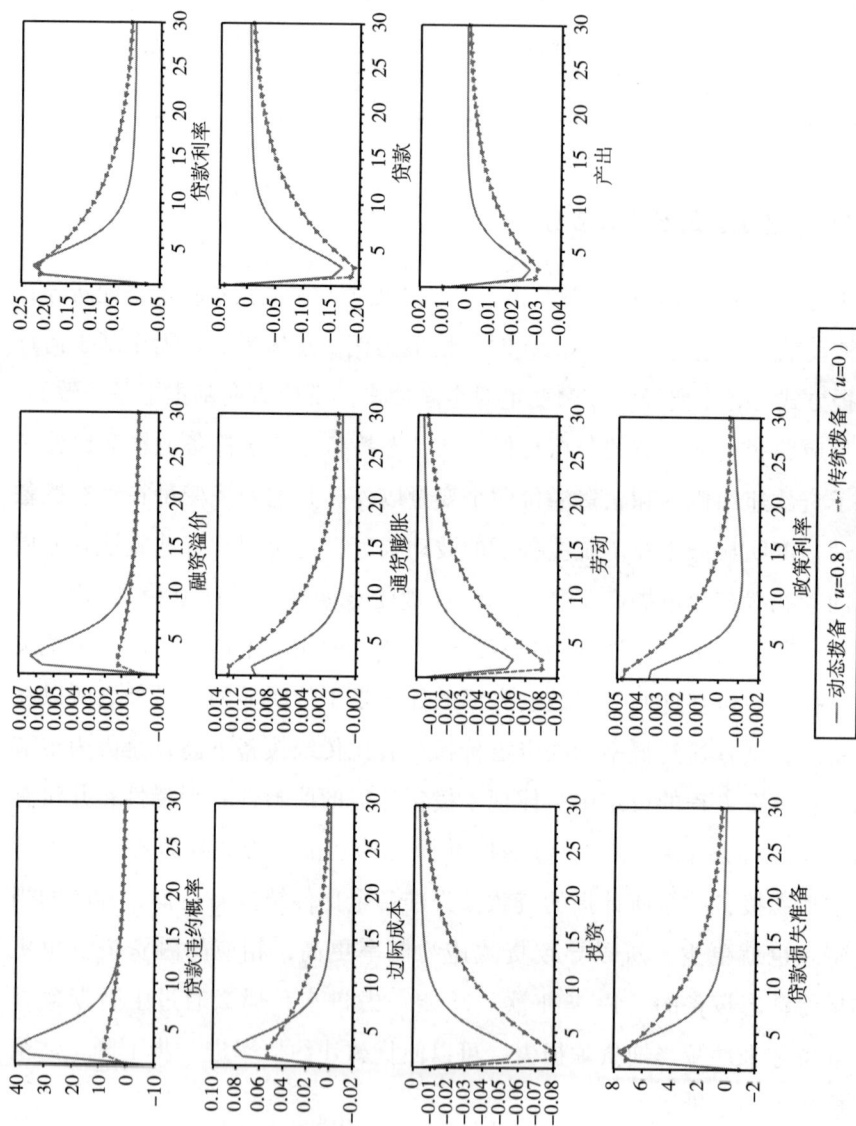

图 4 - 11　动态拨备与传统拨备的经济效应比较

资料来源：作者计算得出。

福利损失变化情况，从而甄别动产抵押与动态拨备政策的最优配合模式。传统的福利损失函数主要关注产出与通货膨胀波动，本次金融危机过后，使旨在寻求金融稳定目标的经济政策逐渐成为各国当局宏观调控的重心，为此，本节基于"保增长、稳物价、控风险"三重目标来构建福利损失函数。众多研究已经证实信贷的过快增长往往预示着金融风险，是预测金融不稳定程度的关键指标。据此，构建以下包含通货膨胀、产出和信贷增速的三变量福利损失函数。

$$WelfareLoss_t = E[\,(\hat{\pi}_t)^2 + \lambda_y\,(\hat{y}_t)^2 + \lambda_{\Delta L}(\hat{L}_t - \hat{L}_{t-1})^2\,] \tag{4.40}$$

式中，$\hat{x}_t$ 表示变量 X_t 对稳态值的偏离程度，λ_y 和 $\lambda_{\Delta L}$ 分别为产出和信贷增速在福利损失函数中的权重，参考拉韦纳和瓦什（Ravenna & Walsh, 2006）、布莱茨欧迪斯等（Bratsiotis et al., 2014）的设置，令 $\lambda_y = 0.25$、$\lambda_{\Delta L} = 0.1$。

图 4-12 显示了动产抵押和动态拨备政策组合对应的福利损失分布情况。从图 4-12 中可以看出：（1）当固定动态拨备政策参数 u 在一个较小范围内时，可以产生一个中等水平的福利损失结果，此时动产抵押政策参数 $\bar{\theta}$ 的灵活变动不会对福利损失结果产生显著影响；（2）当固定动态拨备政策参数 u 在一个较大范围内时，动产抵押政策参数 $\bar{\theta}$ 的灵活变动会对福利损失结果产生重要影响，此时 $\bar{\theta}$ 过大会导致福利损失最大化；（3）福利损失最小化区域集中在 $(u, \bar{\theta}) = (0.8, 0.4)$ 附近，而福利损失最大化区域集中在 $(u, \bar{\theta}) = (0.8, 0.1)$ 附近。以上分析表明，加快构建和完善动态拨备政策有助于显著改善整体经济的福利水平，可以促进经济从中等福利损失区域转向较低福利损失

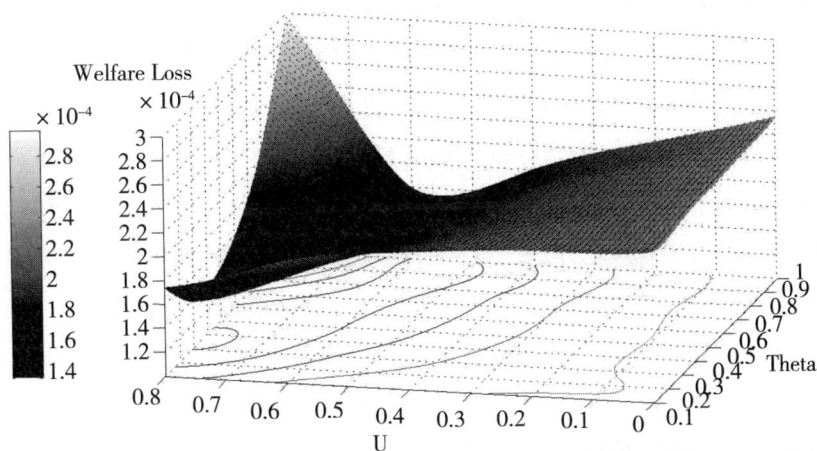

图 4-12　动产抵押和动态拨备政策组合对应的福利损失分布

资料来源：作者计算得出。

区域，但是在这一过程中，必须科学把握动产融资的实施力度。合理、适度的动产抵押政策有助于进一步提升动态拨备政策的福利改善效果，但由于动产抵押本身具有的一些风险特性，使得在推进这一政策的过程中应注重科学把握实施力度，否则容易矫枉过正，导致经济的福利损失最大化。

六、结论和政策建议

本节基于金融内生性视角，构建了一个包含独立银行部门的新凯恩斯DSGE 模型，通过分别刻画信贷资金需求方企业的贷款抵押条件和信贷资金供给方银行的贷款损失准备金计提方程来引入动产抵押政策和动态拨备政策对经济波动的影响，并同时分析了在负向金融冲击下两类政策缓解信贷顺周期性、"熨平"经济过度波动的效果。研究发现：（1）随着动产抵押在全部抵押融资中的比重逐渐提高，各主要经济金融变量偏离稳态的粘滞程度显著降低，回归稳态的速度明显加快，但过高的动产融资比例会导致经济在偏离稳态时的波动程度过大，而过低的动产融资比例则会导致经济偏离稳态的平均程度过大，因此，动产融资的比例必须合理、适度；（2）相对于传统拨备政策，具有前瞻性和逆周期特征的动态拨备政策导致的经济波动更小，提高了整个经济在遭受金融冲击后恢复稳态的弹性；（3）相对于仅使用动态拨备政策在信贷资金供给端发力，配合适度使用针对资金需求端的动产抵押政策可以显著改善宏观审慎的政策效果，但在推进动产抵押政策的过程中应注重科学把握实施力度，否则容易矫枉过正。

马克思在对造成经济周期波动的原因进行分析时就已指出：信用膨胀和萎缩不仅是经济处于不同周期阶段的特征，也是导致经济周期的动因，因此，信用是反周期宏观调控的主要对象，经济衰退时，必须扩大信用、增加货币投放，否则会加剧经济的衰退和恶化（洪银兴等，2005）。本节的理论和定量分析再次印证了上述观点，并进一步从信贷资金供求双方的角度出发探讨了危机时期防止信贷供给过度紧缩和有效信贷需求过度下降的应对策略。本节建议：（1）应尽快构建和完善以动态拨备政策为代表的宏观审慎政策体系，以缓解金融系统的顺周期性、"熨平"经济的过度波动；（2）从资金需求端入手，为有效缓解企业的融资难问题，防止经济下行导致有效信贷需求下降，应加紧推出和实施动产抵押政策，通过合理、适度地推进动产融资可以进一步增强宏观审慎政策抑制经济波动的效果，改善整体经济的福利水平。

第五章

健全货币政策与宏观审慎政策双支柱框架

第一节　双峰监管的理论渊源、国际实践与研究进展

一、构建双支柱框架的历史背景和理论基础

（一）历史背景

1. 稳定价格的货币政策框架由来

"滞胀"一词诞生于 20 世纪 70 年代西方主要国家的经济困局，描述的是经济增长停滞、高失业率和高通货膨胀并存的特殊经济现象。根据传统的凯恩斯主义理论，高通货膨胀必然伴随高增长、低失业，但这是以需求拉动型经济为前提的，当时两次石油危机形成的成本推动型经济使得这一关系不复存在。而且更应该关注的是，当时美国等所采取的凯恩斯主义相机抉择调控完全忽视了预期的影响力，以致政策效果逐渐失灵并且将通货膨胀和失业的菲利普斯曲线推向更高位置，结果导致政策刺激效果极差、通货膨胀高涨。此后，西方发达国家的货币政策逐渐淡化相机抉择，转向以稳定价格为核心的规则型货币政策。其核心是，货币政策按照一套公开可信的规则来制定，通过稳定通货膨胀预期来稳定价格，进而稳定菲利普斯曲线，避免政策选择再次陷入"高通胀、

低增长"的滞胀组合。1996 年，美联储提出了"杰克逊霍尔共识"，提出货币政策的目标只应包含维持物价稳定，稳定价格的货币政策框架遂成为各发达国家宏观调控的主流模式。

2. 从单一目标框架到双支柱框架

进入 20 世纪 80 年代以来，稳定价格的单一目标框架收到奇效，西方国家的经济增长率和通货膨胀率变化区间明显收窄，经济平稳增长趋势加强，即步入了所谓"大稳健"时代。但在 2007 年发生的美国次贷危机和 2008 年爆发的国际金融危机面前，这种单一目标框架受到了巨大挑战。金融稳定目标成为近十年来各国宏观调控当局的重中之重，仅实施稳定价格的货币政策不足以确保当前宏观经济金融平稳运行已成为国际共识。在此条件下，2017 年党的十九大报告正式提出"健全货币政策和宏观审慎政策双支柱调控框架"。经济金融稳定化调控由依靠过去的货币政策单支柱转向"货币政策 + 宏观审慎政策"双支柱。

（二）理论基础

1. 价格稳定与金融稳定的关系

在 2008 年国际金融危机爆发以前，尽管西方国家宏观经济主要变量平稳运行，但金融领域却积累了大量风险。在 2000 ~ 2007 年间，爱尔兰、西班牙、美国、英国的产出缺口和核心通货膨胀率变化都较为平稳，没有趋势性上升的态势，但在金融领域，信贷产出比和房地产价格却不断攀升。这一明显分化在危机爆发前却并未引起各国中央银行的足够重视，其中一个关键原因在于价格稳定可以确保金融稳定的信念深入人心。危机前主流理论认为货币政策的首要最终目标是致力于实现长期价格稳定，危机的发生使这一流行理论受到了严峻的挑战。

2. 经济周期与金融周期的关系

近年来，金融稳定与价格稳定目标不断背离的深层原因在于，金融周期与经济周期的协同性逐渐降低甚至出现分化。由此导致，单一货币政策无法同时熨平经济周期和金融周期波动，表现出来即实现价格稳定无助于维护金融稳定。金融周期波动脱离经济周期而越发具有独立性已成为近年来宏观经济运行的"新常态"。

国际清算银行首席经济学家博里奥（Borio）在 2014 年正式提出"金融周

期”的概念，认为金融周期是通过风险认知联结传递的信贷约束与资产价值间交互增强作用的体现。《中国货币政策执行报告》将金融周期概括为是指由金融变量扩张与收缩导致的周期性波动。从理论发展来看，伯南克等（Bernanke et al.，1999）首次提出金融加速器机制，分析了金融与经济间的正反馈效应对放大经济波动的内在机制，这是最早对金融周期与经济周期相互作用的系统研究。后续相关研究发现，经济周期和金融周期之间总体上存在动态正相关关系，但这一关系在不同发展阶段是不太稳定的，通常金融周期的波动频率要低于经济周期，且对经济周期具有一定的引领作用。当经济周期和金融周期同步叠加时，经济扩张或收缩的幅度都会被放大；而当经济周期和金融周期不同步时，两者的作用方向可能出现不同甚至相反。因此，基于单一目标的货币政策框架无法很好地同时稳定两大周期，必须采取双支柱框架。

　　因此，原有的以稳定价格的货币政策为核心的短期宏观调控将不足以有效应对经济金融波动。根据“丁伯根法则”，一国的经济政策数量至少要等于经济目标数量，而且政策之间必须保持独立性。在经济金融周期分化的大趋势下，货币政策无法同时实现稳定经济周期和金融周期的目标。因此，建立“货币政策＋宏观审慎政策”的双支柱调控框架分而治之是符合理论规律的。

二、世界主要经济体的实践

　　尽管部分国家的中央银行在金融危机后仍然声称并不以金融稳定为目标，但在实践中，却纷纷对协调货币政策与以资本监管为代表的金融监管进行了相应的制度调整，构建了应对系统性金融风险的宏观审慎管理体系。这一体系的核心目的就是有效监测和应对系统性金融风险，避免重蹈 2008 年金融危机的覆辙，事实上承认了中央银行的金融稳定职能。

　　（1）美国的宏观审慎管理体系。2010 年 7 月正式签署的《多德—弗兰克法案》在维持美国原有多头监管格局的基础上，突出了美联储对系统重要性金融机构的监管职权，赋予其“主要系统性风险监管者”的角色，并要求其他监管部门在进行微观审慎监管的同时加强宏观审慎监管。美国宏观审慎管理体系的基本框架如图 5 - 1 所示。在协调机制上，《多德—弗兰克法案》授权组建了金融稳定监督委员会（Financial Stability Oversight Council，FSOC），用以协调系统性风险的跨部门监管合作。在组织构架上，《美国金融稳定监督委员会组织规则》规定由财政部长担任 FSOC 的主席，美联储主席、证券交易委员会主席、联邦存款保险公司总裁、联邦住房金融局局长等担任具有投票权的主要成员。在这一安排中，并未任命美联储主席兼任 FSOC 的主席，有利于发挥 FSOC 对美联储进行系统性风险监管的补充和改进作用，避免单一部门监管可能导致的监管不力。

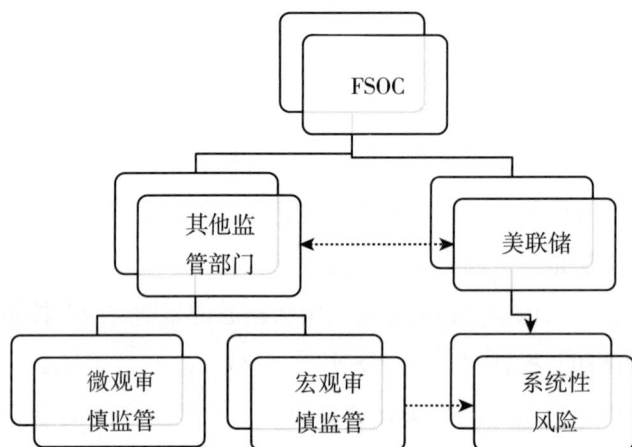

图 5 - 1　美国宏观审慎管理体系的基本框架

资料来源：高洁超：《银行资本监管与货币政策的协调研究》，中国金融出版社 2018 年版。

（2）欧盟的宏观审慎管理体系。金融危机后，欧盟宏观审慎管理体系的构建主要依据 2009 年 9 月颁布的《欧盟金融监管改革法案》。法案要求建立欧洲系统性风险委员会（European System of Risk Board，ESRB），以负责监测欧盟层面的金融系统性风险。欧盟宏观审慎管理体系的基本框架如图 5 - 2 所示。与美国不同的是，ESRB 虽然是负责宏观审慎管理的专门机构，但是附属于欧洲中央银行体系，而且欧盟赋予中央银行在宏观审慎管理体系中的地位更加特殊。《关于赋予欧洲中央银行在欧洲系统性风险委员会中的特殊任务》明确了欧洲央行在宏观审慎管理中的绝对领导地位，而且在"双支柱战略"框架的基础上，明确规定欧洲央行的主要职责是维护货币与金融稳定。因此，在 ESRB 的组织框架中，欧洲央行行长兼任 ESRB 主席，同时为了增强 ESRB 在宏观审慎管理中的独立性，财政部门并不直接参与，而是由 ESRB 中没有投票权的经济与金融委员会（EFC）的主席代表财政部门作为 ESRB 会议的观察员。

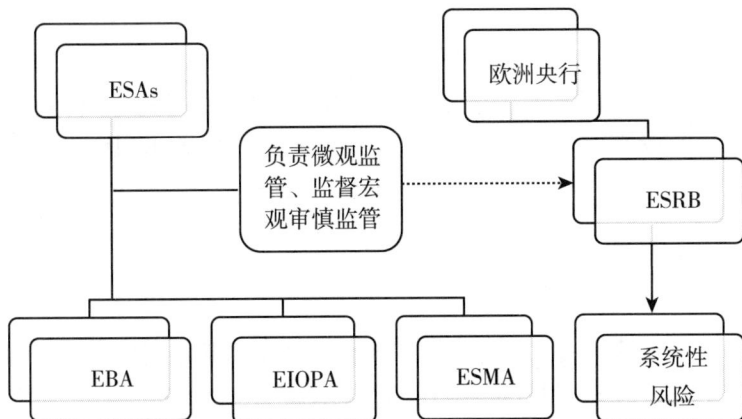

图 5 - 2　欧盟宏观审慎管理体系的基本框架

资料来源：高洁超：《银行资本监管与货币政策的协调研究》，中国金融出版社 2018 年版。

此外，为打破成员国之间监管割裂的局面，更加有效地从欧盟整体层面开展金融监管，欧盟成立了欧洲金融监管局（ESAs），下设欧洲银行业管理局（EBA）、欧洲保险与职业年金管理局（EIOPA）和欧洲证券与市场管理局（ESMA）。其主要职能是实施微观审慎监管，从个体金融机构层面维护金融稳定，同时对欧盟的宏观审慎监管进行监督，与 ESRB 共享信息、互通建议。

（3）英国的宏观审慎管理体系。金融危机之前，英国的金融监管由金融服务局（Financial Services Authority，FSA）、英格兰银行（Bank of England，BOE）和财政部共同负责，其中，FSA 对商业银行、证券、保险等九大金融行业具有统一独立的监管权。但是金融危机中，FSA 未能及时识别和应对系统性金融风险，而 BOE 虽有金融稳定之职，但无相应之权。2009 年，英国出台《银行法》正式赋予英格兰银行金融稳定的职权，次年颁布的《金融监管新举措：判断、焦点及稳定性》则提出 2012 年取消金融服务局。原先 FSA 的职能由四个机构取代：金融政策委员会（FPC）、审慎监管局（PRA）、消费者保护和市场监管局（CPMA）、经济犯罪局（ECA）。英国宏观审慎管理体系的基本框架如图 5 - 3 所示。其中，FPC 和 PRA 隶属 BOE，CPMA 和 ECA 为独立机构。宏观审慎监管主要由 FPC 负责，同时，FPC 还需对执行微观监管的 PRA 进行评估。与欧盟一样，英国财政部也不直接参与监管，但 FPC 主席（BOE 行长兼任）须定期向财政部汇报，并对财政部负有直接责任。而财政部可向 FPC 提出调整建议，并负责规定 PRA 的监管范围。

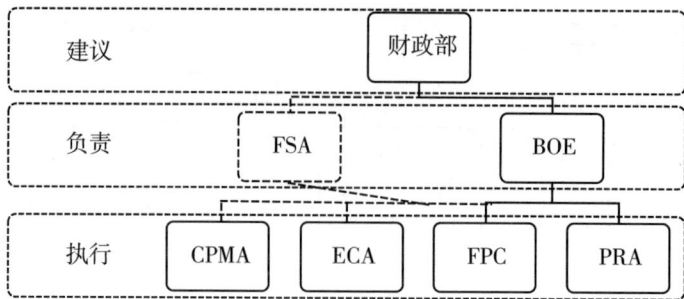

图 5 - 3　英国宏观审慎管理体系的基本框架

资料来源：高洁超：《银行资本监管与货币政策的协调研究》，中国金融出版社 2018 年版。

可见，英国虽然通过改革大大革除了多头管理的弊病，确立了英格兰银行在宏观审慎管理体系中的主导地位，但同时财政部在这一体系中所处的位置也十分微妙。相比之下，美国并不排斥财政部在宏观审慎管理体系中占据一定的重要位置，欧盟则明确弱化了财政部在宏观审慎管理中的参与度。就中央银行在宏观审慎管理体系中的地位来看，美国的宏观审慎管理体系偏向"分权制"，欧盟的宏观审慎管理体系偏向"集权制"，英国的宏观审慎管理体系则介于"分权制"与"集权制"之间。

（4）中国的实践及面临问题。中国金融监管的基本格局是"一行两会"的分业监管体制。相比美国、欧盟、英国，中国尚未构建起明确的宏观审慎管理体系，如何划分"一行两会"以及财政部、外管局等部门在应对系统性风险中的权责关系亟待解决。2013 年国务院同意建立由中国人民银行牵头的金融监管协调部际联席会议制度，但至今没有再披露这一制度的后续建设情况。2017 年又成立了国务院金融稳定发展委员会，为跨部门进行多种政策的协调搭建了沟通平台，但内部的制度性安排外界所知甚少。不过从 2016 年中国人民银行正式推出"宏观审慎评估体系"（Macro-prudential Assessment，MPA）和人民银行行长兼任国务院、金融稳定发展委员会办公室主任来推断，即是确立了由中央银行主要负责宏观审慎政策的体制，较类似于欧盟的"集权制"宏观审慎管理体系。

由于中央银行同时掌握货币政策和宏观审慎政策的制定，其内部的协调就至关重要。我们知道"货币政策 + 宏观审慎政策"的双支柱调控是以"熨平"经济周期和金融周期为目标的，但具体是否是宏观审慎政策锚定金融周期、货币政策锚定经济周期呢？目前，尚未有相关信息披露。从目标授权和政策决策的先后顺序（即主导性）来看，可以将双支柱分为以下五类（见表5-1）。

表5-1　　　　　　　　　　　　五种模式的双支柱框架

	联合决定	货币政策主导	宏观审慎政策主导
目标集成授权	模式1	—	—
目标分置授权	—	模式2	模式3
目标交叉授权	—	模式4	模式5

在目标集成授权下，稳定经济周期和金融周期被指派为货币政策与宏观审慎政策的共同目标，货币政策制定和宏观审慎政策制定是在相关约束下各自独立操作以最小化共同的目标损失函数，从而分别得到各自的最优政策。在这一制度下，货币政策和宏观审慎政策同时联合决定，不存在何者主导、何者从属的关系。在目标分置授权下，稳定经济周期被指派给货币政策，稳定金融周期被指派给宏观审慎政策，货币政策与宏观审慎政策各自面临不同的目标损失函数。在这一制度下，处于从属地位的政策是为主导性政策"补漏"或消除其非合意效应。在目标交叉授权下，稳定经济周期被指派给货币政策，而稳定金融周期被同时指派给宏观审慎政策和货币政策。与目标分置授权类似，该制度下也存在政策主导性问题，区别在于货币政策目标扩展至稳定金融周期。

值得充分关注的一点是，双支柱调控框架并非"货币政策＋宏观审慎政策"的简单组合，双支柱调控框架的推出旨在维护经济和金融的双稳定，但货币政策、宏观审慎政策与经济稳定、金融稳定之间究竟是何对应关系？目前，官方的表述仍不十分明确。已有国内外研究给出了三种目标分配模式：目标集成授权模式，即经济稳定和金融稳定作为货币政策与宏观审慎政策的共同目标；目标分置授权模式，即货币政策锚定经济稳定，宏观审慎政策锚定金融稳定；目标交叉授权模式，即货币政策同时锚定经济稳定与金融稳定，宏观审慎政策锚定金融稳定。从当前货币政策由稳健向稳健中性过渡的趋势来看，中国双支柱调控框架似乎更加倾向于目标分置授权模式，但如何确保货币政策的经济稳定目标不会影响宏观审慎政策的制定？当前，中国的货币政策和宏观审慎政策的决策独立性面临两个不确定因素：一是两类政策均集中于同一个主体即中央银行，因此，中央银行的偏好或外部约束可能影响政策独立性；二是国务院金融稳定发展委员会的具体制度安排尚未公开，财政部、发展改革委、银保监会等部门对双支柱调控框架的介入形式和程度将影响政策独立性。这是完善双支柱框架运行制度的重要方向。

三、国内外研究进展

一个在学术研究中一直被忽视的问题是，中国影子银行快速扩张造成的经济和金融后果如何利用双支柱政策进行合理调控？中国影子银行的快速扩张发端于 2010～2011 年信贷的大幅紧缩。据《中国影子银行季度监测报告》显示，2016 年中国影子银行资产增长 21%，达到人民币 64.5 万亿元，相当于 GDP 的 87%。借由影子银行通道，商业银行可以向原本难以通过正常渠道获得银行贷款的部门融资，同时也可达到规避监管、降低成本、竞逐利润的目的。影子银行的扩张利弊共存：一方面，其发展对满足社会投融资需求、促进经济增长具有一定的积极作用；另一方面，也严重削弱甚至扭曲了货币政策的信贷传导效果，而且影子银行信贷涉猎的领域风险相对更高，容易积累系统性金融风险。2017 年的政府工作报告就明确将影子银行列入需高度警惕的"四大金融风险"行列。时任中国人民银行行长周小川在 G30 国际银行业研讨会上也明确表示，国务院新成立的金融稳定发展委员会未来将重点关注包括影子银行在内的四方面问题。

商业银行的正规信贷资金向影子银行转移是抑制货币政策信贷传导效果的重要原因，同时这种转移大多借由影子银行体系流向高风险领域，由此产生的金融风险将严重制约货币政策在稳定物价和经济增长等方面的调控空间。从近几年出台的政府文件来看，在防控金融风险及处理好与货币政策的关系问题上，调控思路正发生着转变。2012 年颁布的《金融业发展和改革"十二五"规划》提出要"优化货币政策目标体系，处理好促进经济增长、保持物价稳定和防范金融风险的关系"。彼时，防控金融风险仍然作为货币政策的主要目标之一，尚未凸显宏观审慎政策在遏制金融风险、维护金融稳定方面的主要责任。2016 年中国人民银行将对银行业的差别准备金动态调整机制和合意贷款管理升级为"宏观审慎评估体系"（MPA），2017 年又将商业银行表外理财纳入 MPA 考核的关键指标——广义信贷。在此基础上形成的宏观审慎资本充足率指标对商业银行从事影子银行业务实际将形成有力约束，遏制金融风险、维护金融稳定的责任正逐步转向宏观审慎政策。"十三五"规划纲要首次明确将"防控风险"纳入宏观调控目标体系，并首次提出要"构建货币政策与审慎管理相协调的金融管理体制"；2017 年成立的国务院金融稳定发展委员会从制度安排层面突出了货币政策、宏观审慎政策等协调的重要性；党的十九大报告则正式提出"健全货币政策和宏观审慎政策双支柱调控框架"。

在影子银行不断扩张、金融风险持续积聚的大背景下，如何充分协调货币政策与宏观审慎政策以实现宏观经济稳定与金融稳定是一个亟待解决的重大问题。目前，学术界在研究货币政策与宏观审慎政策的协调问题时，大多忽视了影子银行及其风险传染对金融体系和宏观政策的影响；针对影子银行的研究又多侧重考察其与货币政策传导的关系，缺乏从货币政策与宏观审慎政策相协调的角度做进一步深入分析。而影子银行与金融风险高度关联，并且又是导致货币政策调控效力下降的重要诱因，因此，在货币政策与宏观审慎政策的协调研究中纳入"影子银行"具有必要性。

（一）宏观审慎政策概念及其与货币政策协调的必要性

对宏观审慎政策及其与货币政策的协调研究兴起于 2008 年国际金融危机发生以后。其实早在 1979 年的库克委员会会议上，就首次提出了"宏观审慎"的概念。1998 年，国际货币基金组织（IMF）在《迈向一个健全金融体系框架》的报告中明确指出"宏观审慎"可用于系统性风险的防范。但真正意识到宏观审慎政策的重要性仍是在本轮国际金融危机爆发后。宏观审慎政策是从金融体系整体角度出发，旨在维护金融稳定以降低金融危机发生概率或减小金融危机带来的损失，而做出的各项政策安排，主要包括基于时间维度的逆周期调节和基于空间维度的化解共同风险敞口两个方面（周小川，2011；张健华、贾彦东，2012）。本项目所探讨的宏观审慎政策限定为时间维度的逆周期资本充足率监管，即在经济上行期积聚金融风险时，要求银行多积累资本金，以更有效地应对经济下行期金融风险集中暴露引起的信贷违约损失。资本监管的逆周期改革是本轮金融危机后巴塞尔协议 Ⅲ 重点推出的举措，也是中国《商业银行资本管理办法（试行）》的重要条款和宏观审慎评估体系约束银行过度冒险的关键指标。

货币政策在调节产出、价格等宏观经济变量时不可避免会影响到金融稳定。过去的主流观点认为货币政策锚定价格稳定目标可以保证金融稳定

（Schwartz，1995；Issing，2003），价格稳定和金融稳定是高度一致的（Ber-nanke & Mishikin，1997）。但是，随着经济金融关系越发复杂，以价格稳定为目标的货币政策反而容易加剧金融体系的不稳定性，世纪之交的几次局部金融危机都出现在物价水平稳定时期（Goodhart，2002；Borio & Lowe，2002；BIS，2004）。因此，一方面，学术界和宏观调控部门都尝试研究将金融稳定纳入货币政策目标集，但是这一做法究竟效果如何，各方仍莫衷一是；另一方面，必须构建专门维护金融稳定的宏观审慎政策，并与货币政策取得有效协调，已成为学术界和实务界的广泛共识。

从协调的必要性来看，货币政策与宏观审慎政策相互间的政策外溢性很强，必须通过协调来减小政策冲突、增强政策合力（马勇、陈雨露，2013；金鹏辉等，2014）。两者所使用的工具如政策利率、逆周期资本充足率等，虽然各自调节的目标不同，但都会直接作用于金融体系。尤其是中国，在以银行为主体的金融体系和以信贷为主导的间接融资格局下，货币政策和宏观审慎政策的相互影响非常明显，两者的调整会直接作用于传统银行，并影响其与影子银行的信贷行为，进而影响产出、价格、信贷风险等变量。因此，必须构建货币政策与宏观审慎政策的协调框架，以引导信贷资源合理、高效配置，确保宏观经济与金融的双稳定。

（二）影子银行与货币政策、宏观审慎政策的关系研究

1. 影子银行的定义

各国的影子银行发展模式不尽相同，总体来看，欧美影子银行属于资产证券化主导模式，中国的影子银行属于信贷主导模式。封思贤等（2014）认为，前者通过金融衍生链条上金融市场与金融机构的冲击来加剧金融不稳定，后者主要通过货币政策和银行体系稳定性渠道来威胁金融稳定。何德旭和郑联盛（2009）也证实中国影子银行不同于美国，它既包括银行由表内移至表外的理财业务，又包括企业转贷、信托公司等进行的"储蓄转投资"业务，还包括民间借贷和贷款融资创新等形式。刘煜辉（2013）指出，中国影子银行是在信贷配给额度、资本充足率约束、贷存比流动性约束以及地方政府融资平台债务清理等调控措施下，银行绕道以类信贷方式为地方政府、房地产等主体融资的产物。本章研究的影子银行限定为从事高风险信贷投放活动的部门，传统银行限定为从事低风险信贷投放活动的部门，此外，将设定传统银行信贷始终受到货币政策和宏观审慎政策约束，而通过设定影子银行信贷纳入或不纳入货币政策与宏观审慎政策约束范围以比较影子银行信贷监管的有效性。

虽然存在形式各异，但无论是中国还是欧美发达经济体的影子银行，均属于游离于监管体系之外却能够部分替代传统商业银行信贷职能的活动（Tucker，2010；Bernanke，2010；李扬，2011）。因此，金融稳定理事会（FSB，2011）将影子银行定义为"通过游离于常规银行体系之外、从事信用中介的实体和活动"。中国人民银行调查统计司与成都分行调查统计处联合课题组（2012）对中国影子银行的定义与之相似，是指从事金融中介活动，具有传统银行类似的信用、期限或者流动性转换功能，但是未受到巴塞尔协议Ⅲ或者同等监管程度的实体。龚明华等（2011）进一步总结认为，影子银行有三个基本特征：发挥传统银行的基本功能、不受或较少受到监管、风险隐患高。上述定义和特征暗示：在影子银行未受到有效监管或忽视影子银行存在性的情况下，旨在针对传统银行进行信贷调控的货币政策可能面临失效问题，借由影子银行通道，传统银行可以部分规避货币政策的信贷约束，从而弱化甚至扭曲货币政策信贷传导效果。

2. 影子银行与货币政策

众多研究表明，影子银行的存在会削弱货币政策信贷传导效果。卡什亚普等（Kashyap et al. ，1993）较早发现，在紧缩性货币政策下，银行贷款减少，但商业银行票据融资明显增加，这意味着可能存在银行信贷融资的替代机制。2008 年金融危机发生后，有关影子银行对货币政策传导机制影响的研究文献大量涌现，这些研究多从影子银行微观的信用创造角度出发，发现影子银行的信用创造机制对传统银行具有替代效应，会在较大程度上弱化和扭曲传统的货币政策信贷传导，从而削弱货币政策效果（Verona et al. ，2011；李波、伍戈，2011；裘翔、周强龙，2014；Funke et al. ，2015；孙国峰、贾君怡，2015；Wang et al. ，2016；胡志鹏，2016；林琳等，2016；Chen et al. ，2017）。

就具体研究来看，已有文献多采用 DSGE 模型来分析影子银行对货币政策有效性的影响。裘翔和周强龙（2014）通过构建包含影子银行的 DSGE 模型发现，在中国，紧缩性货币政策可以抑制传统银行信贷，但会引发影子银行信贷扩张，从而影子银行在一定程度上削弱了货币政策的有效性。冯克等（Funke et al. ，2015）是为数不多的从利率市场化角度来研究中国影子银行问题的，其在一个非线性 DSGE 模型中考察了中国货币政策、传统银行和影子银行之间的相互作用，发现利率市场化有助于存款重新回归传统银行体系，抑制影子银行扩张，进而可以提高货币政策的有效性。林琳等（2016）拓展了影子银行的融资来源，在其 DSGE 模型中，影子银行设定为同时向传统银行和居民部门融入资金，研究发现影子银行的存在会影响货币政策信贷调控并放大金融市场波动，他们建议在"一行三会"间建立监管协调机制以消除对影子银行的监管真空。

梳理已有关于影子银行的 DSGE 研究，主要分为三类。第一类研究以维罗纳等（Verona et al.，2013）为代表，通过引入吸收居民储蓄的零售银行和发放债券的投资银行来刻画传统银行与影子银行并存的平行结构，并据此模拟预期到的和未预期到的货币政策调控效果。但是在这类模型中，传统银行被设定给高风险企业融资，影子银行则给低风险企业融资，而且传统银行不是影子银行流动性的供给者，这些刻画与中国影子银行的运行现实并不相符。以米克斯等（Meeks et al.，2017）为代表的第二类研究将影子银行作为传统银行向高风险领域放贷的通道，这一通道以传统银行通过资产证券化操作进行信贷脱表来实现。这种建模方式有助于刻画当前中国影子银行业务向高风险领域延伸的事实，但局限在于忽视了影子银行向居民部门融资的部分。以梅泽利（Mazelis，2014）为代表的第三类研究，假设影子银行不通过传统银行进行融资，而是在市场上通过搜寻匹配来获取居民部门储蓄。这类研究同样倾向于考察影子银行的民间融资渠道，而且没有刻画企业的风险等级对融资的约束作用。

综上所述，多数文献在刻画影子银行资金来源时或侧重于考察民间融资渠道，或侧重于考察传统银行融资渠道，难以贴近刻画中国影子银行资金来源多样化的事实。而且几乎所有相关文献都局限于分析影子银行对货币政策传导的扭曲效应，没有进一步引入宏观审慎调控部门，因此，无法明确分析宏观审慎政策对影子银行的影响，也无法从货币政策与宏观审慎政策协调的角度研究影子银行问题。事实上，将影子银行纳入宏观审慎政策调控范围，协调货币政策与宏观审慎政策正成为中国宏观调控改革的重要方向。

3. 影子银行与宏观审慎政策

由于宏观审慎政策起步较晚，目前还鲜有对其与影子银行关系的定量研究，多数停留在定性分析阶段。阿德里安和辛（Adrian & Shin，2009）认为，宏观审慎政策是否有效取决于能否将影子银行产生的外部性内部化。朗沃思（Longworth，2012）建议影子银行也应该受到资本充足率、流动性要求等针对传统银行的监管约束，根本上是在对传统银行的监管中要覆盖到其与影子银行的关联业务。高拉等（Gola et al.，2017）则介绍了意大利在对影子银行进行"银行等价监管"方面的一系列经验。龚明华等（2011）也建议中国应将影响大、风险高的影子银行机构纳入审慎监管范围，并提出将影子银行监管问题纳入相关监管协调机制。王绵阳和刘锡良（2017）认为，中国影子银行的发展在一定程度上模糊了金融监管政策和货币政策的界限，必须通过实施宏观审慎监管以缓解影子银行信用创造的周期性波动幅度。已有研究虽然提出宏观审慎政策在监管影子银行方面的重要性，但在具体如何操作，以及如何与货币政策协调上仍十分缺乏严谨的定量考察。

卢比奥（Rubio，2017）是少数运用 DSGE 模型定量分析影子银行与宏观审慎政策关系的学者，研究发现当影子银行规模低于某一阈值时，宏观审慎政策不必对其进行严格监管，但当突破这一阈值后，社会福利开始下降，宏观审慎政策必须对其采取严格监管。结论认为，影子银行不受监管可能导致宏观审慎政策效果出现非合意变化，宏观审慎政策应用于影子银行有助于实现金融稳定。但是，在他的模型中，影子银行只以家庭部门中的资金剩余者表示，忽视了传统银行作为影子银行资金来源这一重要渠道，而且同样缺乏从货币政策与宏观审慎政策协调的角度研究影子银行问题。

（三）货币政策与宏观审慎政策的协调研究

目前，国内外学术界对货币政策与宏观审慎政策协调研究的主流分析框架是植入金融因素的新凯恩斯 DSGE 模型。梳理相关文献，可以发现研究重点主要集中在三个方面：一是侧重考察不同性质的外生冲击如何影响货币政策与宏观审慎政策的协调形式（王爱俭、王景怡，2014；Tayler & Zilberman，2015；范从来、高洁超，2018）；二是侧重考察货币政策与宏观审慎政策的目标选择如何影响经济波动和福利变化（Fiore & Tristani，2013；Gilchrist et al.，2014；梁璐璐等，2014）；三是侧重考察不同制度安排下，货币政策与宏观审慎政策的博弈如何影响经济波动和福利变化（Angelini et al.，2012；Paoli & Paustian，2013；Agénor & Flamini，2016）。

（1）在不同外生冲击如何影响货币政策与宏观审慎政策的协调方面，许多研究发现，货币政策难以独立有效应对金融冲击，必须配合使用宏观审慎政策（Beau et al.，2012），两类政策取得协调对抑制金融冲击的影响作用最明显（王爱俭、王景怡，2014；童中文等，2017）。也有研究发现在供给冲击下，宏观审慎政策配合严格反通货膨胀的货币政策的经济稳定化效果也非常好（Tayler & Zilberman，2015）。还有研究进一步剖析了金融冲击的异质性，发现不同来源的金融冲击对两类政策的最优协调形式有不同要求，在协调应对内源性金融冲击时，货币政策将具有更大灵活性，而在外源性金融冲击下，货币政策灵活性会降低（范从来、高洁超，2018）。

（2）在货币政策与宏观审慎政策的目标选择如何影响经济波动和福利变化方面，一些研究认为，如果货币政策针对金融波动做出反应，很可能面临对信贷、产出和物价目标的权衡，还可能与专门针对金融稳定的宏观审慎政策产生叠加问题，造成经济过度波动。因此，最优货币政策应以稳定通货膨胀为目标，最优宏观审慎政策应以稳定信贷为目标，货币政策不应关注金融稳定（Suh，2012；梁璐璐等，2014）。另一些研究则认为，在与宏观审慎政策配合使用的过程中，货币政策将金融因素纳入调控目标反而可以最大限度地降低社会福利损失（Kannan et al.，2012；Angeloni & Faia，2013；Rubio & Carrasco-Gallego，2014）。

（3）在货币政策与宏观审慎政策的博弈如何影响经济波动和福利变化方面，迪克西特和兰贝蒂尼（Dixit & Lambertini，2003）是较早深入研究政策博弈的典型文献，其发现在非合作博弈下，如果财政政策和货币政策无任何一方具有决策上的优先权或主导性，将导致低产出和高通货膨胀的次优结果。在此基础上，安吉利尼等（Angelini et al.，2012）研究了货币政策和宏观审慎政策在合作与非合作情形下的情况，认为两个独立当局的冲突来自各自目标不同、却调控具有相近影响的政策变量。其发现，在合作情形下，两个当局应形成整体决策，这类似于一个决策者同时使用利率和资本充足率工具来最小化包括产出缺口、通货膨胀、贷款产出比等在内的经济金融波动。卡鲁阿纳（Caruana，2011）提出金融周期的频率低于宏观经济周期，因此，货币政策和宏观审慎政策在工具使用上是有层次和等级的，只要制度安排合理，两者在应对不同经济状况上可以具有互补效果。对此，泡利和保斯蒂安（Paoli & Paustian，2013）认为，宏观审慎政策频率更低且着眼于中期而非短期目标，应该在决策中占据主导性，分析结果也显示，无论是货币当局还是宏观审慎当局占据主导，福利都是增进的，但宏观审慎当局优先情况下的福利改善效果更好。阿格诺尔和弗拉米尼（Agénor & Flamini，2016）进一步从经济金融稳定目标的授权角度，探讨了不同当局占据决策主导时的最优政策规则。他们发现，当货币当局和宏观审慎当局独立使用各自工具以共同维护经济金融稳定这一整体目标时，福利改善效果最好，原因在于两类政策的外溢效应完全被内部化；而当整体目标被分解后，无论哪个当局占据决策主导，都无法将政策的外溢性完全内部化。

上述研究虽然更加深入细致地分析了货币政策和宏观审慎政策制定背后的制度安排和博弈行为，并基于最优化方法推导出不同情形下的内生最优政策规则，弥补了前两类研究直接给定外生货币政策规则和宏观审慎政策规则，忽视政策协调中的制度因素的不足。但与前两类研究一样，只在传统银行中介基础上进行分析，因此，所得最优政策协调模式只能针对以传统银行为主的经济。

（四）总结性评价

目前，已有研究货币政策与宏观审慎政策协调的文献几乎全都忽视了影子银行，以此为基础进行的讨论实际上都假定政策调控对传统银行具有硬约束，而实际上无论是货币政策还是宏观审慎政策，其对传统银行的约束效力都可能因其与影子银行的关联机制而受到削弱甚至扭曲。中国在 2017 年已将银行表外理财纳入宏观审慎考核，未来对影子银行的调控会更加完善，在此条件下，现有研究已无法对货币政策和宏观审慎政策的协调问题做出很好的回答。未来，形成对这一问题的深入探讨是大有裨益的。

第二节　双支柱政策的协调：
异质性金融冲击视角

信贷是推动中国经济增长的主要金融资源。进入新常态以来，中国产出增速持续下滑，与此同时，作为信贷资源主要供给方的银行，蕴藏的风险却不断上升。产出增速与银行风险的此消彼长给新常态下宏观调控带来了巨大挑战。宏观调控必须从过去的抑制经济过热和防止局部金融风险转向从宏观整体层面稳定物价、控制风险并维持合理适度增长。与过去相比，新常态下的经济波动成因更加复杂，金融冲击的影响力越发显著，同时多目标管理势必产生一定的取舍和权衡问题，因此对宏观调控的整体应对能力及有效性提出了更高要求。如何合理、有效兼顾"保增长、稳物价、控风险"三大目标将成为新常态下中国宏观调控的主要任务。当前中国货币政策肩负着多重目标，在稳定物价的同时还要肩负一定的保增长任务，并确保不触及发生系统性金融风险这一底线，但仅仅依靠货币政策锚定多重目标可能会大大削弱政策有效性。为更好地实现"保增长、稳物价、控风险"三重调控目标，必须充分发挥资本监管对金融风险的抑制功能，为货币政策调控宏观经济减负、增效，同时必须加快完善货币政策与资本监管的配合机制、充分形成政策合力①。从国际上看，2008年金融危机深刻表明：（1）当前金融部门对经济周期波动的影响已十分明显，初始微小的金融冲击借由金融摩擦和放大机制可以对整个经济造成巨大伤害，分析金融冲击的经济效应成为当前一项十分紧迫的基础任务；（2）在金融冲击传导过程中，资本监管的顺周期性以及货币政策放任金融波动的立场成为放大金融冲击负面影响的重要外部因素，因此，科学完善资本监管与货币政策的调控方式，构建资本监管与货币政策的有效配合机制是研究新常态下宏观调控转型的重要命题。

一、国内外相关研究综述

2008年金融危机发生以前，宏观经济学的研究并不热衷于探讨金融部门在经济运行中的作用，主流的一般均衡建模思路多沿袭推崇技术冲击动因论的真实经济周期理论（RBC）和包含诸多实际摩擦在内的新凯恩斯理论（NK），较少涉及金融摩擦，而直接对金融冲击展开研究的文献更是屈指可数。金融危机发生前仅有少数文献在主流框架内植入金融因素，影响最大的是以伯南克等（Bernanke et al.，1999）以及清泷信宏和摩尔（Kiyotaki & Moore，1997）为代表的研究。前者提出著名的"金融加速器"理论，通过引入企业资产净值和外部融资溢价两个关键变量将金融摩擦的影响考虑进模型，同时分析了金融波动的放大机制；后者则围绕抵押物约束机制建模，其中资产（土地）在经济中发挥双重作用，一方面用于生产商品和服务，另一方面为贷款提供抵押品，通过抵押品价值变化展现信贷约束对投资等实际变量的影响。以上两种典型研究思路都是在没有刻画显性银行部门的前提下开展的，而且金融危机发生前多

---

① 对此，"十三五"规划纲要首次明确将"防控风险"纳入宏观调控目标体系，并首次提出要"构建货币政策与审慎管理相协调的金融管理体制"（陈彦斌，2016）。

数文献引入金融摩擦的目的更多是用于展示技术冲击等导致的经济波动放大效应，没有具体分析金融波动与实体经济的动态反馈路径以及政策因素在其中所起的作用。

此次金融危机以来，考虑金融因素的宏观经济学理论取得了长足进展，以深入研究金融周期与经济周期内在关联为代表的金融经济周期理论（FBC）逐渐成形。具体到研究思路上，金融危机发生后植入金融因素的文献主要在以下三方面进行了重要拓展：（1）银行部门开始以显性形式内生化到模型中，这些模型从银行业竞争结构、银行异质性、银行利差等多维度探讨银行在经济运行中的作用（Goodfriend & McCallum，2007；Christiano et al.，2010；Suh，2011；Andrés & Arce，2012；马勇，2013）；（2）研究重点由以往的技术冲击、政策冲击、偏好冲击等转向金融冲击及其比较上，并分别从企业财富冲击、贷款清偿能力冲击、银行资本冲击等多角度对金融冲击进行刻画（Nolan & Thoenissen，2009；Jermann & Quadrini，2012；Bratsiotis et al.，2014；王国静、田国强，2014）；（3）货币政策与宏观审慎监管（如逆周期资本监管、动态拨备、贷款价值比工具）的配合问题成为重要考察对象，这些文献对于货币政策是否要关注金融稳定及其与审慎监管的配合问题，以及在开放条件下的配合等进行了诸多详细探讨（Beau et al.，2012；Suh，2012；Ozkan & Unsal，2013；王爱俭、王景怡，2014）。

从研究目的看，一部分文献立足于测算金融冲击对实际经济波动的贡献度，探究金融波动对宏观经济变量的影响路径和程度（鄢莉莉、王一鸣，2012；张伟进、方振瑞，2013；Agénor et al.，2014），另一部分文献则基于植入金融因素的理论框架进一步评估货币政策与逆周期资本监管、贷款价值比管理等宏观审慎政策在应对各类冲击（如技术冲击、金融冲击）时的表现，最终目的在于甄别最优政策组合、优化宏观调控（Tayler & Zilberman，2015；殷克东等，2015）。具体来说，已有基于政策评估目的的文献对货币政策与宏观审慎监管的配合效应研究主要集中于两个方面：一是基于不同外生冲击视角模拟分析货币政策与宏观审慎监管的协调问题，二是从选择盯住目标的角度探讨两类政策的协调问题。

基于不同冲击视角的文献如王爱俭、王景怡（2014）、谷慎、岑磊（2015）发现，在经济体面临技术冲击时，货币政策可以较好地控制由技术变革带来的波动，引入逆周期资本管理后则会加大经济波动幅度；而在经济体面临金融冲击时，使用货币政策的同时辅以逆周期管理的宏观审慎政策有明显抑制经济波动的效果。泰勒和西尔伯曼（Tayler & Zilberman，2015）则发现在供给冲击下，逆周期监管政策配合强力的反通货膨胀货币政策是最优的；而在信贷冲击下，逆周期资本监管比货币政策能更好地稳定价格、金融和宏观经济。上述研究认识到辨明冲击类型对于政策协调的重要意义，但是研究结论具有明显差异，而且分析重点都落在金融冲击与技术冲击等的比较上，忽视了对金融冲击本身的界定和比较。事实上，本节的研究发现金融冲击具有异质性，不同类型的金融冲击导致的经济波动效果存在显著差异，由此对货币政策与资本监管的配合也提出了更高要求，这是以往文献没有注意到的。

基于政策目标选择视角的文献如菲奥雷和特里斯塔尼（Fiore & Tristani，2013）、吉尔克里斯特等（Gilchrist et al.，2014）发现：在金融冲击下，产出目标与通货膨胀目标之间存在明显取舍关系，因此在不同目标下，货币政策与逆周期资本监管政策的配合方式可能有所不同。此外，在政策协调过程中货币政策是否应该关注金融目标存在广泛争议。支持方如坎南等（Kannan et al.，2012），安杰洛尼和法亚（Angeloni & Faia，2013）、安吉利尼等（Angelini et al.，2014）、卢比奥和卡拉斯科·卡来戈（Rubio & Carrasco-Gallego，2014）等发现在与逆周期资本监管配合使用的过程中，货币政策必须将信贷因素纳入调控目标，包含信贷因素的增广泰勒规则配合巴塞尔Ⅲ的逆周期资本监管可以最大限度地降低社会福利损失。反对方认为如果货币政策针对信贷做出反应，很可能面临对信贷、产出和物价目标的权衡，此外还可能与专门针对信贷调控的逆周期监管政策产生叠加问题，造成经济过度波动。如舒（Suh，2012）的研究表明福利最大化的货币政策应该仅盯住通货膨胀，逆周期资本监管仅盯住信贷。梁璐璐等（2014）也认为，目前我国遵循包含金融因素的"加强的泰勒规则"似乎并不合时宜，传统的货币政策配合逆周期资本监管更加适用于我国现行的经济运行体制。可见，围绕货币政策在与逆周期监管配合的过程中是否需要考虑金融因素的分歧比较大。

通过梳理相关国内外文献不难发现，突出刻画银行部门、系统比较各类冲击、着力探究政策搭配成为后金融危机时期植入金融因素的定量分析文献所具有的三大显著特点。本节的研究也力图在以下三个方面取得一定的突破：（1）在银行部门建模方面，尽可能以更加接近现实的抵押机制沟通企业与银行的借贷关系，并详细刻画企业违约风险向银行部门传递的机制，从而将银行部门的信贷决策内生化；（2）以金融冲击为分析核心并对不同来源的金融冲击进行界定，初步探究异质性金融冲击的经济效应及对政策配合方式的影响；（3）在货币政策的金融目标问题上，从一般货币政策规则、包含信贷价格因素的扩展货币政策规则和包含信贷规模因素的扩展货币政策规则三个层次进行系统比较。

二、理论模型

（一）家庭部门

假定经济中存在连续统的家庭部门，其中任意家庭 $i \in (0,1)$，家庭进行消费、储蓄、投资、持有货币和银行资本并供给劳动。本节采用货币效用函数形式（MIU）引入实际货币余额，代表性家庭的最优决策问题是在一定的真实预算约束下实现其跨期效用最大化：

$$\max \, U_t = E_t \sum_{s=0}^{\infty} \beta^s \left\{ \frac{(C_{t+s})^{1-\zeta^{-1}}}{1-\zeta^{-1}} - \frac{H_{t+s}^{1+\gamma}}{1+\gamma} + \frac{\eta}{\eta-1}\left(\frac{M_{t+s}}{P_{t+s}}\right)^{\frac{\eta-1}{\eta}} \right\} \quad (5.1)$$

$$\text{s. t. } C_t + D_t + V_t + \frac{M_t}{P_t} + I_t \leq R_{t-1}^D D_{t-1} \frac{P_{t-1}}{P_t} + R_{t-1}^V (1-\xi_{t-1}^V) V_{t-1} \frac{P_{t-1}}{P_t} +$$

$$\frac{M_{t-1}}{P_t} + \frac{W_t}{P_t} H_t + r_t^k K_t + Profit_t^{IG} + Profit_t^{FG} + Profit_t^B + Lump_t \quad (5.2)$$

式中，β 表示主观贴现因子，C_t 表示消费，ζ 表示消费的跨期替代弹性，H_t 表示家庭的劳动供给，γ 表示劳动供给弹性的倒数，$\frac{M_t}{P_t}$ 表示真实货币持有水平，η_t 表示货币需求的利率弹性。在真实预算约束中：D_t 表示家庭持有的银行储蓄，R_t^D 表示无风险的储蓄毛利率，V_t 表示家庭持有的银行资本，R_t^V 表示银行资本的毛回报率，ξ_t^V 表示银行资本中用于覆盖贷款损失的比例，I_t 表示投资水平，K_t 表示资本存量，r_t^k 表示实际资本回报率，W_t 表示名义工资，$Profit_t^{IG}$、$Profit_t^{FG}$、$Profit_t^B$ 分别表示家庭接受的来自中间品企业、零售商、商业银行的经营利润，$Lump_t$ 是家庭支付的一次性总付税。

令 $\frac{W_t}{P_t} = m_t$，在预算约束式（5.2）下最大化目标函数式（5.1），得到代表性家庭最优化问题的一阶条件：

$$E_t \frac{P_t}{P_{t+1}} \frac{C_{t+1}^{-\frac{1}{\zeta}}}{C_t^{-\frac{1}{\zeta}}} = \frac{1}{\beta R_t^D} \qquad (5.3)$$

$$(m_t)^{-\frac{1}{\eta}} = C_t^{-\frac{1}{\zeta}} - \beta E_t C_{t+1}^{-\frac{1}{\zeta}} \frac{P_t}{P_{t+1}} \qquad (5.4)$$

$$R_t^V = \frac{R_t^D}{1 - \xi_t^V} \qquad (5.5)$$

式（5.3）是跨期消费的欧拉方程，式（5.4）是最优持币条件，式（5.5）中可以将银行资本收益率看作在储蓄利率的基础上通过风险加成得到的。

工资设定参照伊瑞戈等（Erceg et al.，2000）、斯梅茨和沃特斯（Smets & Wouters，2002），假设劳动力市场是不完全竞争市场，每个家庭 i 均提供差异化的劳动服务 $H_{i,t}$，所有差异化劳动通过竞争性劳动合约加总为复合的同质性劳动 N_t。使用迪克西特·斯蒂格利茨（Dixit-Stiglitz，1977）的 CES 技术进行劳动加总得到：$N_t = \left(\int_0^1 N_{i,t}^{\frac{\lambda_\omega - 1}{\lambda_\omega}} \mathrm{d}i \right)^{\frac{\lambda_\omega}{\lambda_\omega - 1}}$，其中 $\lambda_\omega > 1$ 表示各种劳动之间的不变替代弹性。因此家庭 i 面临如下劳动需求函数：$H_{i,t} = \left(\frac{W_{i,t}}{W_t} \right)^{-\lambda_\omega} N_t$ 将家庭的劳动需求函数代入劳动加总函数，由零利润条件得到经济的工资加总方程：$W_t = \left(\int_0^1 W_{i,t}^{1-\lambda_\omega} \mathrm{d}i \right)^{\frac{1}{1-\lambda_\omega}}$。

假设家庭在各期调整工资水平时存在名义粘性，按照卡尔沃（Calvo，1983）的设定方式，有 $(1 - \omega_\omega)$ 部分的家庭接收到"工资调整信号"进而最优化其工资水平，其余 ω_ω 部分的家庭没有接收到"工资调整信号"只根据上期的价格通货膨胀情况指数化其工资水平。得到家庭工资决策的一阶条件：

$$E_t \sum_{k=0}^{\infty} (\beta \omega_\omega)^k \left[\frac{\Pi^k W_{i,t}}{P_{t+k}} \cdot \frac{\partial U_t}{\partial C_{t+k}} - \frac{\lambda_\omega}{1 - \lambda_\omega} \cdot \frac{\partial U_t}{\partial H_{t+k}} \right] H_{t+k} = 0 \qquad (5.6)$$

式中，$\Pi^k = \pi_t \times \pi_{t+1} \times \cdots \times \pi_{t+k-1}$。

（二）企业部门

1. 零售企业

完全竞争的零售市场由位于（0，1）之间的连续统零售企业构成，代表性零售企业购买中间产品 $Y_{j,t}, j \in (0,1)$ 并生产出最终消费品 Y_t。仍使用迪克西特·斯蒂格利茨（1977）的技术表示这一过程：$Y_t = \left(\int_0^1 Y_{j,t}^{\frac{\lambda_p-1}{\lambda_p}} \mathrm{d}j \right)^{\frac{\lambda_p}{\lambda_p-1}}$，其中 $\lambda_p > 1$ 表示各种中间产品之间的不变替代弹性，中间产品需求函数为：$Y_{j,t} = \left(\dfrac{P_{j,t}}{P_t} \right)^{-\lambda_p} Y_t$。由零利润条件得到最终产品价格方程：

$$P_t = \left(\int_0^1 P_{j,t}^{1-\lambda_p} \mathrm{d}j \right)^{\frac{1}{1-\lambda_p}} \tag{5.7}$$

2. 中间产品企业

中间产品市场由位于（0，1）之间的连续统垄断竞争企业构成，设代表性中间产品企业有如下形式的生产函数：

$$Y_t = A_t \varepsilon_t^F K_t^\alpha N_t^{1-\alpha} \tag{5.8}$$

资本存量 K_t 满足如下积累方程：

$$K_{t+1} = (1-\delta_k)K_t + I_t \tag{5.9}$$

式（5.8）、式（5.9）中，A_t 表示中性技术，ε_t^F 度量异质性生产率，α 表示资本的产出权重，δ_k 表示资本折旧率。

参照布莱茨欧迪斯等（Bratsiotis et al.，2014），假设中间产品企业在进行生产活动前必须通过向商业银行贷款以支付劳动工资和资本租金，令 L_t 表示代表性企业的贷款，得到以下真实融资方程：

$$L_t = r_t^k K_t + W_t^R N_t \tag{5.10}$$

式中，真实工资 $W_t^R = \dfrac{W_t}{P_t}$。中间产品企业定价决策包括成本最小化和利润最大化两个阶段。第一阶段最小化中间产品企业的成本函数得到真实边际成本：

$$mc_t = \frac{R_t^L W_t^R N_t^\alpha}{(1-\alpha)A_t \varepsilon_t^F K_t^\alpha} \tag{5.11}$$

第二阶段仍采用卡尔沃（Calvo，1983）的假设，每一期有 $(1-\omega_p)$ 比例的企业可以重新调整产品价格，其余 ω_p 比例的企业根据上期价格通货膨胀情况指数化其产品价格。设 P_t^* 表示所有在 t 期可以最优化其产品价格的企业重新选择的价格，最大化企业的真实贴现利润，得到以下一阶条件：

$$P_t^* = \frac{\lambda_p}{\lambda_p - 1} \cdot \frac{E_t \sum_{t=0}^{\infty} (\beta\omega_p)^i \lambda_{t+i} Y_{t+i} P_{t+i}^{\lambda_p} mc_{t+i}}{E_t \sum_{t=0}^{\infty} (\beta\omega_p)^i \lambda_{t+i} Y_{t+i} \Pi_{\tau=1}^i \pi_{t+\tau-1}^{\theta}} \tag{5.12}$$

式中，λ_{t+i} 表示家庭预算约束的拉格朗日乘子，θ 表示后顾型中间企业指数化其产品价格的程度参数，介于（0，1）。结合前瞻型企业的最优定价和后顾型企业的指数化定价，式（5.7）可重新写为：

$$P_t^{1-\lambda_p} = (1-\omega_p)(P_t^*)^{1-\lambda_p} + \omega_p (\pi_{t-1}^{\theta} P_{t-1})^{1-\lambda_p} \tag{5.13}$$

对式（5.12）、式（5.13）进行对数线性化处理，即可得到混合新凯恩斯菲利普斯曲线。

（三）银行部门

与以往许多单纯围绕伯南克等（Bernanke et al.，1999）的外部融资溢价机制和基于清泷信宏和摩尔（Kiyotaki & Moore，1997）的抵押物约束机制进行建模的思路不同，本节通过刻画一个显性银行部门将金融因素纳入模型，同时通过构建一个混合抵押机制将企业的生产经营状况与银行的信贷决策关联起来，而企业的经营状况将借由融资风险溢价反映到银行贷款利率定价上。

假设银行部门由位于（0，1）之间的完全竞争的连续统商业银行构成，银行通过吸收存款（D_t）和自有资本（V_t）募集资金以满足中间产品企业的贷款需求。代表性商业银行满足以下信贷恒等式：

$$L_t = D_t + V_t \tag{5.14}$$

在抵押机制构建方面，清泷信宏和摩尔（Kiyotaki & Moore，1997）、布热津娜和科拉萨（Brzezina & Kolasa，2013）、法拉吉亚达和赛亚（Falagiarda & Saia，2017）等将土地、资本或房地产作为抵押物，而阿格诺尔和艾森曼（Agénor & Aizenman，1998）、布莱茨欧迪斯等（Bratsiotis et al.，2014）、泰勒和西尔伯曼（Tayler & Zilberman，2015）等将生产的产品作为抵押物。现实经济中，以前者为代表的不动产抵押占了企业抵押融资的主要部分，而以后者为代表的不动产抵押有助于进一步降低企业的融资成本，是未来动产融资业务发展的重要方向[①]。

[①] 我国的新《中华人民共和国物权法》第一百八十一条也规定"可以将现有的以及将有的生产设备、原材料、半成品、产品抵押，债务人不履行到期债务或者发生当事人约定的实现抵押权的情形，债权人有权就实现抵押权时的动产优先受偿"。

为此，本节进一步考虑采取不动产和动产抵押相结合的方式，将产品 Y_t 和资本 K_t（扣除折旧部分）共同纳入融资抵押序列，从而构造一个混合抵押机制。商业银行通过评估会以企业的产出 Y_t 和资本 K_t 的一个比例 χ_t 为抵押发放贷款。令抵押率 χ_t 服从一阶自回归过程，则 χ_t 下降可视为负向金融冲击，因为其通过降低银行可获得的抵押品价值而增大了贷款违约概率，进而引发信贷违约风险，这一比率的下降反映出企业经营状况的恶化。此外，抵押率 χ_t 也可以视作贷款—价值比率（LTV），这一比率下降说明金融监管部门对银行的贷款投放变得更加谨慎，从而间接表明经济中的贷款违约概率变大、信贷风险上升。贷款抵押条件设定如下：

$$\chi_t \left[Y_t + (\delta_k) r_t^k K_t \right] = R_t^L L_t \tag{5.15}$$

式中，R_t^L 为贷款毛利率。由式（5.8）、式（5.10）、式（5.15），得到贷款违约门限值 $\varepsilon_t^{F,M}$ 为：

$$\varepsilon_t^{F,M} = \frac{R_t^L (r_t^k K_t + W_t^R N_t) - \chi_t (1 - \delta_k) r_t^k K_t}{\chi_t A_t K_t^\alpha N_t^{1-\alpha}} \tag{5.16}$$

由式（5.16）可知，违约门限值与贷款毛利率、真实资本回报率和真实工资成正比，与抵押率、中性技术成反比。与泰勒和西尔伯曼（Tayler & Zilberman，2015）的贷款违约门限设定不同，由于引入资本做抵押，本节得到的贷款违约门限值要比纯产成品抵押的结果更小，因为资本也参与抵押并且其更新过程不存在随机性。假定异质性生产率 ε_t^F 服从 $(\underline{\varepsilon}^F, \overline{\varepsilon}^F)$ 上的均匀分布，得到贷款违约概率 Φ_t：

$$\Phi_t = \int_{\underline{\varepsilon}^F}^{\varepsilon_t^{F,M}} f(\varepsilon_t^F) \mathrm{d}\varepsilon_t^F = \frac{\varepsilon_t^{F,M} - \underline{\varepsilon}^F}{\overline{\varepsilon}^F - \underline{\varepsilon}^F} \tag{5.17}$$

考虑代表性商业银行，假设其利润为零，贷款利率设计应使各期均满足盈亏平衡条件，即来自贷款投放的收入与募集资金的成本相抵：

$$\int_{\underline{\varepsilon}^F}^{\varepsilon_t^{F,M}} \chi^t \left[Y_t + (1 - \delta_k) r_t^k K_t \right] f(\varepsilon_t^F) \mathrm{d}\varepsilon_t^F + \int_{\varepsilon_t^{F,M}}^{\overline{\varepsilon}^F} R_t^L L_t f(\varepsilon_t^F) \mathrm{d}\varepsilon_t^F = R_t^D D_t + R_t^V v_t$$

$$\tag{5.18}$$

式中，c 表示商业银行进行权益资本融资产生的费用成本。经积分变换并结合式（5.8）、式（5.10）、式（5.16）得到贷款利率定价表达式：

$$R_t^L = \Psi_t \left[(1 - VL_t) R_t^D + VL_t (R_t^V + c) - \chi_t (1 - \delta_k) \left(1 - \frac{1}{\Psi_t} \right) \frac{r_t^k K_t}{L_t} \right] \quad (5.19)$$

式中，$VL_t = \dfrac{V_t}{L_t}$ 为资本—贷款比率，受资本充足率监管约束[①]；$\Psi_t = \dfrac{2\varepsilon_t^{F,M}}{2\varepsilon_t^{F,M} - (\underline{\varepsilon}^F, \overline{\varepsilon}^F) \Phi_t^2}$ 表示融资风险溢价，贷款违约概率 Φ_t 越高，则融资风险溢价越高。商业银行根据储蓄成本、股本成本（$R_t^V + c$）、资本—贷款比率再经由融资风险溢价调整确定贷款利率。

在这里，贷款利率定价公式（5.19）的内涵十分丰富，充分体现了其连接金融与实体经济的纽带作用。具体的，本节的贷款利率形成主要受到四个方面因素影响：一是受实体经济状况影响，表现为贷款违约概率 Φ_t 通过改变融资风险溢价 Ψ_t 进而影响贷款利率；二是受银行行为影响，表现为在储蓄利率 R_t^D 一定的条件下，银行通过自提资本比率 ξ_t^V 改变资本利率 R_t^V 与 R_t^D 的加成关系进而影响贷款利率；三是受货币政策影响，货币当局通过调整政策利率 R_t^{cb} 改变储蓄利率，从而影响资本利率，最终影响贷款利率；四是受资本监管影响，监管当局通过调整资本充足率 VL_t 可改变储蓄成本和资本成本在贷款利率定价中的权重分配，从而最终对贷款利率产生影响。

由于引入资本要素 K_t 做抵押，融资溢价变动对贷款利率定价的影响存在正负两种效应，其净效应影响的偏导数为：

$$\frac{\partial R_t^L}{\partial \Psi_t} = (1 - VL_t) R_t^D + VL_t (R_t^V + c) - \chi_t (1 - \delta_k) \frac{r_t^k K_t}{L_t} \quad (5.20)$$

由于储蓄的毛利率和银行资本的毛回报率都大于 1，因此式（5.20）前两项之和大于 1，而资本—贷款比与资本价格等的乘积小于 1，因此，$\dfrac{\partial R_t^L}{\partial \Psi_t}$ 仍大于 0，最终影响方向与泰勒和西尔伯曼（2015）的产成品抵押情况下的结果是一致的。

鉴于中间产品企业的异质性，生产率大小具有随机性，因此，银行投放的贷款在客观上存在违约可能。为保证坏账不殃及储蓄池以维护个体经营的稳健性，银行会在每期期初对当期投放的贷款质量进行评估进而提取资本金以吸收

---

① 资本充足率有不同的口径，主要有资本对存款的比率、资本对负债的比率、资本对总资产的比率、资本对风险资产的比率等。由于本节模型中的商业银行只经营存贷款业务而且贷款并未按风险进行权重分配，因此，资本充足率要求可以简单地用资本—贷款比率表示。

损失。据此，银行评估违约损失情况并形成以下预期损失函数：

$$\xi_t^V V_t = (1 - \chi_t) \int_{\underline{\varepsilon}^F}^{\overline{\varepsilon}^{F,M}} \chi_t [Y_t + (1 - \delta_k) r_t^k K_t] f(\varepsilon_t^F) d\varepsilon_t^F \qquad (5.21)$$

利用式（5.8）、式（5.10）、式（5.16）、式（5.21）及均匀分布性质，得到银行资本的风险计提比例：

$$\xi_t^V = \left(VL_t - \frac{V_t}{r_t^k K_t} \right)^{\alpha-1} \times \frac{(1 - \chi_t)\chi_1 A_t K_t^{\alpha}}{V_t^{\alpha}(W_t^R)^{1-\alpha}} \times \frac{\varepsilon_t^{F,M} + \underline{\varepsilon}^F}{2} \Phi_t + \frac{(1 - \chi_t)\chi_t(1 - \delta_k) r_t^k K_t \Phi_t}{V_t}$$

$$(5.22)$$

式（5.22）可以看作银行个体基于微观审慎的顺周期资本计提行为方程。它表明，贷款违约概率越高，资本的风险计提比例就越大，体现出明显的顺周期性。此外，资本监管越严格（即 VL_t 上升），风险计提比例就越小，从而反映出外部资本监管对银行个体微观审慎行为的影响。一般认为，资本监管通过改善资本比率可以提高银行的风险应对能力，而忽视了资本监管对银行自身风险行为的替代性影响[①]。资本监管要求与风险计提比例的此消彼长表明这两种工具对强化银行个体的审慎经营具有相似作用。作为微观审慎工具，计提风险准备金有助于个体机构的稳健经营、维护储蓄资产安全，因此，微观层面的审慎管理仍具有必要性，它是实施逆周期宏观审慎监管的基础。但是微观审慎具有显著的顺周期性，如果经济周期进入下行期或整体宏观经济受到严重冲击，导致经济中贷款违约概率普遍提高，则单纯依靠微观审慎管理反而会加速经济形势的进一步恶化，因此，需要构建逆周期宏观审慎监管来抑制微观审慎的顺周期性以"熨平"经济波动。

（四）监管当局

资本监管是银行监管的核心，其根本目的在于防止银行经营风险带来的损失侵蚀存款人的利益。根据商业银行资本监管要求，每期银行必须预留部分资本金以覆盖相应比例的贷款，参照泰勒和西尔伯曼（2015），以一个带有调整

---

① "替代假说"认为，对于公司股东来说，有效的内部监督是有成本的，如果外部监管能在一定程度上减轻代理问题，则无需强化内部治理（Shleifer & Vishny，1997；Becher et al.，2005）。从公司治理的角度看，银行会综合考虑外部监管和内部风险控制，以确定出一个利润最大化条件下的风险管理强度。因此，在资本监管的风险承担渠道影响下，银行可以通过改变内部风险管理强度以部分抵消资本监管的压力。

惯性的指数函数表示监管当局对商业银行的资本充足率要求：

$$VL_t = (VL_{t-1})^{\rho_{VL}} \left[\rho \left(\frac{\Phi_t}{\Phi} \right)^{\theta^c} \right]^{1-\rho_{VL}} \tag{5.23}$$

式中，ρ 表示最低资本充足率要求，$\rho_{VL} \in (0,1)$ 度量监管当局政策调整的平滑程度，通过对参数 θ^c 进行限制可以刻画不同的监管政策。2008 年金融危机发生以来，巴塞尔协议 II 备受争议，问题直指其资本监管的顺周期性放大了经济波动。作为对金融危机的反思，巴塞尔协议 III 重点突出了构建具有逆周期特征的宏观审慎监管框架，以破解政策本身的顺周期性对经济的伤害。两类政策的具体影响机制如图 5－4 所示。当经济不景气导致贷款违约概率上升时，借由融资风险溢价和银行资本风险计提比例的增加，贷款利率会上升。此时，执行逆周期资本监管一方面虽然可通过降低资本充足率要求来增加信贷供给，抑制贷款利率上升；但是另一方面，注意到通过替代性影响，放松资本要求可能会激励商业银行多计提风险资本金以维持经营的稳健性，从而借由银行资本渠道促进贷款利率上升，最终会对逆周期监管效果产生一定的负向效应。反之，顺周期监管在提高资本要求的同时也可能会激励商业银行少计提风险资本金，从而信贷收紧可以得到一定程度的缓解。那么，在考虑替代性影响的情形下，逆周期资本监管在"熨平"经济波动方面的效果是否一定优于顺周期监管？通过定量模拟分析，可以清楚地看到在金融冲击发生时，实施逆周期资本监管可以更好地"熨平"主要经济变量的波动，这也为实施逆周期管理提供了一定的经验证据。

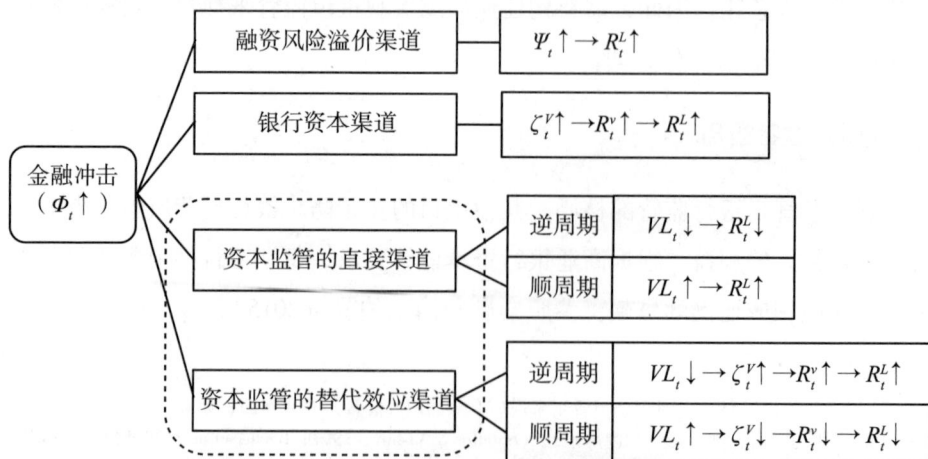

图 5－4　金融冲击下资本监管的双重效应

基于以上分析，下文以巴塞尔协议Ⅲ为代表的逆周期监管政策为分析基准，同时对比分析以巴塞尔协议Ⅱ为代表的顺周期监管政策在"熨平"金融冲击导致的经济波动方面的效果和差异。具体的，（1）令 $\theta^c < 0$，表示资本监管力度随信贷违约风险加大而降低，以体现逆周期资本监管特点；（2）令 $\theta^c > 0$，表示资本监管力度随信贷违约风险加大而提高，以体现顺周期资本监管特点。

（五）货币当局

假设货币当局使用泰勒型规则调控经济。关于在货币政策调控中是否应该关注金融因素的争论在危机发生之后再次得到广泛关注。本节分别考虑三种形式的货币政策规则：一般泰勒规则、包含信贷价格的扩展泰勒规则、包含信贷规模的扩展泰勒规则[①]。在包含审慎因素的泰勒规则中，设定短期政策利率 R_t^{cb} 的调整不仅盯住通货膨胀、产出和货币，同时也盯住信贷。为进一步比较货币政策调控信贷价格和信贷规模何者更优，本节用信贷产出比指标（$\frac{L_t}{Y_t}$）度量信贷规模，用信用缺口指标度量信贷价格。信用缺口定义为市场融资利率相对于无风险利率之比[②]，由于融资利率 R_t^L 包含了市场违约风险信息和银行风险承担状况，因此，对这一变量进行反应实质上表征了对货币政策的审慎要求，这也是2008年金融危机后对货币政策调控规则进行优化的重要方向。以盯住信贷价格为例，货币当局按以下规则调控经济：

$$\frac{R_t^{cb}}{\bar{R}^{cb}} = \left(\frac{R_{t-1}^{cb}}{\bar{R}^{cb}}\right)^{\rho_R}\left[\left(\frac{\pi_t^P}{\bar{\pi}^{P,T}}\right)^{\phi_\pi}\left(\frac{Y_t}{\bar{Y}}\right)^{\phi_\gamma}\left(\frac{m_t}{m_{t-1}}\right)^{\phi_m}\left(\frac{R_t^L/R_t^D}{\bar{R}^L/\bar{R}^D}\right)^{\phi_{cred}}\right]^{1-\rho_R} \quad (5.24)$$

式中，$\bar{R}^{cb}$、$\bar{Y}$、$\bar{R}^L$、$\bar{R}^D$ 分别表示政策利率均衡值、稳态产出、稳态贷款利率和稳态无风险存款利率，$\bar{\pi}^{P,T}$ 表示当局的通货膨胀目标，ρ_R 衡量利率调整的平滑程度，ϕ_π、ϕ_γ、ϕ_m、ϕ_{cred} 分别度量通货膨胀、产出、货币、信用缺口在利率调整中的权重。

---

① 学术界通常将盯住信贷等金融因素的泰勒规则称为"审慎的泰勒规则"或"扩展的泰勒规则"。
② 类似的设定还有克里斯蒂亚诺等（Christiano et al., 2010），库迪亚和伍德福德（Curdia & Woodford, 2010），马勇（2013），裘翔和周强龙（2014）等。

（六）外生冲击和市场均衡

本节主要涉及两类冲击：金融冲击和技术冲击，两类冲击均服从 i.i.d. N $(0, \sigma_X^2)$。在竞争性均衡状态下，所有最优化条件和资源约束条件得到满足，产品市场、劳动力市场、借贷市场、储蓄市场和资本市场同时出清，所有企业选择相同的产品价格、雇用劳动力和银行贷款。通过对上述非线性模型系统在内生变量稳态附近进行对数线性化处理，可以得到用以进行数值模拟的线性动态差分方程组。

三、模型校准

本节待校准的模型参数包括模型的结构性参数、变量稳态值和外生冲击参数。对于结构性参数综合历史数据和已有文献进行校准，对于变量稳态值综合历史数据、已有文献及模型稳态方程计算得出，外生冲击参数按照已有文献和习惯设定。所需数据均来自中经网统计数据库、国研网统计数据库、国家统计局网站和银保监会网站。

结构性参数设定。按照多数文献的做法，将消费的跨期替代弹性 ζ 设为 0.5，货币需求的利率弹性 η 设为 0.33，资本季度折旧率 δ_k 设为 2.5%。已有研究中国问题的文献对劳动供给弹性的倒数 γ 取值差异较大，王国静和田国强（2014）注意到这一问题，以他们的估计结果将 γ 设定为 2.23。根据稳态时 $\beta = 1/R^D$，计算出主观贴现因子 β 为 0.99。价格黏性 ω_p 和工资黏性 ω_ω 一般介于 0.5 ~ 0.85 之间，取刘斌（2008）和张（Zhang，2009）的结果，分别设为 0.85 和 0.6。我国的劳动差异总体偏低，将劳动的不变替代弹性 λ_ω 设为 21。国内多数文献对资本产出权重 α 的取值介于 0.35 ~ 0.5 之间，取中间水平设为 0.43。按照阿格诺尔等（Agénor et al.，2014），将异质性生产率 ε_t^F 的分布上限 $\bar{\varepsilon}^F$ 和分布下限 $\underline{\varepsilon}^F$ 分别设为 1.35 和 1。按照泰勒和西尔伯曼（2015）的研究将商业银行权益融资费用成本 c 设为 0.1。后顾型中间企业指数化其产品价格的程度参数 θ 参考刘斌（2008）和陆军等（2012）的结果，设定为 0.25。本节的资本充足率要求更加贴近现实中的一级资本充足率，由于数据的可得性，根据 2011 ~ 2014 年我国商业银行一级资本充足率的平均水平，将最低资

本充足率要求 ρ 校准为 10.2%。

(1) 变量稳态值设定。中性技术的稳态值 $\bar{A}$ 按照当前普遍做法标准化为 1。扣除净出口差额和政府购买支出后，以 1996～2014 年居民消费占 GDP 的比重和投资占 GDP 的比重将 $\bar{C}/\bar{Y}$ 和 $\bar{I}/\bar{Y}$ 分别校准为 42.84%、57.16%。劳动的稳态值 $\bar{N}$ 参考黄赜琳（2005）和马勇（2013）等的方法，以 1996～2014 年全社会就业人员数占总人口的平均比例确定为 0.568。以 1996～2014 年金融机构一年期法定定期存款利率的均值将稳态储蓄毛利率 $\bar{R}^D$ 校准为 1.01。限于数据的可得性，以 2005～2014 年银行业整体不良贷款率表示贷款违约概率，将稳态贷款违约率 Φ 校准为 0.035。与泰勒和西尔伯曼（2015）一样，将抵押率的稳态值 $\bar{\chi}$ 设为 0.97。根据模型稳态条件和相关参数设置，稳态资本充足率要求 $\overline{VL}$ 校准为 0.102；实际资本回报率稳态值 $\bar{r}^k$ 校准为 3.5%。根据稳态方程 $\bar{\xi}^V \bar{V} = (1 - \bar{\chi}) \bar{\chi} \bar{\Phi} [\bar{Y} + (1 - \delta_k) \bar{r}^k \bar{K}]$ 计算得到银行权益资本计提比例的稳态值 $\bar{\xi}^V$ 为 0.95%。稳态贷款违约门限值 $\bar{\varepsilon}^{F,M}$ 通过稳态方程 $\bar{\Phi} = (\bar{\varepsilon}^{F,M} \underline{\varepsilon}^F)/(\bar{\varepsilon}^F - \underline{\varepsilon}^F)$ 校准为 1.01225；银行股本毛收益率 $\bar{R}^V$ 通过稳态方程 $\bar{R}^V (1 - \bar{\xi}^V) = \bar{R}^D$ 校准为 1.0197。根据稳态方程 $\bar{R}^L = \bar{\Psi} [(1 - \overline{VL}) \bar{R}^D + \overline{VL} (\bar{R}^V + c) - \bar{\chi} (1 - \delta_k) (1 - \frac{1}{\bar{\Psi}}) \frac{\bar{r}^k \bar{K}}{\bar{L}}]$ 将稳态贷款利率 $\bar{R}^L$ 校准为 1.116。

(2) 外生冲击参数设定。与马勇和陈雨露（2013）一样，按照习惯做法将利率规则中的通货膨胀权重 ϕ_π 和产出权重 ϕ_y 分别设为 1.5、0.5，货币权重居民 ϕ_m 参照鄢莉莉和王一鸣（2012）的估计结果设为 0.84。信用缺口权重 ϕ_{cred} 的基准值根据泰勒和西尔伯曼（2015）的研究设为 - 0.2，再沿用库迪亚和伍德福德（Curdia & Woodford, 2010）的思路，在一定范围内对其进行调整以考察最终的政策效果和福利水平。同样地，本节另一关键参数 θ^c 的正负表示不同监管体制，取值大小亦会影响最终政策效果，首先根据泰勒和西尔伯曼（2015）的研究，按照逆周期和顺周期监管将 θ^c 分别设为 - 0.1、0.1，之后在福利分析中通过对取值大小进行适当调整以寻求福利最大化水平的对应值。利

率调整的平滑程度 ρ_R 和资本监管调整的平滑程度 ρ_{VL} 均设定为 0.8。技术冲击参考许伟和陈斌开（2009）的研究，将 ρ_A 设定为 0.7809，σ_A 设为 0.0203。王国静和田国强（2014）在表示企业可清算资产与贷款匹配程度的变量中引入金融冲击，其内涵与本节是一致的，参照他们的估计结果将金融冲击的持久性参数 ρ_x 设为 0.9601，σ_x 设为 0.0185。

四、模拟分析

在校准模型基础上，本节从三个方面来系统分析金融冲击下货币政策与资本监管的配合问题。首先，定量比较不同类型的货币政策与不同体制的资本监管政策在"熨平"经济波动方面的效果与差异，对货币政策与资本监管的最优类型做出基本判断；其次，引入福利损失函数并通过对货币政策和资本监管的关键参数进行差异化取值，以甄别最优政策组合；最后，进一步考虑异质性金融冲击下货币政策与资本监管的配合问题，探讨不同类型金融冲击所引致的最优政策执行组合的调整问题。

（一）金融冲击的经济效应分析

图 5-5 和图 5-6 分别显示了逆周期和顺周期资本监管下主要经济变量对金融冲击的反应路径①。从整体上看，两种监管体制下的经济变量波动在反应方向上具有相似性，在反应程度上具有明显的差异性。就反应方向的相似性看：在金融冲击发生后，贷款违约概率上升导致融资风险溢价上升进而促使银行提高贷款利率定价，由此通过企业的借贷成本渠道引起企业边际成本上升，通过成本推动型通货膨胀驱动机制使经济的通货膨胀上升；同时贷款利率上升导致企业最终贷款量下降，雇用劳动和投资也相应下滑，最后导致经济的产出下降；另一方面，违约风险上升促使银行提高损失计提比例，在逆周期监管下，当局会放松资本充足率要求，货币政策利率也会相应进行逆周期调整，在顺周期监管下，当局则会提高资本充足率要求，但货币政策利率仍会进行逆周期调整。就反应程度的差异性看：逆周期资本监管体制下各经济变量的波动幅

---

① 我们对模型中相关重要参数进行了敏感性检验，发现不会改变图 5-5 和图 5-6 的基本结论，表明本节的模型具有相当的稳健性，限于篇幅，不再报告具体结果，如有需要，可向作者索取。

度都要明显低于顺周期资本监管体制，而且在逆周期监管下，各变量偏离稳态的粘滞程度都明显低于顺周期监管，这就回答了上文逆周期监管和顺周期监管在存在双重效应的情况下何者更优的问题，同时也为2008年金融危机爆发后推行逆周期宏观审慎监管和我国构建逆周期宏观审慎管理制度框架提供了经验上的支持。

从货币政策来看，图5-5和图5-6都表明纳入金融因素考量的扩展泰勒规则要优于一般泰勒规则，进一步，包含信贷价格的扩展泰勒规则整体上又要优于包含信贷规模的扩展泰勒规则。具体来看，在逆周期监管体制下，不同泰

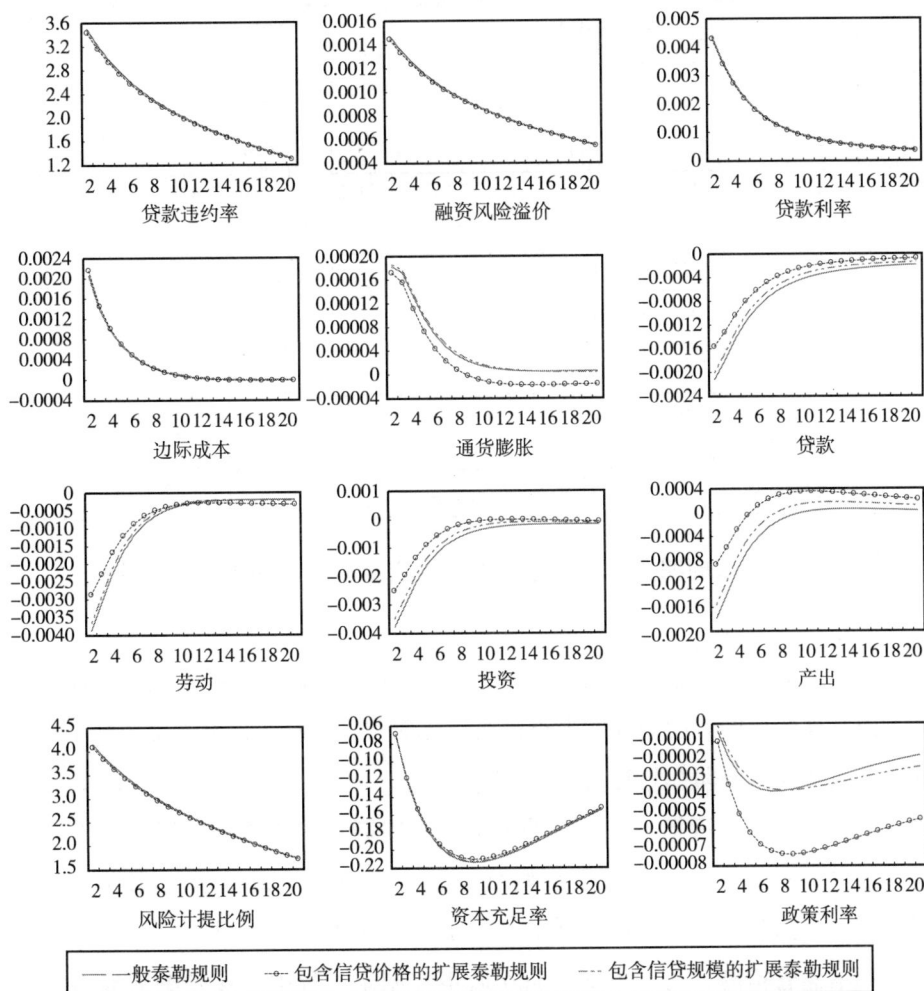

图5-5　逆周期资本监管下主要经济变量对金融冲击的响应路径
资料来源：作者计算得出。

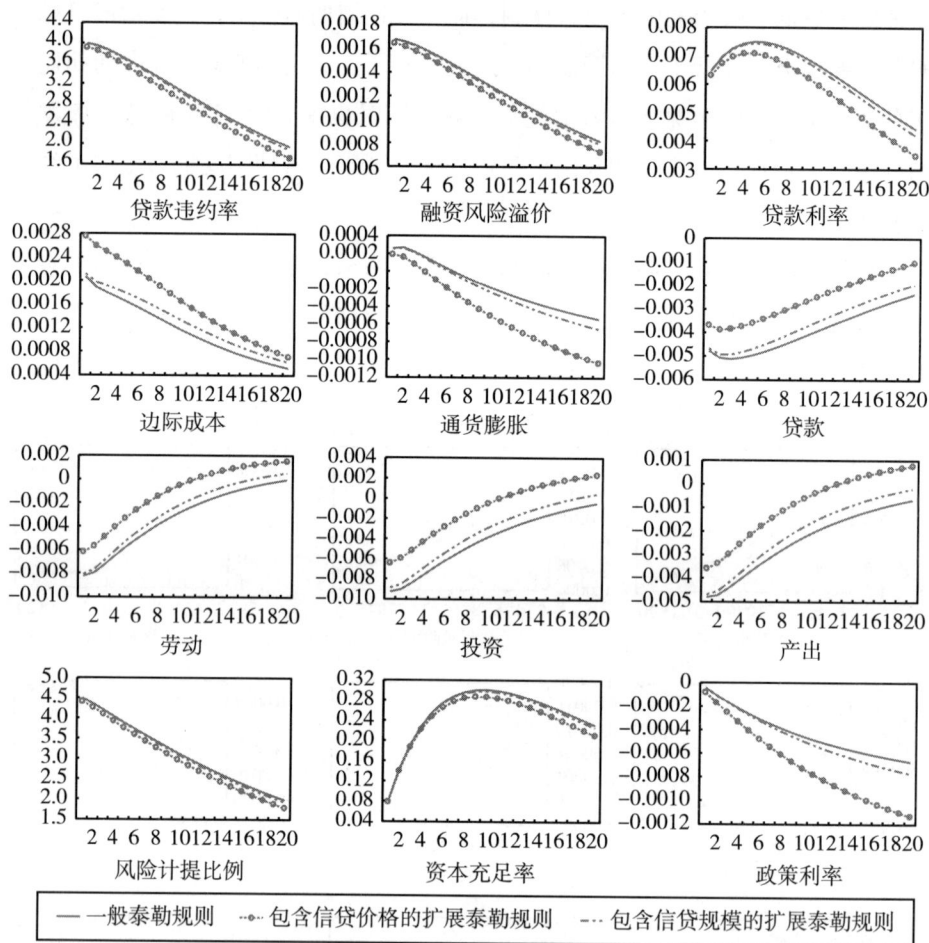

图 5-6　顺周期资本监管下主要经济变量对金融冲击的响应路径

资料来源：作者计算得出。

勒规则导致的通货膨胀、贷款、劳动、投资、产出和政策利率波动具有明显不同，而其他变量的波动差异性很小；在顺周期监管体制下，不同泰勒规则导致的主要经济变量波动都具有明显不同。

通过上述分析可知，在金融冲击下，逆周期资本监管优于顺周期资本监管，包含信贷价格的货币政策规则优于包含信贷规模的政策规则和一般规则。因此，为有效应对金融扰动，一方面，必须加快完善具有逆周期调节功能的资本监管措施；另一方面，货币政策在制定过程中应逐步纳入对金融因素的考量。

（二）"保增长、稳物价、控风险"三重目标下的最优政策分析

通过上文的分析，我们发现相对其他政策搭配来说，当货币政策规则考虑信贷价格因素的同时资本监管采取逆周期调整方式可以更好地"熨平"经济波动。本部分我们将进一步考察货币政策调整对信贷价格变化的反应程度大小以及资本监管的逆周期调整程度大小会如何影响经济波动。为此，首先引入福利损失评价标准，然后对货币政策参数 ϕ_{cred} 与资本监管参数 θ^c 在一定范围内取值，以观测不同参数值组合对应的福利损失变化情况，从而甄别出货币政策与资本监管的最优协调组合。

传统的福利损失函数主要关注产出与通货膨胀波动，始于 2008 年的国际金融危机使旨在寻求金融稳定目标的经济政策逐渐成为各国当局宏观调控的重心。为此，本节将基于"保增长、稳物价、控风险"三重目标来构建福利损失函数。《中华人民共和国中国人民银行法》规定货币政策目标是保持币值稳定，并以此促进经济增长，可见稳定物价是直接调控目标，促进经济增长是间接调控目标。此外，无论是多年的"增长主义"导向使各级政府更加偏好产出的高速增长（孙俊、于津平，2014），还是新常态以来产出持续负缺口迫使保增长成为重要目标，都表明宏观调控当局仍然偏好维持产出的合理适度增长。中国目前的社会融资结构以银行信贷为主导，金融资产90%以上由银行业持有，而且半数以上的银行业资产是发放贷款和垫款，因此，实现金融稳定的关键在于防范银行信贷风险。为使实证分析覆盖到上述典型事实，以产出缺口的下半部方差表示当局对低速增长的厌恶，以银行贷款违约率的上半部方差表征金融不稳定程度，构建如下福利损失函数：

$$WelfareLoss_t = \varphi_y \mathrm{Var}(\hat{y}_t | \hat{y}_t < 0) + \varphi_\pi \mathrm{Var}(\hat{\pi}_t) + \varphi_\Phi \mathrm{Var}(\hat{\Phi}_t | \hat{\Phi}_t > 0)$$

$$(5.25)$$

式中，$\hat{x}_t$ 表示变量 X_t 对稳态值或目标值的偏离程度，φ_y、φ_π、φ_Φ 分别为产出、通货膨胀、贷款违约率在福利损失函数中的权重。

令货币政策参数 ϕ_{cred} 和资本监管参数 θ^c 分别在 $[-0.6, -0.1]$ 中取值，步长为 0.1，图 5-7 显示了不同参数取值所对应的政策组合在面临金融冲击时导致的福利损失分布曲面。从图 5-7 中可以清楚地看出，福利损失分布曲面呈现出"两头低、中间高"的马鞍形。福利损失最大的区域位于马鞍顶部，

此处对应的是货币政策参数 ϕ_{cred} 和资本监管参数 θ^c 取值位于 -0.6 附近，说明货币政策调整过于盯住信贷价格变化以及资本监管的逆周期调整程度过大的"双紧"组合无益于福利水平的改善。福利损失最小的区域位于马鞍两侧底部，左侧区域对应着货币政策参数 ϕ_{cred} 接近 -0.6，资本监管参数 θ^c 接近 -0.1，右侧区域则对应着货币政策参数 ϕ_{cred} 接近 -0.1，资本监管参数 θ^c 接近 -0.6，表明盯住信贷价格变化的货币政策和逆周期调整的资本监管采取"一松一紧"的搭配可以有效改善福利水平，同时，存在两种最优政策执行组合也为当局进行宏观调控提供了更大的操作空间和灵活性。

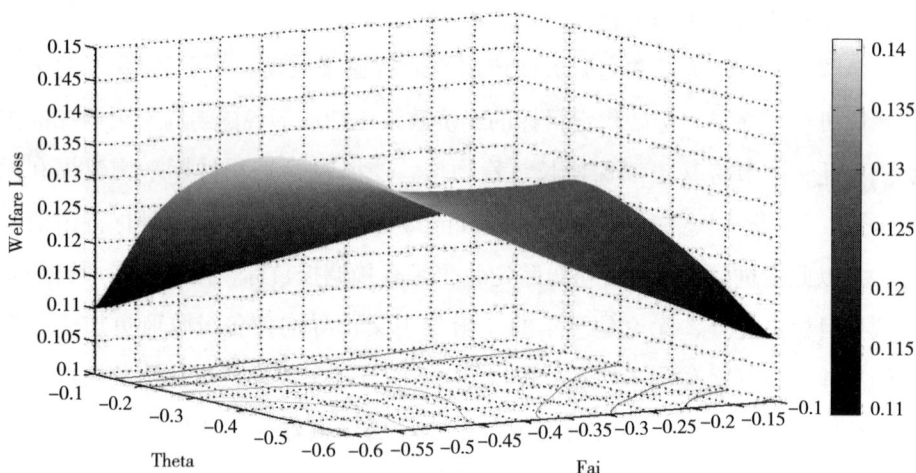

图 5-7　不同货币政策与资本监管组合对应的福利损失分布

注：Theta 表示模型参数 θ^c，Fai 表示模型参数 ϕ_{cred}。

资料来源：作者根据计算结果绘制而成。

（三）拓展分析：异质性金融冲击

自 2008 年金融危机发生以来，对金融冲击的探讨逐渐成为宏观经济学的前沿议题，越来越多的文献开始关注金融冲击对经济波动的影响。从 RBC 到 FBC，人们逐渐意识到引起经济波动的根源不仅有技术冲击，还包括金融冲击。但是与技术冲击明确为索洛余量的波动不同，学术界对究竟什么是金融冲击并没有一个统一定义。整理现有国内外文献可以发现，在 DSGE 模型中引入金融冲击的方法主要有三种：一是将企业的净资产或净财富冲击作为金融冲击（Nolan & Thoenissen，2009）；二是与本节在企业贷款抵押方程中对抵

押率引入随机冲击相类似，通过对企业的还贷能力施加冲击以表示金融冲击
（Jermann & Quadrini，2012）；三是对银行权益资产施加冲击以表示金融冲击
（Angelini et al.，2014）。由于本节建模并未涉及企业净资产的刻画，因此主要
考虑后两种冲击。仔细辨别这两种冲击可以发现：第二类金融冲击通过影响企
业的偿债能力使贷款违约风险显性化，进而导致金融部门的资产发生损失，导
致这种金融冲击的根源在于企业经营状况恶化，这种冲击始于信贷需求方，对
金融部门来说是一种外源性冲击；第三类金融冲击则通过直接影响银行权益资
产进而导致金融部门发生损失，这种金融冲击以银行资本的随机损失为前提，
因此可以将其看成是由金融市场随机波动所引起的金融部门投资失败造成的，
这种冲击始于信贷供给方，对金融部门来说是一种内源性冲击。绝大多数涉及
金融冲击的文献都没有对这两类冲击做出区分，事实上，由不同金融冲击引发
的经济波动程度可能存在显著差异，由此对货币政策与资本监管的最优调控力
度适时转变也提出了更高要求。如果从实体与金融的关系角度看，可以发现
虽然内源性金融冲击和外源性金融冲击都会引起银行资产损失进而引发银行
信贷的收紧，但是两类冲击发生的根源各异、包含的信息也不同，在传导路
径上也有所区别。具体来说，外源性金融冲击根本上是源自实体经济波动，
其包含了实体经济恶化的相关信息，传导路径为：实体波动→金融正反馈→
实体进一步恶化，而内源性金融冲击根源于金融领域的随机波动，并不包含
实体经济恶化的任何信息，其传导路径为：金融波动→金融正反馈→实体
恶化。

　　具体到本节来看，内源性金融冲击借由金融正反馈作用于实体经济时，不
直接引起企业还贷风险上升，因此并不通过融资风险溢价渠道和银行资本渠道
发挥作用，对经济波动的影响力度也更小。银行资本的突然减少会直接使资本
—贷款比率下降，这一点无论是在逆周期监管，还是顺周期监管情形下都是一
致的，通过资本监管的直接渠道和替代效应渠道，内源性金融冲击可以导致经
济波动。但由于失去前两种渠道的强化效果以及资本监管本身存在的双重效应
影响，可知同样大小的内源性金融冲击造成的经济波动程度要明显弱于外源性
金融冲击。为比较同样大小的异质性金融冲击对经济波动的影响力度，与外源
性金融冲击一样，将内源性金融冲击的持久性参数 ρ_v 设为 0.9601，σ_v 设为
0.0185。以逆周期监管为例，表 5－2 从均值效应和波动效应两个方面比较了

内、外源金融冲击对产出、通货膨胀和企业贷款违约率的影响[1]。可以看出，对于各种政策组合，无论是基于均值还是波动考察，内源性冲击对产出、通货膨胀、违约率的影响程度都明显低于外源性冲击。

表5-2　　　　　外源性金融冲击与内源性金融冲击的经济效应比较

指标	变量 冲击类型 政策组合	产出		通货膨胀		违约率	
		外源冲击	内源冲击	外源冲击	内源冲击	外源冲击	内源冲击
水平效应	逆周期监管 + 一般泰勒规则	-2.53E-04	-8.65E-06	4.18E-05	3.72E-06	2.11E+00	1.46E-01
	逆周期监管 + 盯住信贷价格的泰勒规则	1.40E-04	1.53E-05	1.95E-05	6.30E-07	2.08E+00	1.46E-01
	逆周期监管 + 盯住信贷规模的泰勒规则	-1.13E-04	-3.34E-06	4.36E-05	3.82E-06	2.10E+00	1.46E-01
波动效应	逆周期监管 + 一般泰勒规则	5.35E-04	2.23E-05	5.78E-05	6.36E-06	0.6463	0.1836
	逆周期监管 + 盯住信贷价格的泰勒规则	3.39E-04	1.87E-05	6.06E-05	6.04E-06	0.6324	0.1837
	逆周期监管 + 盯住信贷规模的泰勒规则	4.95E-04	2.13E-05	5.96E-05	6.38E-06	0.6432	0.1836

资料来源：作者计算得出。

通过分析，我们发现与外源性金融冲击一样，相对其他政策搭配来说，当货币政策规则考虑信贷价格因素的同时，资本监管采取逆周期调整方式可以更好地"熨平"内源性金融冲击引起的经济波动。图5-8显示了内源性金融冲击下包含信贷价格因素的货币政策与逆周期资本监管的最优执行区间。可以看出，与外源性冲击的结果不同，在内源性冲击下，为确保福利损失最小化，资本监管要从紧，而货币政策可松可紧，几乎没有影响。原因可能在于，外源性冲击反映了经济基本面，而内源性冲击不反映基本面，纯粹由金融波动造成，因此，需要资本监管针锋相对，而货币政策主要是根据经济基本面来调节宏观经济，对治理由纯粹金融波动引起的经济波动效果并不理想。此外，可以发现，在内源性金融冲击下，货币政策与资本监管的调控空间更大，福利损失较

---

[1]　水平效应和波动效应分别由金融冲击下产出、通货膨胀、违约率在20期内的脉冲响应的平均值和标准差计算得到。

大的区域占比明显低于外源性金融冲击,而且福利损失程度也相对更低。这反映出外源性金融冲击具有更大的破坏力,"熨平"其引发的经济波动对货币政策与资本监管的配合要求也更高。

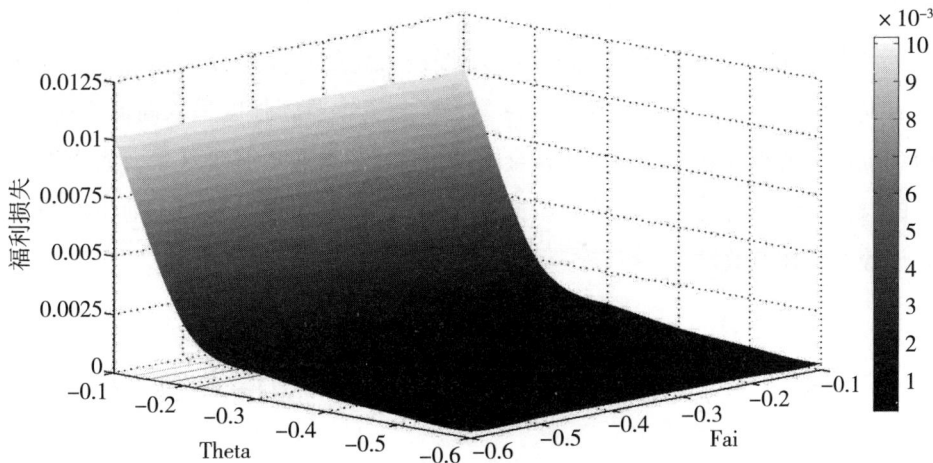

图 5 - 8　内源性金融冲击下不同政策组合对应的福利损失分布

注:Theta 表示模型参数 θ^c,Fai 表示模型参数 ϕ_{cred}。

资料来源:作者根据计算结果绘制而成。

五、结论与启示

本节基于一个包含显性银行部门的新凯恩斯 DSGE 框架将金融因素内生进模型,刻画了金融部门与实体经济的交互关系和动态反馈机制,分析了金融冲击的经济效应,并在此基础上探讨了"保增长、稳物价、控风险"三重目标下货币政策与银行资本监管的最优配合问题。研究表明:(1)金融冲击既会影响违约风险、信贷投放、资本充足率等重要金融变量,也会影响产出、投资、通货膨胀等主要实体经济变量。在经济金融交互关系越发紧密和复杂的今天,金融冲击可能对实体和金融同时造成巨大伤害,2008 年国际金融危机就是例证,因此,必须正视金融冲击的影响并寻求科学应对之策。(2)在考虑外部监管强度对商业银行内部风险管理的替代性影响后,通过定量模拟分析发现逆周期资本监管在"熨平"金融冲击导致的经济波动方面的效果仍明显优于顺周期监管,这从另一个角度为金融危机后大力推进逆周期宏观审慎监管提供了经验上的支持。此外,研究发现货币政策制定应考虑金融因素,金融价格指标比金融规模指标更适合作为货币政策的盯住变量，这也在一定程度上回答了金融危机后有关货币政策是否应该以及如何关注金融因素的问题，但须注意其前提是必须加快推进利率市场化进程，完善贷款利率等金融价格指标的风险定价机制，从而为货币政策制定提供能够有效反映市场信息的参考指标。（3）不同来源的金融冲击决定了其影响经济的路径存在差异，由实体经济下滑引发的外源性金融冲击要求货币政策力度与资本监管强度采取高低式配合，由金融市场随机波动引发的内源性金融冲击要求资本监管强度从紧，而货币政策的操作空间具有较大灵活性，因此，准确识别金融冲击的来源有助于提升宏观调控的整体有效性。

第三节　完善宏观调控框架：初探与建议

新入新世纪以来，中国的金融周期与经济周期不断分化，以货币政策为核心的短期宏观调控陷入两难境地。加快构建和完善"货币政策 + 宏观审慎政策"的双支柱调控框架是破解这一难题的有效途径。

一、中国的经济金融周期分析

对于经济周期的衡量，通常以产出和价格为基准衡量变量，尤其在我国，经济增长与价格稳定都被明确为中央银行的两个最终目标。以 2000 年第 1 季度至 2018 年第 3 季度的 GDP 同比实际增长率和 CPI 同比增长率为样本，在剔除季节性因素的基础上，运用 HP 滤波方法提取两者的周期性成分，分别作为增长周期和价格周期的代理变量。图 5 - 9 显示了中国的经济周期波动，2012 年以来经济周期波动明显收窄，最大的波动发生在 2007～2009 年。表 5 - 3 显示了不同阶段的增长周期和价格周期的同步性，总体来看两者的同步性呈"倒 U 形"变化，2015 年以来虽然整体经济周期波动在收窄，但增长周期和价格周期的同步性却在降低。经济周期波动收窄源于新常态以来对促增长目标的淡化，增长周期和价格周期同步性降低则表明我国的货币政策应及时放弃在稳价格和稳增长之间摇摆不定，转向单一的稳定价格目标。

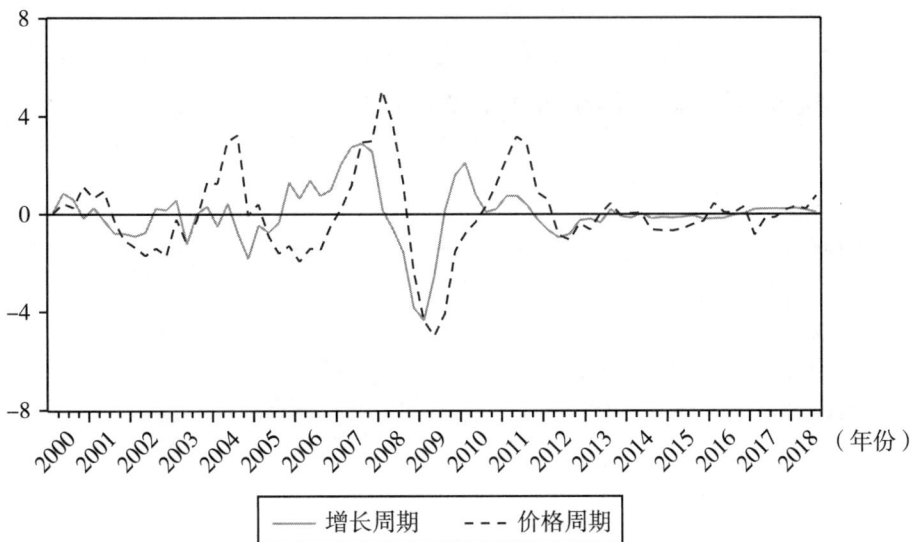

图 5 – 9　2000～2018 年中国的经济周期

资料来源：作者根据 Wind 数据库相关数据计算得出。

表 5 – 3　　　　2000～2018 年不同阶段的增长周期和价格周期的同步性

区间	2000～2004 年	2005～2009 年	2010～2014 年	2015～2018 年
相关系数	0.2034	0.4771	0.3012	0.1406

资料来源：作者根据 Wind 数据库相关数据计算得出。

　　对于金融周期的衡量，目前尚未形成统一认识。过去，常以 M2/GDP 或人民币信贷/GDP 作为衡量金融状况的代理变量。虽然信贷量和货币量是宏观金融运行的关键指标，但无法全面、准确地刻画整体金融状况，尤其是缺乏针对性地反映房地产市场、证券和保险等金融市场的运行态势，而这些领域的极端波动恰恰是引发 2008 年国际金融危机的导火索。

　　M2 反映的是存款类金融机构（包括中国人民银行和银行业存款类金融机构，其中银行业存款类金融机构包括银行、信用社和财务公司）的资产负债表中的负债端。随着非存款类金融机构的迅速发展以及存款类金融机构对负债资金的配置越发复杂，M2/GDP 已很难准确地反映与实体经济相对应的金融状况。而人民币信贷虽然是对实体经济最直接、最重要的资金支持，但随着影子银行和直接融资规模不断扩大，以人民币信贷/GDP 衡量金融对实体经济的支持力度的准确性也已日渐式微。

图 5 - 10 显示 2008 年以来，社会融资规模与 M2 的差距不断缩小，图 5 - 11 显示 2017 年 7 月开始，社会融资规模反超 M2。表明仅以 M2 为货币政策中介目标将遗漏对一部分资金的监控，货币政策的货币传导机制暂不适用于我国。

（亿元）

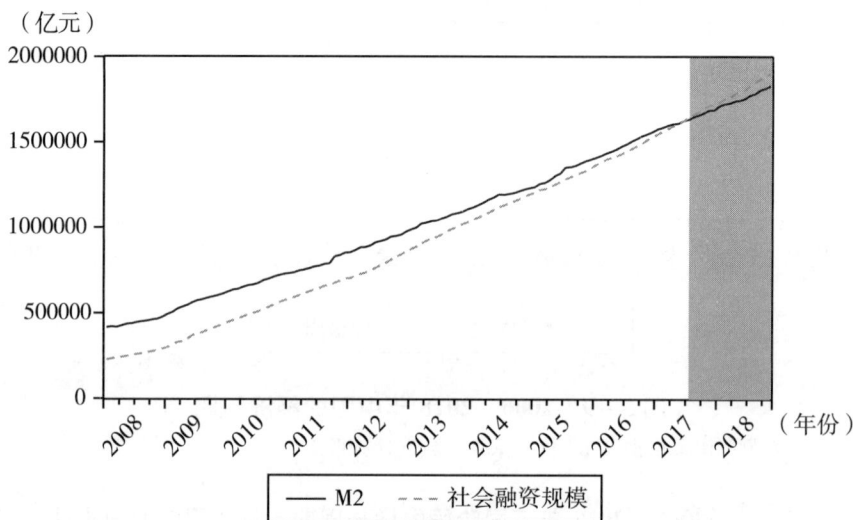

图 5 - 10 M2 和社会融资规模

资料来源：作者根据 Wind 数据库相关数据计算得出。

（亿元）

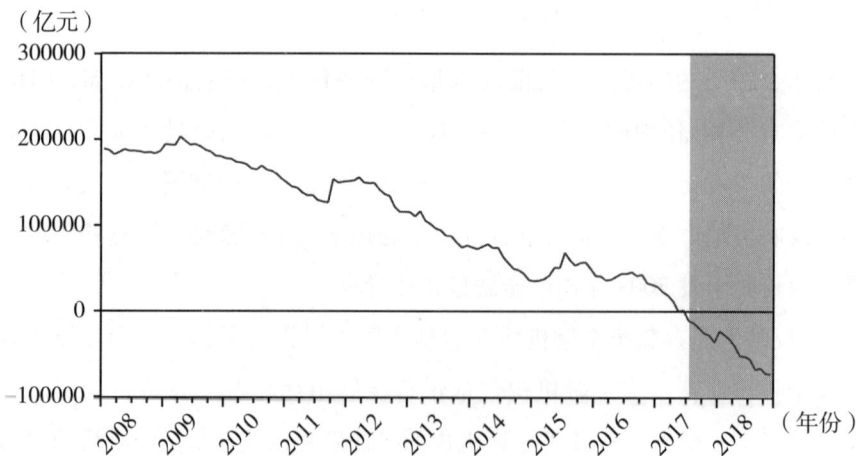

图 5 - 11 M2 与社会融资规模缺口

资料来源：作者根据 Wind 数据库相关数据计算得出。

图 5 - 12 显示在 2014 年中以前，人民币在社会融资规模中的比重不断减

少，从接近98%降低至61%，之后，在对商业银行表外业务等影子信贷的监管收紧和货币政策放松信贷条件的双重刺激下，人民币在社会融资规模中的比重逐渐提高至66%。但仍有34%的资金来自影子银行和直接融资，因此2016年开始，货币政策调控提出了社会融资规模中介目标，以求更加全面地掌握传统信贷及其他资金对实体经济的影响。

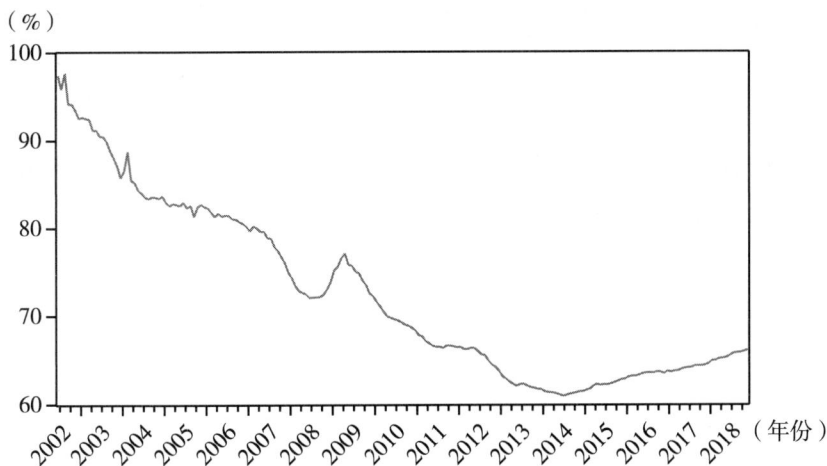

图 5 – 12　人民币贷款在社会融资规模中的比重

资料来源：作者根据 Wind 数据库相关数据计算得出。

博里奥（Borio，2014）提出信贷总量和房地产价格是度量金融周期的基础变量。2017年第3季度《中国货币政策执行报告》亦指出，评判金融周期最核心的两个指标是广义信贷和房地产价格，前者代表融资条件，后者反映投资者对风险的认知态度。因此，将二者纳入对金融周期的考量比 M2/GDP 或人民币信贷/GDP 更加准确。其中，我国的广义信贷是指存款类金融机构人民币信贷收支表中的各项贷款、债券投资、股权及其他投资、买入返售资产、存放非存款类金融机构款项的合计。2017年第1季度起，表外理财也纳入了广义信贷。央行2015年调整了金融机构存贷款统计口径，将非存款金融机构视为普通企业。目前，已公布的存款类金融机构人民币信贷收支相关可用数据时期太短，无法利用这一数据进行有效分析。

鉴于此，拟利用社会融资规模/GDP 替代广义信贷/GDP 以衡量金融周期。需要注意的是，广义信贷是从存款类金融机构的资金运用端统计的，最终流向是个人、企业和非存款类金融机构，社会融资规模是从个人和实体企业获得资金来统计的，两者口径存在一定的偏差。比如，社会融资规模涵盖了企业股票融资，但不包括非存款类金融机构获得的资金。房地产价格指标用国房景气指数表示。该指数可从土地、资金、开发量、市场需求等多角度综合显示全国房地产业基本运行状况，以 100 为临界值，高于 100 为景气空间，低于 100 为不景气空间。

图 5 – 13 显示了中国的金融周期波动，与经济周期相比，金融周期的运动明显更加复杂，而且 2017 年以来，信贷周期和房价周期都显示出遇冷回落的态势。表 5 – 3 具体显示了不同阶段的信贷周期和房价周期的同步性，在 2007 ~ 2008 年金融危机前后以及 2014 年经济步入新常态期间，信贷周期和房价周期呈反方向运动。金融周期内部的这种分化，很可能源于资金的趋利避害动机，使得在信贷资产和房地产之间形成了"按下葫芦浮起瓢"的对冲机制。这种分化特征使得"熨平"金融周期的难度大大增加，借由货币政策同时实现宏观经济和金融稳定是完全不切实际的，构建双支柱框架具有现实迫切性。

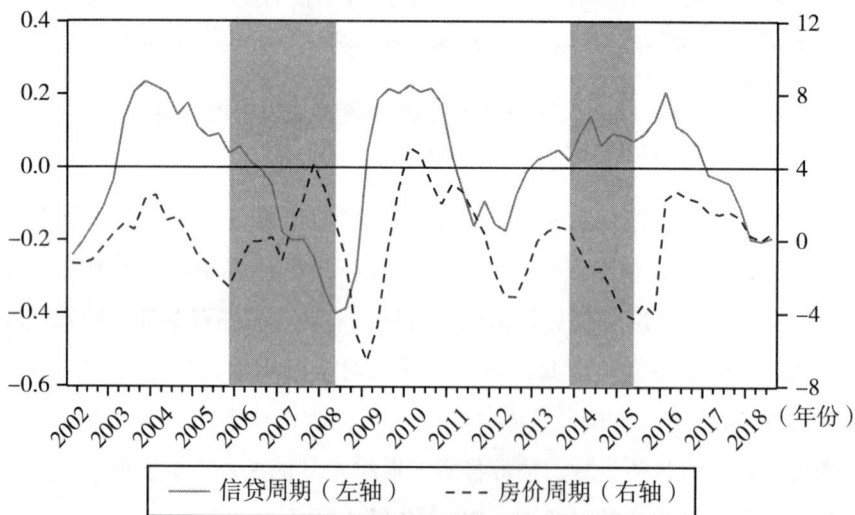

图 5 – 13　中国的金融周期

资料来源：作者根据 Wind 数据库相关数据计算得出。

表 5 – 3　　　　2002 ~ 2018 年不同阶段的信贷周期和房价周期的同步性

区间	2002 ~ 2005 年	2006 ~ 2009 年	2010 ~ 2013 年	2014 ~ 2018 年
相关系数	0.6138	- 0.2461	0.7312	- 0.2415

资料来源：作者根据 Wind 数据库相关数据计算得出。

　　表 5 - 4 显示了 2002 年第 1 季度以来我国经济周期和金融周期的协同性。总体来看，经济周期与金融周期的分化同样较为明显，增长周期、价格周期与房价周期的协同性较高，但与信贷周期的协同性较低甚至呈负向关系。这表明房价对拉动经济增长和价格的效应较为明显，而信贷投放则具有显著的逆周期特点。总之，无论是经济周期或金融周期的内部分化，还是经济周期和金融周期之间的分化，都呼唤宏观调控手段的多元化，以宏观审慎政策专门应对金融周期、维护金融稳定，为货币政策"熨平"经济周期减负、增效。

表 5 - 4		2002 ~ 2018 年经济周期和金融周期的协同性			
		2002 ~ 2005 年	2006 ~ 2009 年	2010 ~ 2013 年	2014 ~ 2018 年
增长周期	信贷周期	- 0.0499	- 0.0350	0.6073	- 0.7829
	房价周期	- 0.1429	0.8333	0.8958	0.4499
价格周期	信贷周期	0.6414	- 0.8033	- 0.2348	- 0.3424
	房价周期	0.7131	0.7311	0.3404	0.5540

　　资料来源：作者根据 Wind 数据库相关数据计算得出。

二、双支柱调控框架是应对经济金融周期分化的有效途径

（一）双支柱调控框架的诞生过程

　　由表 5 - 5 可知，早在 2012 年，宏观调控就已开始关注到金融稳定，彼时防控金融风险仍然作为货币政策的调控任务之一，尚未凸显宏观审慎政策在遏制金融风险、维护金融稳定方面的专门责任。到 2015 年底，出台 MPA 考核才表明遏制金融风险、维护金融稳定的责任正逐步移交宏观审慎政策。2016 年，防控金融风险正式明确成为宏观调控的目标，并首提货币政策与金融审慎监管的协调重要性。2017 年成立的国务院金融稳定发展委员会为将来进行多种政策的协调搭建了沟通平台。2017 年底的党的十九大报告正式提出"健全货币政策和宏观审慎政策双支柱调控框架"。由此，中国的短期宏观调控历经了"货币政策稳经济金融大周期→双支柱调控框架协调稳经济金融周期"的思路转变。

表 5 – 5　　　　　　　　　从主要文件看宏观调控思路演变

时间	文件	表述
2012 年 9 月	《金融业发展和改革"十二五"规划》	提出要"优化货币政策目标体系，处理好促进经济增长、保持物价稳定和防范金融风险的关系"
2015 年 12 月	中国人民银行网站报告	将对银行业的差别准备金动态调整机制和合意贷款管理升级为"宏观审慎评估体系"（MPA）
2016 年 3 月	"十三五"规划纲要	首次明确将"防控风险"纳入宏观调控目标体系，并首次提出要"构建货币政策与审慎管理相协调的金融管理体制"
2017 年 7 月	全国金融工作会议报告	宣布成立国务院金融稳定发展委员会
2017 年 10 月	党的十九大报告	正式提出"健全货币政策和宏观审慎政策双支柱调控框架"

资料来源：政府公开信息。

（二）双支柱调控框架的理论依据

传统的宏观经济学理论认为，竞争性环境下的价格信号可以灵活实现资源的有效配置，因此，价格稳定即可在较大程度上代表整体经济的稳定，2008年国际金融危机以前的众多研究无不印证了上述观点。随着金融危机的爆发，现代经济与金融关系的复杂性、扭曲性暴露无遗，以"央行信誉悖论"等为代表的一批新理论从多个角度揭示出金融周期与经济周期背道而驰的深层原因。

（三）双支柱调控框架的国外进展

目前，美国、欧盟、英国等主要经济体均建立了宏观审慎管理体系。美国组建的金融稳定监督委员会（FSOC）由财政部长兼任主席，未任命美联储主席兼任的做法有利于发挥 FSOC 对美联储进行系统性风险监管的补充和改进作用，避免单一部门监管可能导致的监管不力。欧盟明确规定欧洲央行的主要职责是维护货币与金融稳定，并且在其建立的欧洲系统性风险委员会（ESRB）中，欧洲央行行长兼任 ESRB 主席，同时为了增强 ESRB 在宏观审慎管理中的独立性，财政部门并不直接参与。英国确立了英格兰银行在宏观审慎管理体系中的主导地位，但同时财政部在这一体系中所处的位置十分微妙，其不直接参与监管，但负责建议和规定有关监管适宜。因此，以中央银行在宏观审慎管理体系中的地位来看，美国偏向"分权制"，欧盟偏向"集权制"，而英国则介于"分权制"与"集权制"之间。目前，中国的货币政策与宏观审慎政策均集中于中央银行，因此，与欧盟的政策体制更加接近，中央银行的内部制度安排将直接决定双支柱调控框架的有效性。

三、完善双支柱框架的对策建议

双支柱调控框架并非"货币政策＋宏观审慎政策"的简单组合，两者既有本质区别，又紧密联系，必须科学协调方能发挥"1＋1＞2"的效果。

（一）应明确以货币政策锚定经济稳定，以宏观审慎政策锚定金融稳定

众所周知，双支柱调控框架的推出旨在维护经济和金融的双稳定，但货币政策、宏观审慎政策与经济稳定、金融稳定之间究竟是何对应关系？目前，仍十分模糊。已有相关研究给出了3种目标分配模式：目标集成授权模式，即经济稳定和金融稳定作为货币政策与宏观审慎政策的共同目标；目标分置授权模式，即货币政策锚定经济稳定、宏观审慎政策锚定金融稳定；目标交叉授权模式，即货币政策同时锚定经济稳定与金融稳定、宏观审慎政策锚定金融稳定。

部分国外研究认为，目标集成授权模式是最优的，原因在于这一目标安排有效吸收了政策外溢性的影响，从而使得社会福利损失最小。但是，这一结果是在理性预期框架内得出的，考虑到中国的公众预期存在明显的有限理性特征以及中央银行声誉尚待提高的现实约束，贸然采用目标集成授权模式反而容易误导公众预期，使其无法正确理解政策与目标之间的逻辑关系；另外在中央银行同时负责货币政策与宏观审慎政策的条件下，这一授权模式容易使宏观审慎政策沦为货币政策的附属和补充，从而无法真正实现政策初衷。因此，目标集成授权模式在中国是否最优仍然存疑。而目标交叉授权模式也同样因为权责不够清晰，容易误导公众预期，货币政策可能因其金融稳定目标有宏观审慎政策分担而产生刺激经济的动机，反而可能加剧经济波动和宏观审慎政策的负担。相比之下，目标分置授权模式权责清晰，两类政策各司其职、互相约束，公众容易理解也有利于形成一致性预期。我们认为目标分置授权应成为当前中国双

支柱调控框架的主要参考模式。

（二）应着力提高货币政策和宏观审慎政策各自决策的独立性

将宏观审慎政策交由中央银行主管，主要因为宏观审慎政策的制定需要大量宏观经济信息，而中央银行作为货币政策的制定者恰恰可以满足这一需要；而且货币政策与宏观审慎政策同属逆周期调控政策、同样作用于银行等金融中介，因此具有十分密切的联系，需要中央银行统筹兼顾。但中央银行同时制定货币政策和宏观审慎政策，也容易削弱各自决策的独立性。目前，中央银行下属的金融稳定局是以目标为导向设置的，在双支柱调控框架诞生后，其究竟代表中央银行、货币政策还是宏观审慎政策的目标，无疑显得十分模糊。成立独立的宏观审慎政策司来专门负责宏观审慎调控，可尽量减少中央银行偏好对政策制定的影响。此外，财政政策、产业政策和微观审慎政策与双支柱调控框架均存在一定的相互影响关系，必须在金融稳定发展委员会这一平台内合理安排其他部门对双支柱调控框架的介入形式和程度。建议综合参考欧盟、英国的宏观审慎管理体系，在充分放权给中央银行的同时，确保其他部门的建议和信息能够有效地被中央银行吸收，并要求中央银行向金融稳定发展委员会按时提交执行报告。

（三）应充分厘清货币政策与宏观审慎政策的相互外溢性

货币政策调控通常可分为数量型和价格型两种，前者如存款准备金率是通过影响信贷供给量来实现调控，后者如基准利率是通过影响信贷价格来实现调控。而宏观审慎政策一般按照时间维度（如逆周期资本要求）和空间维度（如贷款价值比）划分，而且大多属于数量型调控。在工具种类不断丰富、工具属性不尽相同的条件下，双支柱调控框架必须充分评估不同类型调控的传导效力，厘清各种调控的外溢性。基于我们自己构建的综合金融稳定指数，经测算，发现数量型货币政策对金融波动的影响较为中性，可在"熨平"经济周期的同时避免对金融周期造成额外扰动；而价格型货币政策对金融波动的影响非常显著，导致宏观审慎政策必须及时相向而行。因此，在疏通利率传导前，应谨慎使用价格型货币政策。此外，同样要厘清不同类型的宏观审慎调控对经济周期的影响，在有效克服政策外溢性的前提下，构建真正符合中国现实需要的双支柱调控框架。

（四）应加快构建可反映中国整体金融稳定程度的综合指数

GDP 和 CPI 的变化被广泛用来衡量经济周期波动，与之相比，目前尚无用来广泛衡量金融周期波动的权威指标，这无疑增加了双支柱调控框架的实施难度。由于金融体系的主体多样性、关系复杂性、传导梗阻性等现状影响，仅依据某一项或几项指标远远无法满足有效监测金融波动的要求。必须统筹银行业、证券业、保险业、外汇市场、房地产市场等多部门，构建可反映中国整体金融稳定程度的综合指数，从而为宏观审慎政策有的放矢提供科学标尺。而且，基于综合指数的调控可以大大限制宏观审慎政策的相机性和随意性，防止其因为某一个金融部门的特质性波动而过度调整，进而影响全局金融稳定。

（五）合理推进动产抵押融资，提升双支柱调控效果

双支柱调控框架诞生于本轮国际金融危机，危机爆发的一个重要推动因素在于，经济向好时信贷加速扩张，而经济下行时信贷加速紧缩，由此造成经济金融过度波动。双支柱框架主要作用于商业银行这一信贷资金供给主体，通过逆周期调节抑制信贷投放的过度顺周期性。同时应该看到，双支柱政策只能解决信贷资金供给端的顺周期性问题，在金融危机时期，信贷过度紧缩的程度还取决于信贷资金的需求方——微观企业。2012 年发布的新《商业银行资本管理办法（试行）》虽然调低了小微企业的风险暴露权重，激励了商业银行向小微企业倾斜贷款供给，但问题在于小微企业往往十分依赖抵押融资，而经济下行期资本品等抵押物价值通常会明显缩水，这就可能导致小微企业的有效信贷需求下降，从而削弱信贷供给放松的政策意图。因此，必须考虑从企业层面来提振信贷的有效需求，配合供给端政策来有效缓解信贷过度紧缩。

当前，我国经济呈现出"宽货币、紧信用"的特点，中小企业的融资难困境不仅不利于盘活实体经济，也不利于发挥双支柱政策在后危机时代抑制信贷过度紧缩和"熨平"经济金融周期的效果。中小企业融资难的原因主要在于信贷市场的信息不对称、企业经营管理不规范、信用等级偏低、金融体系不完善等，因此，与大型企业相比，中小企业会更加依赖抵押融资。表 5 - 6 显示近年来我国小型企业贷款中的抵（质）押贷款比重超过了 50%，超过大型企业达 20 个百分点。在经济下行期，由于房地产等主要不动产的价值贬值，导致中小企业的可抵押资产价值大幅缩水，从而严重削弱了有效信贷需求。因

此，有必要加快建立和完善以动产为担保品的抵押融资模式，提高企业信用能力，缓解企业融资约束。

表 5 - 6　　　　　2009~2016 年不同类型企业人民币贷款中的
抵（质）押贷款比重　　　　单位：%

年份	大型企业	中型企业	小型企业
2009	30. 03	49. 90	51. 54
2010	30. 63	50. 38	53. 37
2011	30. 94	49. 99	53. 23
2012	32. 52	52. 11	54. 11
2013	33. 06	53. 45	55. 60
2014	32. 92	52. 96	56. 58
2015	33. 52	53. 62	57. 59
2016	30. 59	49. 97	53. 94

资料来源：Wind 数据库。

我国中小企业资产价值的 70% 以上是应收账款和存货等动产，因此，融资难的真正"瓶颈"在于动产融资业务的推进过程缓慢。在经济发达国家，动产融资业务已开展得相当成熟，如美国小微企业 90% 以上的担保融资来自动产。根据国家统计局 2009 年的数据显示，我国所有企业拥有的存货动产高达 51394 亿元，其中，中小企业拥有 30326 亿元。如果按照 50% 的贷款折扣率计算，这些资产可以担保生成约 1.6 万多亿元的贷款，相当于我国金融机构一年的新增贷款额的 50% 以上。因此，有序推进动产抵押融资对于提振企业有效信贷需求，缓解信贷过度紧缩具有重要作用。

我们通过构建一个包含内生银行部门的新凯恩斯 DSGE 模型，模拟测算了动产抵押比例变化对福利的影响。发现企业动产中应有 30%~45% 的比例纳入可抵押品范围。同时，模拟结果还显示，在推进动产融资的过程中应注重合理把握实施力度，否则容易矫枉过正，当动产抵押比例达到 85% 以上时，福利损失达到最大，这与动产资源本身具有的价值波动大、易耗损、难变现等一系列风险特征不无关系。

（六）优化宏观调控的进一步探讨：财政货币政策协调

在宏观调控体系中，除了货币政策与宏观审慎政策的双支柱协调问题，财政政策与货币政策的配合也是重中之重，决定了宏观调控的整体有效性。最近，有关财政赤字货币化是否可取的争论引发了政策界和学术界的巨大反响。财政赤字货币化最核心的就是，允许中央银行在一级市场上直接认购财政部发行的国债。这与《中华人民共和国中国人民银行法》第二十九条"中国人民银行不得对政府财政透支，不得直接认购、包销国债和其他政府债券"的规定显然背道而驰。这一规定在杜绝央行滥发货币、提高财政政策效率、稳定经济金融局势方面起到了至关重要的作用。那么，财政赤字货币化的提法为何又卷土重来？根本原因在于，全球新冠肺炎疫情蔓延引发的深度经济衰退和逆全球化浪潮交织而来的多重困境。

当前，我国经济正面临着"结构深度调整＋外部环境恶化＋经济运行保稳"的三重叠加态势。经济结构能否成功转型升级事关中华民族的伟大复兴，这一基本价值取向应坚定不移。新冠肺炎疫情全球蔓延、外部需求锐减以及全球多维度的竞争态势使得国内经济结构调整雪上加霜。但是行稳方能致远，从短期看，保障经济平稳运行、实现全面建成小康社会的伟大目标仍是最为迫切的选择。

梳理近几年的货币政策调控实践，人民银行的货币政策立场已经在牢牢把控经济金融运行稳定的底线基础上转向了精准调控和优化结构，不搞大水漫灌，并努力疏通货币政策传导机制。事实上，通过创新结构性货币政策工具、完善 MPA 考核机制和贷款市场报价利率 LPR 形成机制改革等一系列操作，具有竞争效率的市场化货币政策传导链条正在逐步形成。假以时日，完全可以期待构筑起具有中国特色的货币政策调控体系！但是远水难解近渴，在当前经济亟须保稳、不少中、小微企业命悬一线之时，货币政策效果直达实体经济的速度确实相对较慢，力度也要打折扣。而财政政策扩张则因为刺激效果显著而屡屡成为经济危机或低迷时期的重要武器。

细究财政赤字货币化这一提法的背后，实际上蕴含着双重考量。第一，表明财政当局希望积极作为，通过向人民银行发行国债迅速筹集资金，以便实施扩张性财政政策、服务"六保""六稳"。第二，向人民银行而非市场来发行国债募集资金暗示财政当局希望尽可能地发挥财政政策的乘数效果，以更好地服务当前大局。经济学理论告诉我们，由于积极的财政政策存在挤出效应，财政政策的乘数效果会受到削弱。实际上，一直以来大家所呼吁的"国退民进"在一定程度上就折射出过去较长时间内政府主导投资会挤占私人部门的信贷可得性这一现实。积极的财政政策如果借由财政赤字货币化实现，就可以避免因为向市场尤其是金融机构发行国债而占用大量信贷资源的问题，这样便可以在不挤出私人投资的基础上扩大政府投资，如此则无疑为当前经济注入了一针强心剂。

但是进一步辩证地来看，目前财政赤字货币化却存在着诸多问题且利弊共生。

首先，财政赤字货币化本质上是由向市场透支转向向央行透支，利用央行可以创造基础货币的天然优势来实现政府信用与市场信用的双增长，但是谁来主导这一赤字货币化过程？又如何为偿付透支来合理的定价呢？如果由央行主导，则有可能将一部分货币政策的放松操作转移到财政赤字货币化上来，其结果是与市场直接接轨的这部分货币政策力度会自动减弱，因为央行的货币政策目标仍然是维持产出稳定与反通货膨胀。但如果由财政部主导，可以预见全社会的货币金融环境会出现超宽松景象，但只要央行维持自身目标不变，后续仍可能被其与市场相连的货币政策逆周期调节所部分抵消，最终的结果是市场信用受到挤压。另外，与一般的公开市场操作可以形成具有一定竞争效率的利率定价不同，财政赤字货币化过程是一对一进行的，其透支利率的定价如何有据可循？如果只是取决于财政货币当局的博弈，恐怕将大大降低资金的配置效率，干扰宏观调控的协调有序性，结果可能得不偿失。

其次，如果禁止财政赤字货币化，那么财政政策扩张就必须面向市场发债，结果一定会较为明显地挤出私人信贷，对近来央行采取的低利率政策效果产生负面影响。虽然我国的利率市场化改革在形式上已经完成，但利率双轨制和传导梗阻的痼疾依旧存在，简单地降低货币政策利率实际上难以有效传导至企业融资端，反而还容易引起债券市场加杠杆等脱实向虚问题。为此，2020年以来人民银行着力打造以贷款市场报价利率 LPR 为核心、中期借贷便利 MLF 为抓手的市场化利率传导路径，增强货币政策调控直达实体经济的效果，减少不必要的损耗与扭曲。随着对融资端利率的有效引导，企业融资成本也在逐步下降。但如果将财政政策的扩张途径推向市场，就很有可能大量挤占私人信贷资源，抑制私人投资需求。事实上，由于所有制歧视、规模歧视和地方政府行为等多重因素的存在，银行信贷资源的配给挤出私人部门信贷的影响更大、更直接，而非借由经典 IS-LM 模型所强调的利率渠道产生。因此，在利率较高时，私人企业面临融资贵的问题，当央行引导融资利率下行后，企业理论上可以借到廉价资金，但还取决于银行信贷的配给决策。如果将政府信用扩张推向市场，势必极大地影响商业银行资金配置行为，央行苦心孤诣构筑的低利率环境将仍旧无法缓解企业的融资难题。

综上所述，应该看到当前对于是否要实施财政赤字货币化追根究底取决于财政当局与货币当局能否协调配合以趋利避害。为此，本节提出以下三点建议。

第一，财政政策要积极有为，但财政赤字货币化不是优先选项。当前经济衰退明显，税基不断萎缩，财政政策必须主动扩张，以刺激经济、稳定税源。在积极有为的同时，必须考虑如何更加有效，可以说优化财政支出结构是当前的重中之重。长期以来，政府主导的投资不仅有挤占私人部门之嫌，而且存在投资效率较低、投资结构与经济高质量发展相左的问题。这些问题如果不能被高度重视并有效地缓解，而一味地依赖财政赤字货币化，实际上是一种"懒惰"的表现。在经济形势高度严峻复杂的今天，重走老步子将势必带来更多的新问题。财政赤字货币化当然不失为当前特殊情况下的一种稳妥的治标办法，但不能仅仅停留于此，更不能因此而迟滞了财政政策的空间优化。

第二，货币政策要稳健，要更加注重引导金融资源合理配置。提供稳健的货币金融环境是应对危机、走出困境的基本条件。但当前的严峻困局要求货币政策不仅注重大环境，还要培养良好的细分环境。支持财政赤字货币化的一个观点就是，货币政策对刺激经济的效果并不显著。确实，在如何有效缓解企业的融资难题之外，央行还面临着资产价格泡沫、影子银行扩张、企业金融化等诸多脱实入虚问题。"按下葫芦浮起瓢"的困顿使货币政策效果的漏损和扭曲变得明显。因此，在保持稳健之外，更加注重对细分金融环境的精准调控，疏堵结合将尤为迫切。

第三，财政货币协调需要更高层次的统一配合，防止宏观调控紊乱、稳住市场预期。财政货币政策在致力于自身调控以外，还要更多地注重宏观调控的整体有效性，由"单打独斗"走向"你中有我、我中有你"。必须认识到积极的财政政策与稳健的货币政策仍是当前应对危机的良方。建议建立类似于金融稳定发展委员会的高层次部际协调机制，在宏观调控的整体框架上达成统一认识，以避免政策冲突，稳定市场预期。而对于财政赤字货币化的这场大争论实际上也映射出社会各界对于我国财政与金融关系的一次更加深刻的考察与认知。

参 考 文 献

[1] 卞志村、张义：《央行信息披露、实际干预与通胀预期管理》，载《经济研究》2012 年第 12 期。

[2] 卞志村、高洁超：《适应性学习、宏观经济预期与中国最优货币政策》，载《经济研究》2014 年第 4 期。

[3] 卞志村、高洁超：《宏观稳定视角的货币政策体制设计研究》，载《金融经济学研究》2015 年第 2 期。

[4] 卞志村：《泰勒规则的实证问题及在中国的检验》，载《金融研究》2006 年第 8 期。

[5] 卞志村、孙慧智、曹媛媛：《金融形势指数与货币政策反应函数在中国的实证检验》，载《金融研究》2012 年第 8 期。

[6] 卞志村、孙俊：《中国货币政策目标制的选择——基于开放经济体的实证》，载《国际金融研究》2011 年第 8 期。

[7] 陈彦斌：《中国新凯恩斯菲利普斯曲线研究》，载《经济研究》2008 年第 12 期。

[8] 陈彦斌：《"十三五"规划纲要关于宏观调控的新思路》，载《光明日报》2016 年 5 月 4 日。

[9] 陈平、李凯：《"适应性学习"下人民币汇率的货币模型》，载《经济评论》2010 年第 3 期。

[10] 曹国华、刘睿凡：《供给侧改革背景下我国商业银行信贷风险的防控》，载《财经科学》2016 年第 4 期。

[11] 陈利锋：《金融冲击、房价波动与货币政策》，载《首都经济贸易大学学报》2016 年第 1 期。

[12] 陈雨露、马勇、阮卓阳：《金融周期和金融波动如何影响经济增长与金融稳定?》，载《金融研究》2016 年第 2 期。

［13］陈胜蓝、刘晓玲：《经济政策不确定性与公司商业信用供给》，载《金融研究》2014 年第 5 期。

［14］程均丽：《异质预期下的货币政策：相机还是承诺》，载《国际金融研究》2010 年第 3 期。

［15］戴国强、张建华：《中国金融状况指数对货币政策传导作用研究》，载《财经研究》2009 年第 7 期。

［16］刁节文、章虎：《基于金融形势指数对我国货币政策效果非线性的实证研究》，载《金融研究》2012 年第 4 期。

［17］杜清源、龚六堂：《带"金融加速器"的 RBC 模型》，载《金融研究》2005 年第 4 期。

［18］杜勇、张欢、陈建英：《金融化对实体企业未来主业发展的影响：促进还是抑制》，载《中国工业经济》2017 年第 12 期。

［19］杜春越、韩立岩：《家庭资产配置的国际比较研究》，载《国际金融研究》2013 年第 6 期。

［20］邓创、徐曼：《中国的金融周期波动及其宏观经济效应的时变特征研究》，载《数量经济技术经济研究》2014 年第 9 期。

［21］方先明、权威：《信贷型影子银行顺周期行为检验》，载《金融研究》2017 年第 6 期。

［22］范从来、高洁超：《经济金融周期分化与中国货币政策改革的逻辑》，载《社会科学战线》2019 年第 5 期。

［23］范从来、刘绍保、刘德溯：《中国资产短缺状况研究》，载《经济理论与经济管理》2013 年第 2 期。

［24］范从来、高洁超：《适应性学习与中国通货膨胀非均衡分析》，载《经济研究》2016 年第 9 期。

［25］范从来、高洁超：《银行资本监管与货币政策的最优配合：基于异质性金融冲击视角》，载《管理世界》2018 年第 1 期。

［26］范从来、高洁超：《新常态下的货币政策最新进展：一个文献综述》，载《南大商学评论》2015 年第 2 期。

［27］范小云、袁梦怡、肖立晟：《理解中国的金融周期：理论、测算与分析》，载《国际金融研究》2017 年第 1 期。

［28］封思贤、居维维、李斯嘉：《中国影子银行对金融稳定性的影响》，

载《金融经济学研究》2014 年第 4 期。

[29] 封北麟、王贵民：《金融状况指数 FCI 与货币政策反应函数经验研究》，载《财经研究》2006 年第 12 期。

[30] 巩师恩、范从来：《二元劳动力结构与通货膨胀动态形成机制——基于新凯恩斯菲利普斯曲线框架》，载《财经研究》2013 年第 3 期。

[31] 耿强、张永杰、朱牡丹：《中国的通胀、通胀预期与人民币有效汇率——开放新凯恩斯混合菲利普斯曲线框架下的实证分析》，载《世界经济文汇》2009 年第 4 期。

[32] 郭晔：《最优货币政策的设计：综述及其启示》，载《经济学动态》2007 年第 4 期。

[33] 郭福春、潘锡泉：《开放框架下扩展泰勒规则的再检验——基于汇改前后及整体层面的比较分析》，载《财贸经济》2012 年第 11 期。

[34] 郭豫媚、陈伟泽、陈彦斌：《中国货币政策有效性下降与预期管理研究》，载《经济研究》2016 年第 1 期。

[35] 郭豫媚、周璇：《央行沟通、适应性学习和货币政策有效性》，载《经济研究》2018 年第 4 期。

[36] 高海红、高蓓：《中国影子银行与金融改革：以银信合作为例》，载《国际经济评论》2014 年第 3 期。

[37] 高洁超、汪晨涛、刘允：《经济政策不确定性与非金融企业的影子银行化》，载《金融论坛》2020 年第 8 期。

[38] 高洁超、杨源源、范从来：《供求冲击、异质性预期与货币政策范式选择》，载《财经研究》2019 年第 3 期。

[39] 高洁超、范从来、杨冬莞：《企业动产融资与宏观审慎调控的配合效应》，载《金融研究》2017 年第 6 期。

[40] 高洁超、范从来、杨冬莞：《商业银行拨备监管的经济波动效应研究》，载《产业经济研究》2017 年第 2 期。

[41] 高洁超、孟士清：《FCI 可以作为货币政策的良好指示器吗——基于信息预测检验与工具变量选择的分析》，载《金融监管研究》2014 年第 11 期。

[42] 高洁超：《银行资本监管与货币政策的协调研究》，中国金融出版社 2018 年版。

[43] 高然、陈忱、曾辉、龚六堂：《信贷约束、影子银行与货币政策传

导》，载《经济研究》2018 年第 12 期。

[44] 龚明华、张晓朴、文竹：《影子银行的风险与监管》，载《中国金融》2011 年第 3 期。

[45] 谷慎、岑磊：《宏观审慎监管政策与货币政策的配合——基于动态随机一般均衡分析》，载《当代经济科学》2015 年第 6 期。

[46] 黄赜琳：《中国经济周期特征与财政政策效应》，载《经济研究》2005 年第 6 期。

[47] 胡志鹏：《"影子银行"对中国主要经济变量的影响》，载《世界经济》2016 年第 1 期。

[48] 韩珣、田光宁、李建军：《非金融企业影子银行化与融资结构——中国上市公司的经验证据》，载《国际金融研究》2017 年第 10 期。

[49] 洪银兴、葛扬、秦兴方：《〈资本论〉的现代解析》，经济科学出版社 2005 年版。

[50] 胡进：《预防性动机与居民金融资产选择偏好》，载《理论月刊》2004 年第 4 期。

[51] 黄群慧：《论新时期中国实体经济的发展》，载《中国工业经济》2017 年第 9 期。

[52] 胡奕明、王雪婷、张瑾：《金融资产配置动机："蓄水池"或"替代"？——来自中国上市公司的证据》，载《经济研究》2017 年第 1 期。

[53] 黄贤环、吴秋生、王瑶：《金融资产配置与企业财务风险："未雨绸缪"还是"舍本逐末"》，载《财经研究》2018 年第 12 期。

[54] 何德旭、郑联盛：《影子银行体系与金融体系稳定性》，载《经济管理》2009 年第 11 期。

[55] 金鹏辉、张翔、高峰：《银行过度风险承担及货币政策与逆周期资本调节的配合术》，载《经济研究》2014 年第 6 期。

[56] 蒋海、储著贞：《紧缩性货币政策冲击、成本渠道与通货膨胀：来自中国的检验》，载《金融研究》2011 年第 9 期。

[57] ［美］卡尔·瓦什：《货币理论与政策》，彭兴韵、曾刚译，格致出版社 2012 年版。

[58] 雷立坤、余江、魏宇、赖晓东：《经济政策不确定性与我国股市波动率预测研究》，载《管理科学学报》2018 年第 6 期。

[59] 吕劲松：《关于中小企业融资难、融资贵问题的思考》，载《金融研究》2015 年第 11 期。

[60] 刘斌：《我国 DSGE 模型的开发及在货币政策分析中的应用》，载《金融研究》2008 年第 10 期。

[61] 李若谷：《对当前企业融资难、融资贵问题的分析与思考》，载《金融监管研究》2014 年第 11 期。

[62] 卢文阳：《金融危机背景下我国中小企业融资难问题研究》，载《江西社会科学》2010 年第 3 期。

[63] 陆军、钟丹：《泰勒规则在中国的协整检验》，载《经济研究》2003 年第 8 期。

[64] 李成、王彬、马文涛：《我国金融形势指数的构建及其与宏观经济的关联性研究》，载《财贸经济》2010 年第 3 期。

[65] 刘胜会：《物价稳定与金融稳定：从"一致"走向"不一致"》，载《金融与经济》2011 年第 3 期。

[66] 李凤羽、杨墨竹：《经济政策不确定性会抑制企业投资吗——中国经济政策不确定指数的实证研究》，载《金融研究》2015 年第 4 期。

[67] 刘珺、盛宏清、马岩：《企业部门参与影子银行业务机制及社会福利损失模型分析》，载《金融研究》2014 年第 5 期。

[68] 刘志彪：《资产短缺阶段我国经济结构失衡与发展动力重塑》，载《红旗文稿》2015 年第 10 期。

[69] 林琳、曹勇、肖寒：《中国式影子银行下的金融系统脆弱性》，载《经济学（季刊）》2016 年第 3 期。

[70] 李建军、胡凤云：《中国中小企有融资结构、融资成本与影子信贷市场发展》，载《宏观经济研究》2013 年第 5 期。

[71] 李建军、马思超：《中小企业过桥贷款投融资的财务效应——来自我国中小企业板上市公司的证据》，载《金融研究》2017 年第 3 期。

[72] 李建军、韩珣：《非金融企业影子银行化与经营风险》，载《经济研究》2019 年第 8 期。

[73] 卢盛荣、郭学能、游云星：《影子银行、信贷资源错配与中国经济波动》，载《国际金融研究》2019 年第 4 期。

[74] 刘贯春、张军、刘媛媛：《金融资产配置、宏观经济环境与企业杠

杆率》，载《世界经济》2018 年第 1 期。

［75］刘凤良、鲁旭、易信：《中国部门间通货膨胀的"均值回复"特征研究——新方法的构建及实证分析》，载《管理世界》2012 年第 9 期。

［76］吕思聪、赵栋：《货币政策、影子银行和银行间市场利率》，载《国际金融研究》2019 年第 2 期。

［77］连平：《银行拨备覆盖率适度下调有利改善经营状况》，载《中国证券报》2016 年 3 月 24 日。

［78］李怀珍：《银行业动态拨备制度研究》，载《金融监管研究》2012 年第 2 期。

［79］李春吉、范从来、孟晓宏：《中国货币经济波动分析：基于垄断竞争动态一般均衡模型的估计》，载《世界经济》2010 年第 7 期。

［80］刘金全、姜梅华：《金融危机后期的新凯恩斯菲利普斯曲线估计与经济政策启示》，载《吉林大学社会科学学报》2011 年第 2 期。

［81］吕越、盛斌：《开放条件下产出缺口型菲利普斯曲线的再验证——基于中国省际季度动态面板数据》，载《金融研究》2011 年第 10 期。

［82］刘斌：《最优简单货币政策规则在我国应用的可行性》，载《金融研究》2003 年第 9 期。

［83］李波、伍戈：《影子银行的信用创造功能及其对货币政策的挑战》，载《金融研究》2011 年第 12 期。

［84］梁璐璐、赵胜民、田昕明、罗金峰：《宏观审慎政策及货币政策效果搑讨：基于 DSGE 框架的分析》，载《财经研究》2014 年第 3 期。

［85］刘煜辉：《中国式影子银行》，载《中国金融》2013 年第 4 期。

［86］陆军、刘威、李伊珍：《开放经济下中国通货膨胀的价格传递效应研究》，载《世界经济》2012 年第 3 期。

［87］马勇：《植入金融因素的 DSGE 模型与宏观审慎货币政策规则》，载《世界经济》2013 年第 7 期。

［88］马勇、陈雨露：《宏观审慎政策的协调与搭配：基于中国的模拟分析》，载《金融研究》2013 年第 8 期。

［89］马勇、冯心悦、田拓：《金融周期与经济周期——基于中国的实证研究》，载《国际金融研究》2016 年第 10 期。

［90］孟庆斌、师倩：《宏观经济政策不确定性对企业研发的影响：理论

与经验研究》，载《世界经济》2017 年第 9 期。

[91] 马勇、陈雨露：《经济开放度与货币政策有效性：微观基础与实证分析》，载《经济研究》2014 年第 3 期。

[92] 彭方平、连玉君：《我国货币政策的成本效应——来自公司层面的经验证据》，载《管理世界》2010 年第 12 期。

[93] 彭俞超、韩珣、李建军：《经济政策不确定性与企业金融化》，载《中国工业经济》2018 年第 1 期。

[94] 裘翔、周强龙：《影子银行与货币政策传导》，载《经济研究》2014 年第 5 期。

[95] 任倩卿、朱鸿粟、封思贤：《货币政策影响通胀的非对称性效应研究——基于预期通胀率不同水平的分析》，载《广东金融学院学报》2012 年第 4 期。

[96] 沈悦、马续涛：《政策不确定性、银行异质性与信贷供给》，载《西安交通大学学报（社会科学版）》2017 年第 3 期。

[97] 孙国峰、贾君怡：《中国影子银行界定及其规模测算——基于信用货币创造的视角》，载《中国社会科学》2015 年第 11 期。

[98] 孙俊、于津平：《资本账户开放路径与经济波动——基于动态随机一般均衡模型的福利分析》，载《金融研究》2014 年第 5 期。

[99] 宋军、陆旸：《非货币金融资产和经营收益率的 U 形关系》，载《金融研究》2015 年第 6 期。

[100] 童中文、范从来、朱辰、张炜：《金融审慎监管与货币政策的协同效应——考虑金融系统性风险防范》，载《金融研究》2017 年第 3 期。

[101] 谭小芬、张文婧：《经济政策不确定性影响企业投资的渠道分析》，载《世界经济》2017 年第 12 期。

[102] 王博、李力、郝大鹏：《货币政策不确定性、违约风险与宏观经济波动》，载《经济研究》2019 年第 3 期。

[103] 王义中、宋敏：《宏观经济不确定性、资金需求与公司投资》，载《经济研究》2014 年第 2 期。

[104] 王永钦、刘紫寒、李嫦、杜巨澜：《识别中国非金融企业的影子银行活动——来自合并资产负债表的证据》，载《管理世界》2015 年第 12 期。

[105] 王建国：《泰勒规则与我国货币政策反应函数的实证研究》，载

《数量经济技术经济研究》2006 年第 1 期。

[106] 万光彩:《金融稳定目标与货币政策框架演进》,载《西藏大学学报(社会科学版)》2012 年第 4 期。

[107] 伍戈、连飞:《中国货币政策转型研究:基于数量与价格混合规则的探索》,载《世界经济》2016 年第 3 期。

[108] 吴卫星、吕学梁:《中国城镇家庭资产配置及国际比较——基于微观数据的分析》,载《国际金融研究》2013 年第 10 期。

[109] 汪伟:《投资理性、居民金融资产选择与储蓄大搬家》,载《当代经济科学》2008 年第 2 期。

[110] 王好强:《拨备覆盖或面临调整 多维度转型衔枚疾进》,载《金融时报》2016 年 1 月 8 日。

[111] 王兆星:《贷款风险分类和损失拨备制度变革——银行监管改革探索之三》,载《中国金融》2014 年第 17 期。

[112] 王国静、田国强:《金融冲击和中国经济波动》,载《经济研究》2014 年第 3 期。

[113] 王爱俭、王璟怡:《宏观审慎政策效应及其与货币政策关系研究》,载《经济研究》2014 年第 4 期。

[114] 王锦阳、刘锡良:《影子银行体系:信用创造机制、内在不稳定性与宏观审慎监管》,载《当代经济科学》2017 年第 4 期。

[115] 王志华:《产成品抵押贷款的案例剖析》,载《金融发展研究》2010 年第 11 期。

[116] 王晓芳、毛彦军:《小型开放经济环境下的最优货币政策设计》,载《财贸研究》2011 年第 3 期。

[117] 王艺明、蔡昌达:《货币政策的成本传导机制与价格之谜——基于新凯恩斯主义 DSGE 模型的研究》,载《经济学动态》2013 年第 3 期。

[118] 徐亚平:《货币政策有效性与货币政策透明制度的兴起》,载《经济研究》2006 年第 8 期。

[119] 徐亚平:《公众学习、预期引导与货币政策的有效性》,载《金融研究》2009 年第 1 期。

[120] 谢平、罗雄:《泰勒规则及其在中国货币政策中的检验》,载《经济研究》2002 年第 3 期。

［121］许冰、叶娅芬：《基于理性预期模型的最优货币政策的选择及应用》，载《统计研究》2009 年第 5 期。

［122］奚君羊、贺云松：《中国货币政策的福利损失及中介目标的选择——基于新凯恩斯 DSGE 模型的分析》，载《财经研究》2010 年第 2 期。

［123］许友传、刘庆富、王智鑫：《基于动态和前瞻性的贷款损失拨备适度性研究》，载《金融研究》2011 年第 12 期。

［124］徐忠：《经济高质量发展阶段的中国货币调控方式转型》，载《金融研究》2018 年第 4 期。

［125］辛兵海、张晓云、陶江：《经济不确定性与银行信贷供给》，载《产经评论》2015 年第 5 期。

［126］许天启：《政策不确定性与企业融资成本差异——基于中国 EPU 数据》，载《科研管理》2017 年第 4 期。

［127］许罡、朱卫东：《金融化方式、市场竞争与研发投资挤占——来自非金融上市公司的经验证据》，载《科学学研究》2017 年第 5 期。

［128］许志伟、樊海潮、薛鹤翔：《公众预期、货币供给与通货膨胀动态——新凯恩斯框架下的异质性预期及其影响》，载《经济学（季刊）》2015 年第 3 期。

［129］肖争艳、陈彦斌：《中国通货膨胀预期研究：调查数据方法》，载《金融研究》2004 年第 11 期。

［130］许伟、陈斌开：《银行信贷与中国经济波动：1993—2005》，载《经济学（季刊）》2009 年第 3 期。

［131］鄢莉莉、王一鸣：《金融发展，金融市场冲击与经济波动——基于动态随机一般均衡模型的分析》，载《金融研究》2012 年第 12 期。

［132］殷克东、吴昊、李雪梅：《我国宏观审慎政策与货币政策协同效应研究》，经济研究工作论文，WP952，2015 年。

［133］阎庆民、李建华：《中国影子银行监管研究》，中国人民大学出版社 2014 年版。

［134］杨小勇、唐艳：《投机性货币需求的决定》，载《经济理论与经济管理》2007 年第 3 期。

［135］杨小勇、龚晓莺：《再探预防性货币需求的决定》，载《社会科学研究》2002 年第 6 期。

［136］袁增霆：《中外影子银行体系的本质与监管》，载《中国金融》2011 年第 1 期。

［137］易纲：《在博鳌亚洲论坛 2018 年年会分论坛的问答实录》，中国人民银行网站，2018 年 4 月 11 日。

［138］余琰、李怡宗：《高息委托贷款与企业创新》，载《金融研究》2016 年第 4 期。

［139］杨筝、刘放、王红建：《企业交易性金融资产配置：资金储备还是投机行为》，载《管理评论》2017 年第 2 期。

［140］杨源源、张晓林、于津平：《异质性预期、宏观经济波动与货币政策有效性——来自数量型和价格型工具的双重检验》，载《国际金融研究》2017 年第 9 期。

［141］杨源源、高洁超：《合理协调财政货币政策》，载《中国社会科学报》2020 年 8 月 5 日。

［142］银监会财会部动态拨备课题组：《动态拨备在中国银行业的实施研究》，载《中国金融家》2010 年第 8 期。

［143］杨小军：《中国新凯恩斯主义菲利普斯曲线的经验研究》，载《统计研究》2011 年第 2 期。

［144］于光耀、徐娜：《中国通货膨胀预期：理性还是适应性》，载《财经科学》2011 年第 11 期。

［145］张蓓：《我国居民通货膨胀预期的性质及对通货膨胀的影响》，载《金融研究》2009 年第 9 期。

［146］张雨婷：《利率市场化对我国商业银行风险承担的影响——基于面板模型的实证分析》，载《南京财经大学学报》2016 年第 3 期。

［147］张成思、郑宁：《中国非金融企业的金融投资行为影响机制研究》，载《世界经济》2018 年第 12 期。

［148］张成思、张步昙：《中国实业投资率下降之谜：经济金融化视角》，载《经济研究》2016 年第 12 期。

［149］张玉鹏、王茜：《政策不确定性的非线性宏观经济效应及其影响机制研究》，载《财贸经济》2016 年第 4 期。

［150］赵晓英、曾令华：《我国城镇居民投资组合选择的动态模拟研究》，载《金融研究》2007 年第 4 期。

［151］张屹山、张代强：《前瞻性货币政策反应函数在我国货币政策中的检验》，载《经济研究》2007 年第 3 期。

［152］张屹山、张代强：《包含货币因素的利率规则及其在我国的实证检验》，载《经济研究》2008 年第 12 期。

［153］郑挺国、王霞：《泰勒规则的实时分析及其在我国货币政策中的适用性》，载《金融研究》2011 年第 8 期。

［154］中国人民银行营业管理部课题组：《非线性泰勒规则在我国货币政策操作中的实证研究》，载《金融研究》2009 年第 12 期。

［155］翟光宇、刘萌萌：《中国上市银行资本缓冲周期性研究——基于 2005—2014 年季度数据的实证分析》，载《产业经济研究》2016 年第 1 期。

［156］周小川：《金融政策对金融危机的响应——宏观审慎政策框架的形成背景，内在逻辑和主要内容》，载《金融研究》2011 年第 1 期。

［157］张健华、贾彦东：《宏观审慎政策的理论与实践进展》，载《金融研究》2012 年第 1 期。

［158］曾利飞、徐剑刚、唐国兴：《开放经济下中国新凯恩斯混合菲利普斯曲线》，载《数量经济技术经济研究》2006 年第 3 期。

［159］郑挺国、刘金全：《区制转移形式的"泰勒规则"及其在中国货币政策中的应用》，载《经济研究》2010 年第 3 期。

［160］张伟进、方振瑞：《金融冲击与中国经济波动》，载《南开经济研究》2013 年第 5 期。

［161］张淯、高洁超、范从来：《资产短缺、家庭资产配置与商业银行转型》，载《金融论坛》2017 年第 2 期。

［162］Agénor P. R., Bratsiotis G. J., Pfajfar D., Credit Frictions, Collateral, and the Cyclical Behavior of the Finance Premium. Macroeconomic Dynamics, Vol. 18, No. 5, July 2014, pp. 985 – 997.

［163］Amin S., Obsolescent Capitalism: Contemporary Politics and Global Disorder. New York and London: Zed Books, 2003.

［164］Altman E. I., Predicting Financial Distress of Companies: Revisiting the Z-score and ZETA Models. Stern School of Business, New York University, July 2000.

［165］Alesina A., O. Blanchard, J. Gali F. Giavazzi and H. Uhlig, Defining a Macroeconomic Framework for the Euro Area. CEPR, 2001.

[166] Antipa P., Mengus E. and Mojon B., Would Macroprudential Policies Have Prevented the Great Recession? Banque de France. CCBS Chief Economists Workshop, 2010.

[167] Agénor P. R. and Zilberman R., Loan Loss Provisioning Rules, Procyclicality, and Financial Volatility. Journal of Banking & Finance, Vol. 61, December 2015, pp. 301 – 315.

[168] Angelini P., Neri S. and Panetta F., The Interaction between Capital Requirements and Monetary Policy. Journal of Money, Credit and Banking, Vol. 46, No. 6, 2014, pp. 1073 – 1112.

[169] Aslam A., and Santoro E, Bank Lending, Housing and Spreads. University of Copenhagen, Department of Economics Discussion Paper, No. 08 – 27, 2008.

[170] Andrés, J., O. Arce, Banking Competition, Housing Prices and Macroeconomic Stability. The Economic Journal, Vol. 122, 2012, pp. 1346 – 1372.

[171] Angeloni I., E. Faia, Capital Regulation and Monetary Policy with Fragile Banks. Journal of Monetary Economics, Vol. 60, 2013, pp. 311 – 324.

[172] Agénor P. R., Flamini A., Institutional Mandates for Macroeconomic and Financial Stability. The University of Manchester Working Paper, 2016.

[173] Angelini P., S. Neri, F. Panetta, The Interaction between Capital Requirements and Monetary Policy, Journal of Money, Credit and Banking, Vol. 46, 2014, pp. 1073 – 1112.

[174] Angelini P., S. Neri, F. Panetta, Monetary and Macroprudential Policies. ECB Working Paper, 2016.

[175] Agénor P. R. and J. Aizenman, Contagion and Volatility with Imperfect Credit Markets. IMF Economic Review, Vol. 45, 1998, pp. 207 – 235.

[176] Bernanke B. S., M. Gertler and S. Gilchrist, The Financial Accelerator in a Quantitative Business Cycle Framework. Handbook of Macroeconomics, Vol. 1, 1999, pp. 1341 – 1393.

[177] Becher D. A., T. L. Campbell and M. B. Frye, Incentive Compensation for Bank Directors: The Impact of Deregulation. The Journal of Business,

Vol. 78, 2005, pp. 1753 – 1778.

[178] Beau D. , L. Clerc and B. Mojon, Macro-prudential Policy and the Conduct of Monetary Policy. Banque de France Working Paper, No. 390, 2012.

[179] Bratsiotis G. J. , W. J. Tayler and R. Zilberman, Financial Regulation, Credit and Liquidity Policy and the Business Cycle. Centre for Growth & Business Cycle Research Discussion Paper Series, No. 196, 2014.

[180] Brzoza-Brzezina M. and M. Kolasa, Bayesian Evaluation of DSGE Models with Financial Frictions. Journal of Money, Credit and Banking, Vol. 45, 2013, pp. 1451 – 1476.

[181] Bernanke B. S. , Mishkin F. S. , Inflation Targeting: A New Framework for Monetary Policy? Journal of Economic Perspectives, Vol. 11, No. 2, 1997, pp. 97 – 116.

[182] Borio C. , Furfine C. and Lowe P. , Procyclicality of the Financial System and Financial Stability: Issues and Policy Options. BIS working papers, No. 1, 2001.

[183] Bouvatier V. and Lepetit L. , Provisioning Rules and Bank Lending: A Theoretical Model. Journal of Financial Stability, Vol. 8, No. 1, 2012, pp. 25 – 31.

[184] Borio C, Lowe P. , Asset prices, Financial and Monetary Stability: Exploring the Nexus. BIS Working Papers, No. 114, 2002.

[185] B. Gertler M. , Monetary Policy and Asset Price Volatility. National Bureau of Economic Research, 2000.

[186] Bernanke B. S. , Gertler. M. , Should Central Banks Respond to Movements in Asset Prices? The American Economic Review, Vol. 91, No. 2, 2001, pp. 253 – 257.

[187] Bullard J. B. , Schaling E. , Why the Fed should Ignore the Stock Market. Review-federal Reserve Bank of Saint Louis, Vol. 84, No. 2, 2002, pp. 35 – 42.

[188] Baker S. R. , Bloom N. and Davis S. J. , Measuring Economic Policy Uncertainty. Quarterly Journal of Economics, Vol. 131, No. 4, 2016, pp. 1593 – 1636.

[189] Baud C. , and Durand C. , Financialization, Globalization and the Making of Profits by Leading Retailers. Socio-Economic Review, Vol. 10, No. 2, 2012, pp. 241 – 266.

[190] Bloom N. , The Impact of Uncertainty Shocks. Econometrica, Vol. 77, No. 3, 2009, pp. 623 – 685.

[191] Bordo M. D. , Duca J. V. and Koch C. , Economic Policy Uncertainty and the Credit Channel: Aggregate and Bank Level US Evidence over Several Decades. Journal of Financial Stability, Vol. 26, 2016, pp. 90 – 106.

[192] Borio C. , The Financial Cycle and Macroeconomics: What Have We Learnt? Journal of Banking & Finance, Vol. 45, No. 8, 2014, pp. 182 – 198.

[193] Branch W. A. , The Theory of Rationally Heterogenous Expectations: Evidence from Survey Data on Inflation Expectations. The Economic Journal, Vol. 114, No. 497, 2004, pp. 592 – 621.

[194] Branch W. A. , Evans G. W, Monetary Policy and Heterogeneous Expectations. Economic Theory, Vol. 47, No. 2, 2011, pp. 365 – 393.

[195] Blanchard O. J. , Fischer S. , Lectures on Macroeconomics. Massachusetts: The MIT Press, 1989.

[196] Bernanke and Woodfood, Inflation Forecasts and Monetary Policy. Journal of Money, Credit and Banking, Vol. 24, 1997, pp. 653 – 684.

[197] Ball, Policy Rules for Open Economics. NBER Working Paper, No. 6760, 1999.

[198] Bullard and Mitra, Learning about Monetary Policy Rules. Journal of Monetary Economics, Vol. 49, 2002, pp. 1105 – 1129.

[199] Clarida, Gali and Gertler, Monetary Policy Rules in Practice: Some International Evidence. European Economics Review, Vol. 42, 1998, pp. 1033 – 1067.

[200] Clarida, Gali and Gertler, The Science of Monetary Policy: A New Keynesian Perspective. NBER Working Paper, No. 7147, 1999.

[201] Calvo G. A. , Staggered Prices in a Utility-Maximizing Framework. Journal of Monetary Economics, Vol. 12, No. 3, 1983, pp. 383 – 398.

[202] Cowan K. , Filardo A. , García P. , Genberg H. , It in Financially Stable Economies: Has It been Flexible Enough. Documentos De Trabajo, Vol. 13, No. 2, 2009, pp. 11 – 54.

[203] Claessens S. , Kose M. A. , Terrones M. E. How do Business and Financial Cycles Interact? Journal of International Economics, No. 1, 2012, pp. 178 – 190.

［204］ Caballero R. J. , On the Macroeconomics of Asset Shortages. NBER Working Paper, No. 12753, 2006.

［205］ Chen J. , and Imam P. , Consequences of Asset Shortages in Emerging Markets. Review of Development Finance, Vol. 3, No. 1, 2011, pp. 22 - 40.

［206］ Cecchetti S. G. , Asset Prices and Central Bank Policy. Centre for Economic Policy Research, 2000.

［207］ Christensen I. and Dib A. The Financial Accelerator in an Estimated New Keynesian Model. Review of Economic Dynamics, Vol. 11, No. 1, 2008, pp. 155 - 178.

［208］ Chen K. , Ren J. , Zha T. , The Nexus of Monetary Policy and Shadow Banking in China. NBER Working Paper, No. 23377, 2017.

［209］ Christiano L. J. , R. Motto, M. Rostagno, Financial Factors in Economic Fluctuations. ECB Working Paper, No. 1192, 2010.

［210］ Curdia V. , M. Woodford, Credit Spreads and Monetary Policy. Journal of Money, Credit and Banking, Vol. 42, 2010, pp. 3 - 35.

［211］ Dixit A. K. and J. E. Stiglitz, Monopolistic Competition and Optimum Product Diversity. The American Economic Review, Vol. 67, No. 3, 1977, pp. 297 - 308.

［212］ De Paoli B. , Paustian M. , Coordinating Monetary and Macroprudential Policies. Federal Reserve Bank of New York Working Paper, No. 653, 2013.

［213］ Dellas H. , Diba B. and Loisel O. , Financial Shocks and Optimal Policy. Banque de France Working Paper, No. 277, 2010.

［214］ Drehmann M. , Borio C. , Tsatsaronis K. , Characterising the Financial Cycle: Don't Lose Sight of the Medium Term! BIS Working Paper, No. 380, 2012.

［215］ Demir F. , Financial Liberalization, Private Investment and Portfolio Choice: Financialization of Real Sectors in Emerging Markets. Journal of Development Economics, Vol. 88, No. 2, 2009, pp. 314 - 324.

［216］ Dewatripont M. and Maskin E. , Credit and Efficiency in Centralized and Decentralized Economies. The Review of Economic Studies, Vol. 62, No. 4, 1995, pp. 541 - 555.

［217］ Duménil G. and Lévy D. , The Real and Financial Components of Profitability (United States, 1952 – 2000). Review of Radical Political Economics, Vol. 36, No. 1, 2004, pp. 82 – 110.

[218] Demir F. , The Rise of Rentier Capitalism and the Financialization of Real Sectors in Developing Countries. Review of Radical Political Economics, Vol. 39, No. 3, 2007, pp. 351 – 359.

[219] Evans G. W. , Honkapohja S. , Monetary Policy, Expectations and Commitment. The Scandinavian Journal of Economics, Vol. 108, No. 1, 2006, pp. 15 – 38.

[220] Evans and Honkapohja, Learning and Expectaations in Macroeconomics. Princeton: Princeton University Press, 2001.

[221] Evans and Honkapohja, Adaptive Learning and Monetary Policy Design. Journal of Money, Credit and Banking, Vol. 35, No. 6, 2003a, pp. 1045 – 1072.

[222] Evans and Honkapohja, Expectations and the Stability Problem for Optimal Monetary Policies. Reivew of Economics Studies, Vol. 70, 2003b, pp. 807 – 824.

[223] Evans and Honkapohja, Friedman's Money Supply Rules versus Optimal Interest Rate Policy. Scottish Journal of Political Economy, Vol. 50, 2003c, pp. 550 – 566.

[224] Erceg C. J. , D. W. Henderson and A. T. Levin, Optimal Monetary Policy with Staggered Wage and Price Contracts. Journal of Monetary Economics, Vol. 46, 2000, pp. 281 – 313.

[225] Fernández-Villaverde J. , Guerrón-Quintana P. , Kuester K. and Rubio-Ramírez J. , Fiscal Volatility Shocks and Economic Activity. American Economic Review, Vol. 105, No. 11, 2015, pp. 3352 – 3384.

[226] Faust J. , Rogers J. , Wright J. , An Empirical Comparison of Bundesbank and ECB Monetary Policy Rules. FRB International Finance Discussion Paper, No. 705, 2001.

[227] Fourçans A. , Vranceanu R. , The ECB Interest Rate Rule under the Duisenberg Presidency. European Journal of Political Economy, Vol. 20, No. 3, 2004, pp. 579 – 595.

[228] Fiore F. D. , O. Tristani, Optimal Monetary Policy in a Model of the Credit Channel. The Economic Journal, Vol. 123, 2013, pp. 906 – 931.

［229］Falagiarda M. , A. Saia, Credit, Endogenous Collateral and Risky Assets: A DSGE Model. International Review of Economics & Finance, Vol. 49, 2017, pp. 125 – 148.

［230］Goodfriend M. and B. T. McCallum, Banking and Interest Rates in Monetary Policy Analysis: A Quantitative Exploration. Journal of Monetary Economics, Vol. 54, 2007, pp. 1480 – 1507.

［231］Gilchrist S. , R. Schoenle, J. Sim and E. Zakrajsek, Financial Heterogeneity and Monetary Union. Meeting Papers from Society for Economic Dynamics, No. 1327, 2014.

［232］Gali J. , Monetary Policy in the Early Years of EMU. Economic and Monetary Union and Economic Policy in Europe, No. 41, 2002.

［233］Gorton G. , Metrick A. , Shleifer A. and Tarullo D. K. , Regulating the shadow banking system ［with comments and discussion］. Brookings Papers on Economic Activity, 2010, pp. 261 – 312.

［234］Gulen H. and Ion M. , Policy Uncertainty and Corporate Investment. Review of Financial Studies, Vol. 29, No. 3, 2015, pp. 523 – 564.

［235］Gilchrist S. and Leahy J. V. , Monetary Policy and Asset Prices. Journal of Monetary Economics, Vol. 249, No. 1, 2002, pp. 75 – 97.

［236］Gelain P. , Lansing K. J. , Mendicino C. , House Prices, Credit Growth, and Excess Volatility: Implications for Monetary and Macroprudential Policy. Norges Bank Working Paper, No. 2012/08, 2013.

［237］Giannitsarou, E-stability does not Imply Iearnability. Macroeconomics Dynamics, Vol. 9, 2005, pp. 276 – 287.

［238］Gaspar, Smets and Vestin, Inflation Expectations, Adaptive Learning and Optimal monetary policy. Handbook of Monetary Economics, Vol. 3, 2010, pp. 1055 – 1095.

［239］Huang K. X. D. , Liu Z. , Zha T. , Learning, Adaptive Expectations and Technology Shocks. Economic Journal, Vol. 119, No. 536, 2009, pp. 377 – 405.

［240］Hommes C. H. , Massaro D. , Weber M. , Monetary Policy under Behavioral Expectations: Theory and Experiment. Bank of Lithuania Working Paper, 2015.

［241］Hodgman D. R., The Deposit Relationship and Commercial Bank Investment Behavior. The Review of Economics and Statistics, Vol. 43, No. 3, 1961, pp. 257 – 268.

［242］Huang T., Wu F., Yu J. and Zhang B., Political Risk and Dividend Policy: Evidence from International Political Crises. Journal of International Business Studies, Vol. 46, No. 5, 2015, pp. 574 – 595.

［243］Huang Y., Ma Y., Yang Z. and Zhang Y., A Fire Sale without Fire: an Explanation of Labor-Intensive FDI in China. Journal of Comparative Economics, Vol. 44, No. 4, 2008, pp. 884 – 901.

［244］Heaton J. and Lucas D. J., Portfolio Choice in the Presence of Background Risk. Economic Journal, Vol. 110, 2000, pp. 1 – 26.

［245］Issing O, Monetary and Financial Stability: Is There a Trade-Off? BIS Papers, No. 18, 2003.

［246］Iacoviello M., House Prices, Borrowing Constraints and Monetary Policy in the Business Cycle. The American Economic Review, Vol. 95, No. 3, 2005, pp. 739 – 764.

［247］Iacoviello M. and Neri S., Housing Market Spillovers: Evidence from an Estimated DSGE Model. American Economic Journal: Macroeconomics, Vol. 2, No. 2, 2010, pp. 125 – 164.

［248］Jermann U. and Quadrini V., Erratum: Macroeconomic Effects of Financial Shocks. The American Economic Review, Vol. 102, No. 2, 2012, pp. 1186 – 1186.

［249］Jimenez G., Salas V. and Saurina J., Determinants of Collateral. Journal of Financial Economics, Vol. 81, No. 2, 2006, pp. 255 – 281.

［250］Jiang G., Lee C. M. and Yue, H., Tunneling Through Intercorporate Loans: the China Experience. Journal of Financial Economics, Vol. 98, No. 1, 2010, pp. 1 – 20.

［251］Kiyotaki N. and J. Moore, Credit Chains. Journal of Political Economy, Vol. 105, No. 21, 1997, pp. 211 – 248.

［252］Kannan P., P. Rabanal and A. M. Scott, Monetary and Macroprudential Policy Rules in a Model with House Price Booms. The BE Journal of Macroeconomics, Vol. 12, No. 1, 2012, pp. 1 – 44.

［253］Lim C. H., Costa A., Columba F., Kongsamut P., Otani A., Saiyid M., Wezel T. and Wu X., Macroprudential Policy: What Instruments and How to Use Them? Lessons from Country Experiences. IMF Working Paper, No. 11/238, 2001.

［254］Li J., and Han X., The Macroeconomic Effect of Shadow Credit Market Financing. Applied Economics & Finance, Vol. 3, No. 3, 2016, pp. 158 – 170.

［255］Levine R., Loayza N. and T. Beck, Financial Intermediation and Growth: Causality and Causes. Journal of Monetary Economics, Vol. 46, 2000, pp. 31 – 77.

［256］Lucas R. E., Expectations and the Neutrality of Money. Journal of Economic Theory, Vol. 4, No. 2, 1972, pp. 103 – 124.

［257］Muth J. F., Rational Expectations and the Theory of Price Movements. Econometrica, Vol. 29, No. 3, 1961, pp. 315 – 335.

［258］McCallum B. T., Nelson E., Timeless Perspectives vs Discretionary Monetary Policy in Forward-Looking Models. NBER Working Paper, No. w7915, 2000.

［259］Moreira A. and Savov A., The Macroeconomics of Shadow Banking. Journal of Finance, Vol. 72, No. 6, 2017, pp. 2381 – 2432.

［260］McKinnon R. I., Money and Capital in Economic Development. Washington D. C.: Brookings Institution Press, 1973.

［261］Montagnoli A., Napolitano O., Financial Condition Index and Interest Rate Settings: a Aomparative Analysis. Istituto di Studi Economici Working Paper, No. 8, 2005.

［262］Meh C. A. and Moran K., The Role of Bank Capital in the Propagation of Shocks. Journal of Economic Dynamics and Control, Vol. 34, No. 3, 2010, pp. 555 – 576.

［263］Majnoni G. and Cavallo M., Do Banks Provision for Bad Loans in Good Times? Empirical Evidence and Policy Implications. Social Science Electronic Publishing, Vol. 9, 2001, pp. 319 – 342.

［264］Meeks R., Nelson B., Alessandri P., Shadow Banks and Macroeconomic Instability. Journal of Money, Credit and Banking, Vol. 49, No. 7, 2017, pp. 1483 – 1516.

[265] Mazelis F. , Monetary Policy Effects on Financial Intermediation via the Regulated and the Shadow Banking Systems. SFB 649 Discussion Papers, No. 56, 2014.

[266] McCallum, On Non Uniqueness in Linear Rational Expectations Model: An Attempt at Perspective. Journal of Monetary Economics, Vol. 11, 1983, pp. 134 – 168.

[267] McCallum and Nelson, Norminal Income Targeting in an Open-Economy Optimizing Model. Journal of Monetary Economics, Vol. 43, 1999, pp. 553 – 578.

[268] Nolan C. and C. Thoenissen, Financial Shocks and the US Business Cycle. Journal of Monetary Economics, Vol. 56, No. 4, 2009, pp. 596 – 604.

[269] Ozkan G. and F. Unsal, On the Use of Monetary and Macroprudential Policies for Financial Stability in Emerging Markets. Discussion Papers in Economics, University of York, No. 13/14, 2013.

[270] Orhangazi Ö. , Financialisation and Capital Accumulation in the Non-financial Corporate Sector: A Theoretical and Empirical Investigation on the US economy: 1973 – 2003. Cambridge Journal of Economics, Vol. 32, No. 6, 2008, pp. 863 – 886.

[271] Orphanides A. , Williams J. , The Decline of Activist Stabilization Policy: Natural Rate Misperceptions, Learning, and Expectations. Journal of Economic Dynamics and Control, Vol. 29, No. 11, 2005, pp. 1927 – 1950.

[272] Orphanides and Williams, Imperfect Knowledge, Inflation Expectations, and Monetary Policy. NBER Working Paper, No. 9884, 2003.

[273] Poveda and Giannitsarou, Adaptive Learning in Practice. Journal of Economics Dynamics and Control, Vol. 31, 2007, pp. 2659 – 2697.

[274] Pfajfar D. , Zakelj B. , Inflation Expectations and Monetary Policy Design: Evidence from the Laboratory. CentER Discussion Paper, No. 2011, pp. 91.

[275] Peersman G. , Smets F. , Uncertainty and the Taylor Rule in a Simple Model of the Euro-area Economy. Proceedings of the Federal Reserve Bank of San Francisco, 1999.

[276] Rodrik D. , Policy Uncertainty and Private Investment in Developing Countries. Journal of Development Economics, Vol. 36, No. 2, 1991, pp. 229 – 242.

［277］Rotondi Z., Vaciago G., The Fed's Reaction to Asset Prices. Rivista di Politica Economica, Vol. 95, No. 2, 2005, pp. 221 – 244.

［278］Ravenna F. and Walsh C. E., Optimal Monetary Policy with the Cost Channel. Journal of Monetary Economics, Vol. 53, No. 2, 2006, pp. 199 – 216.

［279］Rubio M., J. A. Carrasco-Gallego, Macroprudential and Monetary Policies: Implications for Financial Stability and Welfare. Journal of Banking & Finance, Vol. 49, 2014, pp. 326 – 336.

［280］Rubio M., Shadow Banking, Macroprudential Regulation and Financial Stability. 33rd SUERF Colloquium & Bank of Finland Conference Working Paper, 2017.

［281］Shleifer A. and R. W. Vishny, A Survey of Corporate Governance. The Journal of Finance, Vol. 52, 1997, pp. 737 – 783.

［282］Smets F. and R. Wouters, Openness, Imperfect Exchange Rate Pass-through and Monetary Policy. Journal of Monetary Economics, Vol. 49, 2002, pp. 947 – 981.

［283］Suh H., Evaluating Macroprudential Policy with Financial Friction DSGE Model, mimeo, Indiana University Bloomington, 2011.

［284］Suh H., Macroprudential Policy: Its Effects and Relationship to Monetary Policy. FRB of Philadelphia Working Paper, NO. 12 – 28, 2012.

［285］Smant D. J. C., Has the European Central Bank Followed a Bundesbank Policy? Evidence from the Early Years. Kredit und Kapital, Vol. 35, No. 3, 2002, pp. 327 – 343.

［286］Surico P., The Monetary Policy of the European Central Bank. The Scandinavian Journal of Economics, Vol. 109, No. 1, 2007, pp. 115 – 135.

［287］Song Z., Storesletten K. and Zilibotti F., Growing like China. American Economic Review, Vol. 101, No. 1, 2011, pp. 196 – 233.

［288］Steven J. Davis, Dingqian Liu and Xuguang S. Sheng, Economic Policy Uncertainty in China since 1949: The View from Mainland Newspapers. Working Paper, 2019.

［289］Schwartz A. J., Why Financial Stability Despends on Price Stability. Economic Affairs, Vol. 15, No. 4, 1995, pp. 21 – 25.

［290］ Schularick M. , Taylor A. M. , Credit Booms Gone Bust: Monetary Policy, Leverage Cycles and Financial Crises, 1870 – 2008. NBER Working Paper, No. 15512, 2009.

［291］ Stiglitz J. E. and Weiss A. , Credit Rationing in Markets with Imperfect Information. The American Economic Review, Vol. 71, No. 3, 1981, pp. 393 – 410.

［292］ Smith C. W. and Stulz R. M. , The Determinants of Firms' Hedging Policies. Journal of Financial and Quantitative Analysis, Vol. 20, No. 4, 1985, pp. 391 – 405.

［293］ Stulz R. M. , Rethinking Risk Management. Journal of Applied Corporate Finance, Vol. 9, No. 3, 1996, pp. 8 – 25.

［294］ Seo H. J. , Kim H. S. and Kim Y. C. , Financialization and the Slowdown in Korean Firms' R&D Investment. Asian Economic Papers, Vol. 11, No. 3, 2012, pp. 35 – 49.

［295］ Sargent T. J. , Wallace N. , Rational Expectations and the Theory of Economic Policy. Journal of Monetary Economics, Vol. 2, No. 2, 1976, pp. 169 – 183.

［296］ Sargent T. J. , Bounded Rationality in Macroeconomics: the Arne Ryde Memorial Lectures. OUP Catalogue, 1993.

［297］ Svensson, Lars E. O. , Inflation Targeting as a Monetary Policy Rule. Journal of Monetary Economics, Vol. 43, No. 3, 1999, pp. 607 – 654.

［298］ Svensson and Woodford, Implementing Optimal Policy through Inflation Forecast Targeting. NBER Working Paper, No. 9747, 2003.

［299］ Taylor J. B. , The Role of Policy in the Great Recession and the Weak Recovery. The American Economic Review, Vol. 104, No. 5, 2014, pp. 61 – 66.

［300］ Tayler W. and R. Zilberman, Macroprudential Regulation and the Role of Monetary Policy. Economic Working Paper Series in Lancaster University Management School, No. 3, 2014.

［301］ Trichet J. C. , Asset Price Bubbles and Monetary Policy. Speech by President of the ECB, 2005.

［302］ Tori D. and Onaran Ö. , The Effects of Financialization on Investment: Evidence from Firm Level Data for the UK. Cambridge Journal of Economics, Vol. 42, No. 5, 2018, pp. 1393 – 1416.

［303］Valencia F. , Aggregate Uncertainty and the Supply of Credit. Journal of Banking & Finance, Vol. 81, 2017, pp. 150 – 165.

［304］Verona F. , Martins M. M. F. , Drumond I. , (Un) Anticipated Monetary Policy in a DSGE Model with a Shadow Banking System. IMFs Working Paper, 2013.

［305］Wang H. , Wang H. , Wang L. , Zhou H. , Shadow Banking: China's Dual-track Interest Rate Liberalization, Working Paper, 2016.

［306］Woodford M. , Optimal Interest-Rate Smoothing. The Review of Economic Studies, Vol. 70, No. 4, 2003, pp. 861 – 886.

［307］Woodford M. , Inflation Targeting and Financial Stability. NBER Working Paper, No. w17967, 2012.

［308］Woodford, Optimal Monetary Policy Inertia. The Manchester School, Supplement, Vol. 67, 1999, pp. 1 – 35.

［309］Zilberman R. and Tayler, W Financial Shocks, Loan Loss Provisions and Macroeconomic Stability. Economic Working Paper Series in Lancaster University Management School, No. 23, 2014.

［310］Zhang W. , China's Monetary Policy: Quantity versus Price Rules. Journal of Macroeconomics, Vol. 31, 2009, pp. 473 – 484.

后　记

不知不觉，在本书即将付梓之际，我已经博士毕业三年多了。回首在南京大学的三年甚至过往所有的学生生涯，发自心底地感叹时光转瞬即逝。从当初即将参加工作时的恐惧，到如今对教书做研究的习惯，每学期的十八周周而复始，正悄悄偷走着青葱岁月。还好，暗自庆幸的是，尽管经历了一些艰难的时刻，心底仍保有对教书育人和研究经济学的那份热爱。

一晃与恩师范从来教授相识已有六载，第一次见面是在2014年初的某个夜晚，在安中楼的博士入学面试中初遇恩师。本书是范老师资助的第二本书稿，非常幸运能够加入以范老师为带头人的教育部长江学者创新团队。感谢老师多年来对我在学习、生活和工作等各个方面给予的无私帮助，这份浓重的师生情是我终身的财富。

本书的形成和完善离不开许多人的宝贵支持。特别感谢南京银行总行张淦师兄、挚友中国农业银行江苏省分行孟士清、南京审计大学金融学院杨源源师弟的前期合作，感谢我的本科生和研究生汪晨涛、袁唯觉、刘允、邱诗慧的助研工作，感谢上海杉达学院王雪梅老师对大纲提出的宝贵建议。在此，要特别感谢经济科学出版社的齐伟娜老师和责任编辑赵芳老师出色的编辑工作和高效的协调沟通，使我能够完成由稿至书的蜕变。同时也感谢上海对外经贸大学国际经贸学院的同事们对我的鼓励和帮助。

本书的出版受到了教育部创新团队发展计划滚动支持项目"经济转型期稳定物价的货币政策"（IRT_17R52）的资助，同时也是国家自然科学基金青年项目"影子银行扩张背景下中国货币政策与宏观审慎政策的协调研究"（71803127）的阶段性成果，在此一并致谢！

最后，还要感谢我的父亲、母亲和爷爷、奶奶，他们一直是我在外打拼时坚强的精神支柱，是我遭遇挫折后重新昂扬前进的东风，祝他们身体健康、永远开心！另外，在本书统稿之初，小侄女孙启晗的到来为家人增添了许多欢乐，希望本书在存放多年以后，她会成长为一位耀眼的后浪！

高洁超

2020年8月于上海松江

图书在版编目（CIP）数据

金融风险、影子银行与宏观调控的创新 / 高洁超著.
—北京：经济科学出版社，2020.10
（高质量发展阶段货币政策研究论丛）
教育部长江学者创新团队发展计划　南京大学文科卓越
研究计划"十层次"项目　"十四五"国家重点出版物出
版规划项目
ISBN 978 – 7 – 5218 – 1966 – 3

Ⅰ.①金…　Ⅱ.①高…　Ⅲ.①金融业 – 经济发展 – 研
究 – 中国　Ⅳ.①F832

中国版本图书馆 CIP 数据核字（2020）第 197287 号

责任编辑：齐伟娜　赵　芳
责任校对：王苗苗
责任印制：范　艳

金融风险、影子银行与宏观调控的创新
高洁超/著
经济科学出版社出版、发行　新华书店经销
社址：北京市海淀区卓成路甲 28 号　邮编：100142
总编部电话：010 – 88191217　发行部电话：010 – 88191522
网址：www. esp. com. cn
电子邮箱：esp@ esp. com. cn
天猫网店：经济科学出版社旗舰店
网址：http://jjkxcbs. tmall. com
北京季蜂印刷有限公司印装
787 × 1092　16 开　16.25 印张　270000 字
2022 年 2 月第 1 版　2022 年 2 月第 1 次印刷
ISBN 978 – 7 – 5218 – 1966 – 3　定价：72.00 元
（图书出现印装问题，本社负责调换。电话：010 – 88191510）
（版权所有　侵权必究　打击盗版　举报热线：010 – 88191661
QQ：2242791300　营销中心电话：010 – 88191537
电子邮箱：dbts@ esp. com. cn）